JN433671

2025년 11월 시행 법률에 따른

학교폭력의 모든 것

100문 100답

이동갑 저

학지사

이 책을 학교폭력으로 희생된 학생들과 그들의 가족,
아직도 고통 중에 있는 교육공동체에 바칩니다.

추천의 글

하루가 멀다 하고 정보가 업데이트되는 시대이다. 어제 나온 책이 내일이면 무용해지는 것에 많은 사람이 난감해한다. 학교폭력을 다루는 사람들도 그렇다. 하루가 멀다 하고 개정되는 규정을 들여다보며 피가해자를 명확하게 가르고 어떻게 처분할지 고민한다. 그 속에서 아이들과 교실은 사라진다. 교육은 사법에 자리를 내어 주고, 평화의 언어는 폭력의 언어로 대체된다.

『학교폭력의 모든 것: 100문 100답』은 평생 평화를 삶의 중심에 두고 학교폭력을 연구해 온 이동갑 선생님의 역작이다. 따스한 선생님이자 유능한 상담가이고 치밀한 정책 연구자인 그는 학교를 다시 교육의 언어로 채우기 위해 학교폭력의 모든 것에 질문한다. 그렇기에 이 책은 한번에 달음질치듯 읽기 힘든 책이다. 다만 어떤 이유에서든 학교폭력의 문제를 고민하는 분들이라면 도움을 받을 수 있을 것이라고 생각한다.

그럼에도 저자의 '들어가는 말'을 경유하여 각 영역으로 들어가길 권한다. 평생 평화를 노래해 온 저자는 "폭력은 제거될 수 있는 것인가"라는 물음을 던진다. 그리고 인류의 역사와 본성에 대한 오랜 과학적 탐구를 통해, 인간의 내면과 사회에 '폭력'이라는 것이 필연적으로 존재할 수밖에 없음을 지적한다. 폭력이라는 필연적 존재를 단순히 부정하고 소거시키는 세상을 만들려고 하는 생각 그 자체가 더 큰 폭력을 불러일으킬 수 있음을 깨닫게 한다. 우리는 그 끔찍한 장면을 가장 교육적이어야 하는 학교에서 목도하고 있다. 교육, 사법, 정치, 예술이 각자의 고유한 방식으로 평화를 함께 가꾸어야 한다. 폭력을 부정하는 것이 아니라, 폭력을 평화의 언어로 껴안고 회복과 성장을 위한 매개로 삼기 위해 삶과 사회의 작동원리를 다층화시킬 필요가 있다.

학생들 사이에 무시로 발생하는 신체적·언어적 갈등과 폭력, 그로 인한 고통과 상처가 '학교폭력'이라는 법적 개념으로 납작해진다. 매뉴얼에 명시된 규정의 울타리만 살피는 가운데 응보적 사법의 논리가 회복과 성장의 교육적 공간을 침식한다. 현재의 학교폭력법이 가장 손쉬운, 하지만 가장 폭력적이고 파괴적인 방식일 수 있음을 인정해야 한다. 학생들의 회복과 성장을 중심에 둔 문제 해결 방안을 제시하고 제도화하는 노력이 필요하다. 나는 이 책이 거대한 전환의 시작점에 설 수 있을 것이라고 생각한다. 우리가 그의 생각에 공감하고 연대할 수 있다면.

김기홍(초등학교 교사, 교육학박사)

「학교폭력예방법」이 제정되어 시행된 지 이미 20년이 지났음에도 불구하고 아직도 학교폭력의 문제는 해결의 실마리를 찾지 못하고 학교 현장을 힘들게 하고 있다. 이는 학교폭력의 문제 해결을 위한 첫 단추를 잘못 끼웠기 때문이다. 저자가 지적하고 있듯이 학교폭력의 문제를 교육적 접근 방법을 통한 해결이 아닌 처벌의 관점에서 접근했기 때문이라 여겨진다. 저자는 오래전부터 학교폭력에 대한 실제적인 해결 방법을 찾기 위해 심혈을 기울여 왔으며, 그 노력의 산물로 이 책이 세상에 빛을 보게 되었다. 학교폭력은 결코 남의 일이 아니다. 이 책 『학교폭력의 모든 것: 100문 100답』은 학부모와 교사뿐만 아니라 학교폭력과 관련된 업무 담당자 등 관심 있는 분들에게 큰 도움이 될 것이다. 이를 통해 우리 교육공동체가 보다 밝고 희망찬 모습으로 변화되리라 기대한다.

안종복(사단법인 교육디자인네트워크 이사장, 전 강남서초교육지원청 교육장)

들어가는 말

'학교폭력'이라는 말 자체가 폭력적이다. 인간은 폭력적인가? 로제 다둔(Roger Dadoun)은 '호모 비오랑스(Homo Violence)', 즉 '폭력적 인간'이라고 정의하였다. 폭력은 인간 본성의 일부이다. 따라서 교육에서도 "폭력을 다룬다는 것, 폭력에 대해 다룬다는 것은 교육의 본질이다."라고 강조하였다(Dadoun, 2006). 인간은 본질적으로 폭력적인 존재이다. 따라서 폭력에 대해 어떻게 인식하고 다루어야 할지 고민하고 결정하는 것이 교육의 본질 중 하나가 된다. 파커 파머(Parker Palmer)는 "폭력은 가장 손쉬운 문제 해결 방법의 하나로 선택된다."라고 지적하였다(Palmer, 2012). 더 좋은 선택을 모르거나 노력의 부족으로 폭력이 선택된다. 폭력은 문제 해결을 위한 가장 손쉬운 방법이다. 그러나 폭력의 효과는 잠시뿐이다. 하지만 폭력이 파괴하는 것은 크고 심각하고 지속적이다. 따라서 우리는 '단순한 폭력 문제의 해결이 아닌 평화적인 문제 해결'을 가르치고 배워야 한다. 학교는 그 일을 연습하고 배울 수 있는 가장 안전한 공적 공간이다.

'학교폭력'의 정의가 잘못되었다. 학교폭력이 아니라 '학교에서 일어나는 친구들 간의 갈등'이어야 마땅하다. 친구들과의 갈등을 더 큰 폭력인 사법적 접근이 아닌 교육적 접근으로 해결하는 것이 교육이다. 이것을 '민주시민교육'이라고 부른다. 학교폭력 문제의 교육적 해결을 위한 접근에 가장 큰 걸림돌은 '가해자를 처벌하는 것에 초점을 맞춘 엄벌주의적 접근'이다. '피해자의 피해를 회복하고 가해자가 같은 잘못을 저지르지 않도록 진심으로 사과하고 용서를 구할 수 있도록 안내'하여야 한다. 이를 통해 두 당사자가 회복되고 둘 사이에서 일어난 갈등은 교육적 해결을 통해 **외상후성장**(Post Traumatic Growth: PTG)**으로 전환되어야 한다**(이동갑, 유경희, 2021).

학교폭력에 대한 근본적 해결 방안은 학교를 없애는 것이다.

학교폭력에 대한 근본적 해결 방안이라는 것은 없다. 정말 학교폭력을 해결하고자 한다면 학교를 없애는 것이 유일한 답이다. 질문을 바꾸어야 한다. 나쁜 질문에는 좋은 대답이 나올 수 없다.

지푸라기를 가지고 요리를 할 수는 없다.

학교폭력에 대한 질문 자체를 바꾸어야 한다. '학교폭력을 어떻게 예방하고 효과적으로 사안을 처리할 것인가?' 혹은 '학교폭력을 어떤 방식으로 신고하고 조사하고 심의할 것인가?' '가해자에게 학교폭력을 시도할 엄두도 못 낼 만큼 강력한 처벌은 무엇인가?' '학교폭력의 피해자를 어떻게 도울 것인가?'가 아니다. '학교에서 폭력은 왜 용납되어서는 안 되는가?' '학교폭력을 예방하는 가장 좋은 방법은 무엇인가?' '학교폭력을 예방하고 용납하지 않기 위해 학생들은 무엇을 배워야 하고 교사는 무엇을 가르쳐야 하는가?' 이렇게 질문을 바꾸어야 한다. '학교가 폭력을 예방하는 곳을 넘어 평화를 가르치는 곳이 되려면 우리는 지금 무엇을 해야 하는가?' 질문이 건강하면 건강한 대답을 열매 맺을 수 있다.

가정폭력에 대한 해결 방안은 가정을 없애는 것이며, 연애 폭력에 대한 해결 방안은 연애를 없애는 것인가? 모두 나쁜 질문들이다. 학교폭력에 대한 기존의 대부분의 질문은 나쁜 질문으로 구성되어 있다. 이 질문들은 "학교폭력에 대해 어떻게 대처할 것인가?" "근절 방안은 무엇인가?"라고 묻는다. 교육부의 직제도 '학교폭력대책과'이다(2024년 1월 개편). 2012년에는 '학교폭력대책근절과'였다. 이들의 관심은 예방보다는 사안처리, 곧 대처에 있다. 그 결과, 발표하는 정책마다 대부분 '엄벌주의'와 증오심을 부추기는 것이라는 오해를 받는다. 그 장관이 돌아왔다. 10년 만에 돌아와서 샴쌍둥이 같은 과를 신설하였다. 대책은 역시 '생활기록부 기록강화와 SPO(School Police Officer)의 역할을 강화하고 경찰관 출신 등의 학교폭력 조사관제를 신설하는 것이다. 이주호 교육부 장관은 학교폭력 근절 종합대책 관련 인터뷰에서 "엄벌도 교육이다."라고 주장하였다(김종배의 시선집중, 2023. 4. 13. MBC 라디오).

많은 책이 '학교폭력이 일어나는 것을 어쩔 수 없는 것'이라고 전제한다. 그렇지 않다. 그래서도 안 된다. 저자는 우리 청소년들이 학교에서 안전하게 공부를 할 수 있는 것이 '헌법적 권리'라고 믿는다. 따라서 '학생들은 학교에서 폭력을 두려워하지 않고 폭력에 지속적으로 노출되지 않으며 즐겁게 공부할 권리가 있다'고 믿는다. 이 권리는 「헌법」 제10조의 '행복추구권'[1]과 「헌법」 제12조[2]의 '신체의 자유' 및 「헌법」 제34조[3]의 '인간다운 생활을 할 권리'를 침해당하는 것이다. 청소년들을 의무교육이라는 이유로 학교에서 수업을 받게 하는 강제 권력을 행사하는 국가는 학생들이 안전하게 공부할 수 있는 의무를 다해야 한다. 이것을 '교육 안전권'이라고 부를 수 있다. 학생들에게 폭력은 재해이며, 전염병이고 원폭에 피폭되는 것처럼 평생에 걸친 트라우마가 될 수 있다. 국가가 학생들을 학교폭력으로부터 안전하게 보호하고 지켜 주는 것은 의무이며 학생들에게는 헌법적 권리이다. 더 이상 우리 학생들이 학교를 두려워하고 고통스러워하지 않도록 학교를 아이들에게 돌려주어야 한다. 그럼에도 불구하고 인간들이 공동체를 형성하여 생활하는 공간에서는 갈등과 다툼이 일어날 수밖에 없다. 만약 학교에서 이러한 갈등이 일어났다면, 학교는 교육적인 관점에서 교육적 방법으로 해결하여야 한다. 학교에서 일어나는 크고 작은 갈등을 신고하고 조사하고 심의하는 것은 경찰과 사법이 하는 일이다. 학교에서는 대화하고 화해하고 용서하고 회복하여 더불어 성장하는 길로 이끌어야 한다. 이 책은 그 과정에 대한 교육적 시각을 보여 주고자 한다.

학교폭력의 과정은, 첫째, 예방, 둘째, (발생에 따른) 대처, 셋째, 사후 조치(상담과 교육)의 3단계이다. 이를 중심으로 샌드위치처럼 제1장과 제5장에서 그동안 질문되었던 많은 (잘못된) 질문에 대해 창의적이고 역설적인 다른 질문을 던진다. 질문만 하면 무책임하다. '질

---

1) 제10조 모든 국민은 인간으로서의 존엄과 가치를 가지며, 행복을 추구할 권리를 가진다. 국가는 개인이 가지는 불가침의 기본적 인권을 확인하고 이를 보장할 의무를 진다.

2) 제12조 ① 모든 국민은 신체의 자유를 가진다. 누구든지 법률에 의하지 아니하고는 체포·구속·압수·수색 또는 심문을 받지 아니하며, 법률과 적법한 절차에 의하지 아니하고는 처벌·보안처분 또는 강제노역을 받지 아니한다.
② 모든 국민은 고문을 받지 아니하며, 형사상 자기에게 불리한 진술을 강요당하지 아니한다.
(이하 생략)

3) 제34조 ① 모든 국민은 인간다운 생활을 할 권리를 가진다.
④ 국가는 노인과 청소년의 복지향상을 위한 정책을 실시할 의무를 진다.
⑥ 국가는 재해를 예방하고 그 위험으로부터 국민을 보호하기 위하여 노력하여야 한다.

문을 위한 질문'은 '문제 제기를 위한 삿대질'에 다름 아닐 수 있다. 그렇다면 당신이 생각하는 해결점은 무엇인가? 해결 방법을 제5장에서 구체적으로 제안한다. 한국적 학교폭력 예방과 치유(상담) 모델이며 우리 시대와 미래를 위한 '학교폭력 외상후성장' 모델이다. 이 책은 다음과 같이 구성되었다.

제1장에서는 **학교폭력의 역설**을 소개한다. 학교폭력의 근본 원인과 예방에 대한 핵심적 질문들을 다룬다. 학교폭력의 생태계와 문제의 심각성과 피·가해자 학생과 가정에 대해 다루고, 학교폭력 문제가 공중보건의 문제로 우리 사회 모두가 함께 만들어야 할 공동의 면역체계라는 점을 강조한다.

제2장에서는 **학교폭력 예방**의 중요성에 대해 강조하고 구체적인 학교폭력 예방 프로그램의 장·단점에 대해 소개한다. 특히 학교폭력 문제의 교육적 해결을 위한 학교장 해결제에 대해 피·가해 학생 및 그 부모 교육 프로그램에 대해 안내한다.

제3장에서는 **학교폭력 발생과 대처** 과정에 대해 다룬다. 학교폭력 관련 기구들과 심의과정에 대해 소개하고 바람직한 대안을 논의한다. 학교폭력이 발생한 순간부터 사안 조사 등의 진행 과정과 관련 기구 및 심의절차에 대해 다루며 그 문제점들을 지적하고 대안을 제안한다. "신악(新惡)이 구악(舊惡)보다 더 무섭다."라는 말처럼 교사들의 업무를 경감하고자 초대한 학교폭력심사관 제도와 생활기록부 기록 강화 조치 등이 오히려 학교교육 현장을 사법화하고 있다는 민원에 주목한다.

제4장에서는 **학교폭력 조치**에 대해 다룬다. 가해학생에 대한 조치와 피해학생에 대한 조치 및 생활기록부 기록 등의 행정적 접근 외에도 특별교육을 말한다. 특별히 도움이 안 되는 특별교육을 어떻게 수정하여 실제적 변화와 도움을 끼칠 수 있을지 최단거리로 직설적인 제안을 한다. 학교폭력 당사자 외에도 학급 및 학교 단위의 조치에 대해 설명하며 그 한계와 문제점 및 대안을 제안한다.

제5장에서는 **학교폭력 해결 방안**에서는 사법적 해결이 아닌 교육적 해결을 위한 구체적인 프로그램, 즉 한국형 학교폭력 예방 및 상담 모델 프로그램인 '공감N성장' 모델에 대해 설명하고 학교폭력 업무 당사자들의 역량 강화를 위한 방안과 연수과정 및 근본적 해결과정인 평화교육을 대안으로 제안한다.

모듈	차시	주제	주요 질문들	비 고
학교 폭력의 역설	1	학교폭력이란 무엇인가	**1. 학교폭력이란 무엇인가: 폭력과 괴롭힘 사이**	
			2. 누가 피해자인가: 먼저 신고하기 경쟁	
			3. 학교장 긴급조치와 피·가해 학생 즉시 분리로 인한 문제	
			4. 학교폭력 해결과정의 폭력성	
			5. 갈등의 교육적 지도와 생활교육 사이	
			6. 학교폭력의 바람직한 대처 과정 이해하기	
	2	학교폭력 생태계	**7. 학교폭력 생태계**	
			8. 학교폭력으로 인해 붕괴되는 가족 관계	
			9. 건강한 부모와 건강하지 않은 부모의 학교폭력 해결과정	
			10. 친구와 교실, 학교를 믿을 수 없는 아이	
			11. 어른들의 개입과 2차 가해(폭력) 문제	
			12. 해결되지 못한 학교폭력의 유독성	
			13. 인간 마음의 본성을 파괴하는 학교폭력	
	3	학교폭력은 공중보건의 문제이다	14. 학교폭력 문화와 전염성	
			15. 작은 폭력에 잘 대처하는 것: 면역(예방주사)	
			16. 학교폭력은 개인의 문제가 아니다	
			17. 폭력가정과 학교폭력의 관계	
			18. 폭력 사회와 학교폭력의 관계	
			19. 학교폭력 문제 해결과정에서의 전문성 부족 문제	
			20. 학교폭력은 공중보건의 문제이다	
학교 폭력 예방	4	학교폭력 예방의 중요성	**21. 학교폭력 예방의 중요성**	
			22. 학교폭력 예방교육의 한계와 문제점	
			23. 「학교폭력예방법」의 역사	
			24. 「학교폭력예방법」 개선방안	
			25. 학교폭력 예방교육기관의 필요성	
			26. 학교폭력 예방을 위한 전문성 강화방안	
	5	학교폭력 예방 프로그램	**27. 학교폭력 예방 프로그램**	
			28. '어울림' 프로그램에 대하여	
			29. '비폭력대화'란 무엇인가	
			30. '회복적 생활교육'이란	
			31. 감정코칭이란	
			32. 울베우스 프로그램: 학교폭력 멈춰	
			33. '공감N성장' 모델이란	
			34. 프로그램이 아닌 시스템의 문제	
	6	학교장 해결제	**35. 학교장 해결제란 무엇인가**	
			36. 피해자 측의 동의와 관계회복 프로그램	
			37. 학교장 해결제 담당자는 누구인가	
			38. 전문기관 위탁에 대하여	
			39. 피해자와 부모를 위한 프로그램	
			40. 가해자와 부모를 위한 프로그램	

학교폭력 해결방안	13	사법적 해결이 아닌 교육적 해결	81. 신고하고 조사하고 심의하라	
			82. 사법적 해결이 아닌 교육적 해결	
			83. 공감하는 인간: 호모 엠파티쿠스(Homo Emphaticus)	
			84. 용서하는 인간: 호모 팔쿠스(Homo Parcous)	
			85. 회복하는 인간: 호모 레데우스(Homo Redeous)	
			86. 성장하는 인간: 호모 베니우스(Homo Venious)	
			87. 한국형 학교폭력 예방 모델	
	14	학교폭력 관련자들의 전문역량 강화방안	88. 학교폭력 전문가 양성 기관	
			89. 학교폭력제로센터와 위센터	
			90. 예비 교사를 위한 학교폭력 예방교육	
			91. 현직 교사를 위한 학교폭력 대처역량 강화연수	
			92. 학교폭력 예방 전문가 양성의 필요성	
			93. 학교폭력 예방 대학원 대학교(석·박사 과정)	
	15	평화교육이 답이다	**94. 학교폭력: 평화교육이 답이다**	
			95. 학교는 관계를 배우는 곳이다	
			96. 피해회복 · 관계개선 전문가	
			97. 평화교육의 핵심은 무엇인가	
			98. 학교폭력의 경험을 성장의 에너지로 전환하기	
			99. 김구 선생이 꿈꾸던 문화강국으로 가는 길	
			100. 학교에서 우리는 삶을 배운다	

'아이들은 학교에서 무엇을 배워야 하는가?' 아이들은 학교에서 '교과교육'과 함께 '생활교육'을 배운다. 생활교육의 핵심은 민주시민 교육과 인간관계의 문제를 평화적으로 해결하는 것이다. 학생들은 학교에서 갈등을 경험하게 된다. 이 갈등을 해결하는 과정이 교육이다. 이 갈등을 폭력이 아닌 평화적 방법으로 해결하여야 한다. 신고와 처벌이 아닌 자신과 상대방에 대한 공감으로 서로를 연민하여야 한다. 자신이 저지른 실수와 잘못에 대해 정확하게 사과하고 용서를 구하며, 상대방의 진심 어린 용서 구하기에 따른 용서 베풀기를 통해 회복을 배워야 한다. 크고 작은 실수와 실패를 통해 청소년들은 성장한다. "경험 그 자체가 영향을 끼친다기보다는 경험에 대한 해석이 영향을 끼친다."라는 알프레드 아들러(Alfred Adler)의 말처럼 학교폭력에 노출된 학생과 학부모 및 학급(교) 공동체와 그 부모의 경험이 때로는 **'외상후성장'**의 경험으로 전환될 수 있다. 근본적인 답은 이

것이다. "학교폭력을 더 큰 폭력으로 대처하는 것이 아니라 평화교육으로 예방하라."라는 것이다. 공감이 답이다. 공감을 넘어 용서하고 회복하며 성장으로 함께 나아가야 한다(이동갑, 유경희, 2021).

학교는 평화를 배우고 가르치는 곳이어야 한다. 학교는 경쟁을 통해 가장 가까운 친구를 극복하고 이기는 연습을 하는 곳이 아닌, 함께 더불어 소통하고 협업하고 비판적이고 창의적으로 문제를 해결하는 역량을 기르는 곳이다(OECD, 21세기 핵심역량 4C: Communication, Collaboration, Critical Thinking, Creativity). 학교가 더 이상 폭력에 대한 신고와 방관을 배우는 곳이 되어서는 안 된다. 폭력이 출현하였을 때 모두가 방어자가 되어 폭력과 당당히 맞서는 용기를 배우는 곳이어야 한다. 이 책에서 하는 질문들은 폭력의 본질을 찾아 지난 30~40여 년을 여행한 저자의 개인적 경험을 중심으로 제기된 것이다. 더 좋은 질문, 다른 질문들을 환영하며 기다린다.

2025년 5월

음성에서 이동갑

눈부처

이동갑

어! 아빠 눈 속에 내가 있네!
세 살 난 딸 아이 외침에
가슴이 덜컹, 내려앉아
가만히 눈을 들여다보니
그곳에 정말 내가 있었네!

어! 로사 눈 속에도 아빠가 있네!
둘이서 손뼉 마주치며 좋아하던 날,
나는 결심하였네!
이 아이에게 존경받는 아빠가 되는 것을
인생의 목표로 삼으리라!

그랬구나! 그랬었구나! 어린 아이 눈 속에
세상의 전부처럼 아빠가 눈동자에 가득하듯
선생이 된 나도 그들에게 눈부처가 되어서
일생을 비추는 거울이 되리라!

차례

제4장 학교폭력 조치 | 141

제5장 학교폭력 해결 방안 | 181

제1장

학교폭력의 역설

1. 학교폭력이란 무엇인가

질문 1 학교폭력이란 무엇인가: 폭력과 괴롭힘 사이

'학교폭력'이라는 용어 자체가 폭력적인 것 같아요. '폭력'이라고 하면 일단 처벌의 대상이 되지 않나요? 폭력을 교육적으로 해결하려는 것이 오히려 모순이라고 생각됩니다. 학교폭력의 정의와 용어들에 대해 정리가 필요하지 않을까요?

학교폭력이라는 용어 자체가 매우 폭력적입니다. 학생들 간에 일어난 작은 폭력을 국가가 더 큰 폭력으로 개입하는 인상을 줄 수 있습니다. 그럼에도 불구하고 '학교폭력'이라는 용어가 관용어가 되어 일상에서 사용되고 있습니다. 「학교폭력 예방 및 대책에 관한 법률(약칭: 학교폭력예방법)」[1]에서는 그 목적을 다음과 같이 말합니다.

제1조(목적) "「학교폭력예방법」은 학교폭력의 예방과 대책에 필요한 사항을 규정함으로써 피해학생의 보호, 가해학생의 선도·교육 및 피해학생과 가해학생 간의 분쟁조정을 통하여 학생의 인권을 보호하고 학생을 건전한 사회구성원으로 육성함을 목적으로 한다."라고 규정합니다. 이를 실행하기 위한 다양한(23개조) 조항도 명시하였습니다. 「학교폭력예방법」의 명칭은 비록 예방과 대책에 관한 법률이지만 교육적 접근에 대한 의지보다는 신고와 대처, 처벌에 치중하고 있습니다. 특히 「학교폭력예방법」 제2조 1항 학교폭력의 정의는 "'학교폭력'이란 학교 내외에서 학생을 대상으로 발생한 상해, 폭행, 감금, 협박, 약취·유인, 명예훼손·모욕, 공갈, 강요·강제적인 심부름 및 성폭력, 따돌림, 사이버폭력 등에 의하여 신체·정신 또는 재산상의 피해를 수반하는 행위를 말한다."라고 규정함으로써 교육적 해결과 사법적 영역이 중첩되고 있습니다. 이러한 법 체제 위에서는 교육적 해결이 매우 어렵습니다.

'학교폭력'에 대한 용어 정의부터 다시 해야 할 필요가 있습니다. 즉, 학교는 미성년인 청소년들이 다양한 갈등을 경험하는 공간입니다. 이 갈등을 교육적으로 해결하는 것이

1) [시행 2025. 1. 21.] [법률 제20670호, 2025. 1. 21., 일부개정]

교육입니다. '학교폭력'이라는 용어, 즉 'school violence'가 over naming(과잉 조어)되었다고 할 수 있습니다. 학생들 사이의 '괴롭힘(bullying)' 혹은 '갈등'이 보다 적확(的確)한 표현일 수 있습니다. 갈등을 민주적으로 대화로 해결하는 것이 학교의 존재 이유입니다. 학생들은 학교에서 민주시민으로 살아가는 기본 원리를 배우고 습관을 익히는 것이 「교육기본법」에 제시된 교육의 이념(목적)입니다.[2]

사실 모든 폭력은 나쁜 것이며 나쁜 행동에는 적절한 책임(벌)이 따릅니다. 즉, 옳은 행동에는 격려와 지지, 잘못된 행동에는 책임과 처벌이 따릅니다. 중요한 것은 학교는 교육기관이라는 점입니다. 그러므로 학교에서 일어나는 모든 갈등과 행동은 모두 교육의 대상이 됩니다. 따라서 학생들 사이에서 일어나는 다양한 폭력도 교육의 대상입니다. 하지만 폭력의 정도가 교육의 대상을 넘어설 때 사법적 영역의 적용을 받습니다.

그럼에도 불구하고 현행 법률의 테두리 안에서 학교폭력의 예방과 대처에 대해 교육적 해결 방안을 찾아보는 것이 중요합니다. 법 자체를 부정하거나 틀렸다고 하면 해결 방안 자체가 성립할 수 없습니다. 하지만 법은 필요에 의해 얼마든지 제정할 수 있으며 보완하여 개정할 수 있는 제도입니다. 그러므로 법 자체를 절대시하여 변할 수 없는 것이라 단정하는 것도 바람직하지 않습니다. 하지만 「학교폭력예방법」 등에서 보듯이 '학교폭력'이라는 단어가 일반화된 용어이기에 그대로 사용하고 있음을 수용해야 합니다.

학교폭력을 어떻게 신고하고 조사하며 처리할 것인지를 넘어 근본적인 해결책을 제안하여야 합니다. 즉, "학생들은 학교에서 무엇을 배워야 하는가?" "학교는 학생들에게 무엇을 가르쳐야 하는가?" "학교에서 폭력은 왜 일어나며 어떻게 대처해야 하는가?"에 대해 고민하여야 합니다. 특히 "친구들 사이에서 일어나는 다양한 갈등을 평화적으로 해결하는 방법은 무엇인가?"에 대한 질문이 필요합니다.

---

2) 「교육기본법」 [시행 2025. 7. 22.] [법률 제20663호, 2025. 1. 21., 일부개정] 제2조(교육이념) 교육은 홍익인간(弘益人間)의 이념 아래 모든 국민으로 하여금 인격을 도야(陶冶)하고 자주적 생활능력과 민주시민으로서 필요한 자질을 갖추게 함으로써 인간다운 삶을 영위하게 하고 민주국가의 발전과 인류공영(人類共榮)의 이상을 실현하는 데에 이바지하게 함을 목적으로 한다. [전문개정 2007. 12. 21.]

질문 2 누가 피해자인가: 먼저 신고하기 경쟁

'학교폭력' 사안을 처리하다 보면 피해자와 가해자의 경계가 모호합니다. 피해자가 가해자가 되기도 하고 가해자가 피해자가 되는 역할 전환도 혼란스럽습니다. 그러다 보니 먼저 신고하는 사람이 피해자인 것처럼 경쟁하는 경우도 있지 않는지요?

학교폭력 문제에 대한 해결과정은 피해자의 회복이 가장 우선되어야 합니다. 가해자에 대한 교육과 처벌 및 사안처리도 중요하지만 피해를 회복하는 것이 가장 중요하고 우선적인 대응입니다.

그렇다 보니 '누가 피해자인가?'라는 '피해자 자리 선점하기'가 중요한 일이 되었습니다. 학교폭력 사안이 발생하고 대처하는 과정에서 자신이 가해자와 피해자 중 어느 입장에 서게 되는가는 가장 중요한 입구가 됩니다. 맨 처음 포지션(position)을 잘못 선택하면 감당하여야 할 대가가 너무 크고 무겁습니다. 처벌이 엄할수록 당사자들은 생존을 위해 적극적인 방어를 선택할 수밖에 없습니다. 엄벌 위주의 처벌이 가지는 역설입니다. 그 이유로 '진정성이 가득 찬 거짓말'과 '기억의 소용돌이', 즉 '신기루(왜곡 현상)'가 펼쳐집니다.

일반적인 학교 갈등 혹은 괴롭힘의 경우 자신이 가해자가 되어도 교육적인 해결 방안을 통해 문제가 해결될 수 있다면 정직해질 수 있습니다. 가해자(부모 포함)가 솔직하게 자신의 잘못을 인정하고 사과하며, 용서를 구하고 관계의 회복을 희망하는 과정이 수용 가능하여야 하고 교육적이어야 합니다. 이 절차가 사법적 접근이라면 정직하게 자신의 잘못을 인정하기보다는 '불의를 보고 용감하게 피해 가는 선택'을 하게 됩니다.

이 과정에서 일부 부모는 '자식의 잘못된 행동에 대해 반성하고 용서를 구하는 선택' 대신 '공범' 혹은 '협조자'가 되어 **유독(toxic)한 부모**가 되는 것을 망설이지 않습니다. '가해자와 피해자'라는 표현조차 학교폭력 사안이 발생한 초기 단계에는 너무나 민감한 문제이므로 '관련자'라고 표현합니다. 하지만 이 표현의 모호함으로 인해 피해자 측에서는 상대방을 가해자라고 규정하기를 강력하게 희망합니다. 상대방에게 가해자라는 라벨을 직인처럼 문신처럼 낙인(烙印)찍기 위해 피해자는 자신의 고통을 극대화하여 묘사하고 가해자 측을 증오하며 악마화하게 됩니다. 그래야 마음이 편하고 이 일을 계속할 수 있기 때문입니다.

사실상 대부분의 가해자는 자신의 가해 행위에 대한 기억과 함께 잘못에 대해 어느 정도의 인식을 하고 있습니다. 물론 일부 극소수의 특별한 인지체계와 무딘 양심구조를 소유한 이들을 제외한다면 말입니다. 이들을 학자들은 품행장애(conduct disorder) 혹은 사이코패스(psychopath)라고 부르기도 합니다. 하지만 학생들을 대상으로 이들의 잘못된 말이나 행동을 정신병리적으로 분류하는 것은 바람직하지 않습니다. 사실 이들에게는 교육보다는 치료가 필요합니다. 물론 어느 정도의 행동수정을 위한 상담과 연수가 병행되면 더욱 효과적이기도 합니다.

대화로 충분히 해결할 수 있었던 작은 갈등이 학교폭력으로 신고되는 순간 '공격과 방어자 모드'로 전환되고 데프콘[3]의 전투태세가 선포됩니다. '공격자'와 '방어자'는 준비하고 대처하는 방식이 매우 다릅니다. 자신이 가해자와 피해자 중 어떤 자리에 서게 되는가 하는 것이 너무나 중요하기에 그 자리를 차지하기 위해 기억과 정보를 왜곡하고 진정성이 가득 찬 거짓말을 주저하지 않게 됩니다.

학교폭력 사안 해결과정이 교육적 접근이 아니라 사법적이라면 신고하기 경쟁이 일어납니다. '먼저 신고하기'는 그 부작용입니다. '먼저 신고하기'의 기회를 놓치면 '맞신고하기'로 대처합니다. 그러나 기침은 감기의 증상일 뿐 감기 자체는 아니듯이 감기의 원인은 바이러스입니다. 기침을 잡는 것이 아니라 바이러스를 몸에서 몰아내는 것이 근본적 해결입니다. 가해자도 피해자도 모두 교육의 대상이 될 때 굳이 '신고하기 경쟁'은 일어나지 않습니다. 신고하기 경쟁은 사법적 해결이 가져다 놓은 필연적 입구입니다. 신고하기 이전에 교육적 대처하기가 선행되어야 합니다.

신고하기 경쟁에서 많은 경우, (학생과 그 부모는) 담임교사를 건너뛰어 학교장에게 신고하거나 교육지원청 혹은 경찰서로 신고하기도 합니다. 이 경우, 담임교사는 아무런 역할을 할 수 없는 상황에서 제대로 된 정보도 제공받지 못한 채 학부모와 학교행정가 양측으로부터 포위됩니다. 작은 갈등에도 신고가 아닌 대화와 화해를 선택하지 못하는 이

---

3) 전투준비태세(戰鬪準備態勢) 또는 데프콘(DEFense readiness CONdition: DEFCON)은 비전시상태에서 사용되는 전투준비단계에 관련된 용어로, 디펜스 컨디션(defense condition)은 전시상태에 사용하는 것이고 데프콘은 비전시상태에서 사용된다. 데프콘은 5단계에서 1단계로 높아지며, 5단계는 전쟁 위협이 없는 상태이다. 데프콘 4는 단순 경계태세 강화이지만, 데프콘 1단계는 전쟁 직전의 상태라고 볼 수 있다(https://ko.wikipedia.org/wiki/%EC%A0%84%ED%88%AC%EC%A4%80%EB%B9%84%ED%83%9C%EC%84%B8, 2024년 8월 16일 검색).

유는 무엇입니까? 먼저 신고하면 자신은 피해자의 위치를 선점하게 되고 상대방은 일방적으로 가해자로 인식됩니다. 그(녀)는 자신이 무엇을 잘못했는지에 대한 정보조차 초기 단계에서 제공받지 못하는 상태에서 조사를 받고 분리되어야 합니다. 이 현행 제도의 맹점은 무엇인가요? 담임교사와 학교는 왜 대화와 화해를 통해 문제를 해결하기보다는 신고와 사안 조사 등 이른바 행정(사법)적 접근을 우선적으로 고려하게 되는 것인가요? 질문해 봅니다.

질문 3 학교장 긴급조치와 피·가해 학생 즉시 분리로 인해 생기는 문제

최근 학교에서 학교폭력과 관련하여 가장 심각한 문제가 피해자를 보호하기 위한 분리 조치입니다. 누가 피해자인지 모호한 상황에서 가해자를 분리하는 것에 대한 문제와 막상 분리를 하고자 하여도 분리할 장소도 마땅하지 않고 더욱이 분리된 학생을 교육하거나 연수할 인력과 프로그램이 있는지요?

학교폭력 사안이 발생하면, 가장 먼저 해야 할 일이 피해자에 대한 보호와 안정입니다. 피해자를 보호하기 위해서는 가해자로부터 분리되는 것이 필요합니다. 「학교폭력예방법」 제16조(피해학생의 보호) 조항은 "학교의 장은 학교폭력사건을 인지한 경우 피해학생의 반대의사 등 대통령령으로 정하는 특별한 사정이 없으면 지체 없이 가해자(교사를 포함한다)와 피해학생을 분리하여야 하며, 피해학생이 긴급보호를 요청하는 경우에는 제1호부터 제3호까지 및 6호의 조치를 할 수 있다."라고 명시하고 있습니다. 문제는 **"지체 없이"**라는 조항입니다. 누가 가해자인지 분명하지 않은 상태에서 피해자를 보호하기 위해 가해자를 분리하는 것[4]입니다. 즉, 가해학생이라고 짐작되는 학생에 대해 단순한 접촉금지를 넘어 출석정지(6호)와 학급교체(7호) 처분까지 부과할 수 있습니다. 만에 하나

4) 동법 제17조(가해학생에 대한 조치) ④ 학교의 장은 학교폭력을 인지한 경우 지체 없이 제1항 제2호의 조치를 하여야 한다. [신설 2023. 10. 24.] ⑤ 학교의 장은 피해학생의 보호와 가해학생의 선도·교육이 긴급하다고 인정할 경우, 우선 제1항 제1호, 제3호, 제5호부터 제7호까지의 조치를 각각 또는 동시에 부과할 수 있다. 이 경우, 심의위원회에 즉시 보고하여 추인을 받아야 한다. [개정 2012. 1. 26; 2012. 3. 21; 2019. 8. 20; 2021. 3. 23; 2023. 10. 24.]

가해자와 피해자가 바뀌거나 가해가 아닌 것으로 판단될 경우, 회복하기 어려운 상처를 입고 트라우마를 경험할 수 있습니다.

미성년자인 청소년들이 친구 사이에서 일어난 작은 갈등으로 인해 학교장의 긴급조치로 2호 처분인 접촉금지를 넘어 출석정지(6호)와 학급교체(7호)를 당하였을 경우, 그 심리적 충격은 회복 가능한 것인가요? 만약 이 판단이 잘못된 것이었다면, 그 경우 벌의 비대칭이 너무 심각하여 청소년의 인권에 심각한 침해가 예상됩니다. 이 경우, 또 다른 아동의 인권 혹은 학대라는 문제가 제기될 수 있습니다.

피해자를 보호하고자 하는 순수한 의도는 좋지만, 당사자 간의 화해나 교육적 해결을 위한 대화의 장을 마련하는 것을 포기하고 '학교폭력 조사관'에 의한 조사를 통해 학교폭력심의위원회로 이관할 경우, 교육은 완전하게 포기됩니다. 피해자 보호를 위한 분리조치에서 가해자라고 짐작 혹은 판단되는 학생에 대해 접촉이 금지되기에 별도의 공간으로 이동시켜야 합니다. 문제는 누가 피해자와 가해자인지 명확하게 두부 자르듯이 구분할 수 있느냐의 여부입니다. 물론 많은 목격자와 정황 증거에 의해 일방적인 가해와 피해가 일어났다면 분리에 따른 혼란과 반발이 심하지 않을 것입니다. 하지만 학교폭력 사안에서 드러난 부분은 빙산의 일부분이라는 데 문제의 심각성이 있습니다. 이때는 다양한 각도에서 사안을 보고 균형 있게 접근해야 합니다. 평소의 관찰과 당사자들의 행동 특성에 대한 기본 정보를 바탕으로 처리되어야 합니다.

피해학생이 분리를 원하지 않으면 분리하지 않아도 됩니다. 하지만 긴급조치와 분리과정에서 발생하는 몇 가지 문제는 다음과 같습니다. 우선, 누가 이 일을 담당할 것인가? 하는 문제입니다. 즉, 전담기구 구성원이 아닌 사람이 학교폭력 사안을 처리하는 과정에 개입하는 것[5]에 대해서 신중해야 하기 때문입니다. 아울러 분리된 공간의 안전과 분리된 학생의 학습권 및 교육 프로그램의 제공이 준비되어야 합니다. 단순히 격리하는 것이 되면 이것은 또 다른 폭력이 될 수 있습니다. 교육부는 2024년부터 일선학교의 학교폭력 전담기구에 있던 사안조사에 대한 업무를 교육지원청으로 이관하였습니다. 즉, '학교폭력 전담조사관 제도'를 도입하여 학교가 아닌 '학교폭력 전담조사관'에 의해 사안

5) 「학교폭력예방법의 시행령」 제16조(전담기구 운영 등)에 따르면, ② 전담기구는 가해 및 피해 사실 여부에 관하여 확인한 사항을 학교의 장에게 보고해야 한다.

조사가 시행되었습니다.[6]

'학교폭력 전담조사관'이 사안을 조사하기까지 학교장에 의해 7일간 분리되는 학생에 대한 교육권 침해와 함께 많은 우려가 존재합니다. 조사관이 학교를 방문하여 사안조사를 완결하기까지 걸리는 시간이 길면 3주가 될 수도 있습니다. 심의과정은 다시 4주가 소요될 수 있습니다. 이 모든 과정에서, 특히 피해학생을 보호하기 위한 조치 즉, 긴급조치와 분리는 그 기간 동안 경험하는 일들이 심의위원회에서 받은 처분과 특별교육 혹은 연수(상담)보다 더 심각한 영향을 끼칠 수 있음이 간과되어서는 안 될 것입니다. 감기를 치료하러 병원에 갔다가 오히려 더 큰 병을 얻을 수 있는 위험입니다.

질문 4 학교폭력 해결과정의 폭력성

지금의 학교는 많은 교사가 학교폭력 해결과정을 '지뢰밭'이라고 여깁니다. 이 과정에 잘못 개입되면 큰 피해를 입을 수도 있다는 공포심이 있습니다. 학교폭력 사안을 해결하는 과정 자체가 너무 폭력적이기 때문이 아닐까요?

학교폭력을 현장에서 보거나 알게 되었다면 교사가 할 수 있는 일은 무엇일까요? 교육이나 화해를 시도해서는 위험하다고 말합니다. 즉시 신고하여야 합니다. 이것을 어기면 법[7]을 어기는 것이 됩니다.

담임교사가 자신의 학급에서 일어난 학생들 간의 갈등과 다툼을 보았습니다. 그는 이를 대화와 상담을 통해 교육하는 것이 아니라 즉시 신고하여야 합니다. 「학교폭력예방

6) 교육부 보도자료(2024. 2. 19.) 참조.

7) 「학교폭력예방법」 제20조(학교폭력의 신고의무) ① 학교폭력 현장을 보거나 그 사실을 알게 된 자는 학교 등 관계 기관에 이를 즉시 신고하여야 한다. ② 제1항에 따라 신고를 받은 기관은 이를 가해학생 및 피해학생의 보호자와 소속 학교의 장에게 통보하여야 한다. [개정 2009. 5. 8.] ③ 제2항에 따라 통보받은 소속 학교의 장은 이를 심의위원회에 지체 없이 통보하여야 한다. [신설 2009. 5. 8., 2019. 8. 20.] ④ 누구라도 학교폭력의 예비·음모 등을 알게 된 자는 이를 학교의 장 또는 심의위원회에 고발할 수 있다. 다만, 교원이 이를 알게 되었을 경우에는 학교의 장에게 보고하고 해당 학부모에게 알려야 한다. [개정 2009. 5. 8., 2012. 1. 26., 2019. 8. 20.] ⑤ 누구든지 제1항부터 제4항까지에 따라 학교폭력을 신고한 사람에게 그 신고행위를 이유로 불이익을 주어서는 아니 된다. [신설 2012. 3. 21.]

법」 제20조 제2항에 따라 통보받은 소속 학교의 장은 이를 지체 없이 보고하여야 합니다. 교원의 경우, 학교의 장에게 보고하고 해당 학부모에게 알려야 합니다. 그 어느 행간에도 화해와 용서를 위한 교육이 끼어들 틈새가 잘 보이지 않습니다. 행여 교육적 화해와 용서를 시도하다가는 한쪽 편을 든다는 오해를 받거나 은폐, 축소 시도로 오해받을 수 있습니다. 물론 학교의 교육적 조정 기능을 강화[8]하기 위한 다음의 조항들이 '학교폭력근절종합대책(2023. 4.)'에 포함되어 제안되었습니다. 하지만 '관계회복 프로그램'과 학교장 자체 해결을 위한 예산과 전문인력이 배치되어 있지 못하면 실질적인 도움을 줄 수 없을 것입니다.

「학교폭력예방법」 제13조의 2(학교의 장의 자체 해결)[9]에 의하면 학교장의 자체 해결은 ③항에 의해 관계회복을 위한 프로그램을 권유할 수 있습니다. ④항에 의하면 국가 및 지방자치단체는 관계회복 프로그램의 개발·보급 및 운영을 위하여 필요한 경우 행정적·재정적 지원을 할 수 있습니다. '관계회복 프로그램'은 어디에 있으며 누가 어디에서 할 수 있나요? 예산은 어디에 있을까요? 필요한 경우는 누가 판단하나요?

「학교폭력예방법」은 모든 학생과 교사가 잠재적인 학교폭력의 예비 범죄자이자 범죄를 신고하여야 하는 신고자가 되도록 하였습니다. 특히 학교폭력을 신고한 사람에게 그 신고를 이유로 불이익을 주어서는 안 되지만 섣부른 교육을 시도하는 사람에게는 은폐, 축소로 오해받을 여지를 강하게 남깁니다. 교육부를 포함한 관계부처가 합동으로 마련한 학교폭력근절종합대책에 따르면 학교폭력 대응을 위한 교원의 권한 강화 및 책무성 제고에서 교권 강화와 교권 보호 및 학교의 교육적 조정 기능을 강화[10]하였습니다.

하지만 대책이 발표되고 1년이 훌쩍 지났지만, 교사들은 법적인 뒷받침이 부족하다고

8) 학교의 교육적 조정 기능 강화, 신규 (권한 부여) 경미한 사안임에도 피해학생 측의 심의 요청 시 학교 전담기구에서 관계회복 프로그램을 권고할 수 있도록 근거 마련 – 학교장 자체 해결 범위를 확대하고 자체적으로 종결한 사안의 가해학생에게 별도 선도·교육 프로그램 운영 필수화.

9) ③ 학교의 장은 제1항에 따른 경미한 학교폭력에 대하여 피해학생 및 그 보호자가 심의위원회의 개최를 원하는 경우 피해학생과 가해학생 사이의 관계회복을 위한 프로그램(이하 '관계회복 프로그램'이라 한다)을 권유할 수 있다. [신설 2023. 10. 24.] ④ 국가 및 지방자치단체는 관계회복 프로그램의 개발·보급 및 운영을 위하여 필요한 경우 행정적·재정적 지원을 할 수 있다. [신설 2023. 10. 24.]

10) 신규 (교권 강화) 교원의 정당한 생활지도 불응 시 교육활동 침해 행위로 규정, 신규 (교원 지원) 수석교사의 교육활동을 교과 지도뿐만 아니라 가·피해 학생 관계회복 지원까지 확장하여 교원의 관계회복 지도역량 제고 지원, 강화 (교권 보호) 학교폭력 사안처리 과정에서 고의·중대한 과실이 없으면 교원의 민·형사상 책임을 면제하도록 법적 근거 마련, 교원치유지원센터를 통해 법률자문 제공 및 배상책임보험 보장(관계부처합동, 2023. 4.).

인식합니다. 특히 교원의 정당한 생활지도의 범위가 정의가 모호합니다. 교권 보호를 위해 학교폭력 사안처리 과정에서 고의·중대한 과실이 없으면 교원의 민·형사상 책임을 면제하도록 법적 근거 마련하였다고 하지만, 일선 교사들은 여전히 학부모의 민원에 대응하는 것에 실효성을 체감하지 못하고 있다고 말합니다. 「학교폭력예방법」에서 보호하는 것은 학교폭력 업무 담당자에 대한 지원과 면책일 뿐 담임교사와 교육적 관여를 시도하는 모든 교사에 대한 보호조항이라고 인식하기에는 어렵습니다. 교원치유센터나 학교폭력 예방센터 등이 실질적인 역할을 할 수 있는지에 대해 현장의 체감온도는 여전히 높지 않습니다.

부모님 다음으로 가장 가까운 친구와 선생님이 나를 고발하는 신고자가 된 교실에서 가해학생과 피해학생은 무엇을 기대할까요? 이 경험을 한 뒤 같은 교실에서 베풀어지는 교육은 과연 어떤 의미로 전달될까요? 당사자인 학생뿐만 아니라 그 보호자는 교사와 학교를 신뢰할 수 있을까요?

학교폭력의 해결과정은 폭력적이지 않아야 합니다. 학교폭력 사안의 해결 주체는 누구인가요? 학교폭력 예방과 해결과정에서 국가가 담당하여야 할 일과 교육감, 교육지원청 및 단위 학교가 해야 할 일의 목록과 권한에 대해 정확하게 제시하여야 합니다. 학교폭력 사안처리에서 선의를 가지고 최선을 다하는 과정에서 발생하는 모든 문제에 대한 교사 보호 방안이 필요합니다. 선언적 종합대책이 아니라 구체적인 법률과 예산과 조직이 함께 준비되어야 합니다.

질문 5 갈등의 교육적 지도와 생활교육 사이

학교교육이 교과교육과 생활교육의 두 영역으로 이루어진다는 말은 이해가 됩니다. 생활교육 영역이 따로 있어야 하는가요? 갈등을 교육적으로 지도하는 것과 생활교육은 어떤 의미인가요?

미래 사회에 필요한 역량이란 교과교육을 넘어 전인적 성장과 잠재력의 최대 발현 및 개인과 사회의 웰빙이 조화를 이루는 것입니다. 이것은 교과교육만으로는 이를 수 없습니다. 이를 위해 필요한 것이 생활교육입니다. 생활교육에 대한 합의된 정의는 아직 없습니다. 저는 이를 과거의 생활지도와 구분되는 개념으로, "학교교육의 두 축은 교과교육과 생활교육으로 구성된다." "생활교육은 교과영역을 제외한 학교에서 배우는 모든 영역이다."라고 봅니다. 특히 교과교육을 효율적으로 수행하기 위한 올바른 학습태도나 공동생활의 질서유지와 사회적 역할 분담 등이 이에 해당합니다. 아울러 민주 시민이 되기 위한 올바른 태도와 평화적 갈등해결 역량을 기르는 것도 생활교육의 핵심이 되어야 합니다(한국교육개발원, 2019).[11]

지금까지 우리 교육의 문제점은 교과교육에 편중된 나머지 올바른 인성 함양을 위한 전인교육과 민주적 시민의식 및 태도를 육성하는 데 소홀히 한 것입니다. 가장 가까운 친구들과 협업을 통해 문제를 해결하기보다는 경쟁과 성공에만 몰두하도록 안내한 것입니다. 이 과정에서 발생하는 크고 작은 모든 갈등들을 교육적 해결보다는 행정적·사법적 해결로 너무 쉽게 미루어 버린 것입니다.

그 결과, 학교폭력은 친구에 대한 공감과 용서, 회복과 성장이 아닌 신고와 처벌 위주로 해결하는 것이 자연스러운 일이 되었습니다. 이제 우리 교육도 전 세계의 교육과 어깨를 나란히 하고 함께 걸어 나가야 할 시간입니다. 모든 선진국이 코로나19 이후 새로운 세계 질서에 기초하여 AI와 챗GPT 시대의 교육을 준비하고 있습니다. 우리도 더 이상 시대의 흐름에 갈라파고스 섬처럼 고립되지 말고 구한말의 쇄국정책처럼 빗장을 걸어 잠그는 일을 되풀이해서는 안 됩니다. 갈등을 해결하는 인간관계의 문제 해결 역량이 세계에서 가장 뛰어난 청소년들을 기르는 교육이어야 합니다. 이것은 학교폭력 해결과정에서의 교육적 접근과 생활교육의 강화로 만들어 갈 수 있습니다.

갈등을 교육적으로 해결하고자 하는 철학과 태도는 하루 아침에 만들어지지 않습니

11) 21세기의 교육은 많은 정보를 입력하는 교육이 아니라 필요한 정보를 제때에 출력하고 가공하여 활용할 수 있는 능력이 실력이 됩니다. 미래 세계에서는 학력이 아니라 역량이 요구된다는 말입니다. 이 역량은 OECD가 1997년 DeSeCo 프로젝트를 통해 제안한 '지식이나 기능에서 나아가 특정하게 주어진 상황에서 심리 사회적 자원을 이용하거나 동원하여 복잡한 요구를 성공적으로 해결하는 능력'입니다. 우리나라도 '2025 개정 교육과정'에 역사상 처음으로 '핵심역량' 개념을 반영함으로써 OECD의 영향을 받았다고 할 수 있습니다. OECD는 DeSeCo 프로젝트의 2.0 버전으로 볼 수 있는 'OECD 교육 2030(OECD education 2030)' 프로젝트를 제안하였습니다. 이는 한 걸음 더 나아가 구체적인 핵심역량을 기르기 위한 교육과정, 교수·학습법, 평가시스템 등을 도출해 내는 것을 목표로 하고 있습니다[한국교육개발원, 2019. 11. 11. 보도자료 요약 편집함(https://www.kedi.re.kr/khome/main/announce/selectNoticeAnnounceForm.do?article_sq_no=33156&board_sq_no=3&currentPage=1&selectTp=0)].

다. 교사 개인의 삶의 철학과 가치관, 해당 학교와 행정가(교장, 교감) 및 교육(지원)청의 문화 등이 모두 영향을 끼칠 것입니다. 무엇보다 학교폭력 사안을 교육적으로 해결할 수 있는 학교의 시스템이 존재하여야 합니다. 이 모든 책임을 담임교사 개인에게 부여하면 교육적 해결은 쉽게 포기됩니다. 남은 아이들, 다른 우리(fence) 안의 아이들을 돌보아야 하기 때문입니다.

학교에서 일어나는 갈등을 교육적으로 지도하지 못하는 이유는 무엇입니까? 생활교육의 구체적인 구성요소와 방법은 무엇입니까? 현행 교육과정 속에서 어떤 방식으로 시수를 확보하여 지도할 수 있나요? 생활교육이란 눈에 보이지 않는데, 그 효과를 측정할 수 있으며 평가할 수 있나요? 질문하여 봅니다.

질문 6 학교폭력의 바람직한 대처 과정 이해하기

학교폭력의 바람직한 대처 과정이라는 말이 생소합니다. 학교폭력이 발생하면 매뉴얼에 따라 처리를 하면 되지 않을까요? 여기에 바람직한 대처 과정이 따로 있을 수 있는 것인가요?

학교폭력 사안 발생과 해결과정의 순환구조를 그려 봅시다. 먼저, 학교폭력 사안의 발생을 중심으로 본다면 사전에 실시되는 예방교육[12]과 생활지도가 잘 이루어지면 학교폭력 자체가 일어나지 않을 것입니다. 「학교폭력예방법」은 학교장으로 하여금 학생들과 교사 및 학부모에 대한 예방교육을 학기별로 1회 이상 실시하도록 하고 있습니다. 만약 그 예방교육이 실제로 효과가 있었다면 학교폭력은 대폭 줄어들었을 것입니다. 예방 교육 관련 그 중요성과 구체적인 프로그램 및 학교장 해결제에 대해서는 제2장에서 자세히 언급하겠습니다.

12) 「학교폭력예방법」 제15조(학교폭력 예방교육 등) ① 학교의 장은 학생의 육체적·정신적 보호와 학교폭력의 예방을 위한 학생들에 대한 교육(학교폭력의 개념·실태 및 대처방안 등을 포함하여야 한다)을 학기별로 1회 이상 실시하여야 한다. [개정 2012. 1. 26.] ② 학교의 장은 학교폭력의 예방 및 대책 등을 위한 교직원 및 학부모에 대한 교육을 학기별로 1회 이상 실시하여야 한다. [개정 2012. 3. 21.]

일단 예방에 중점을 두는 것이 가장 효과적이고 비용을 절약하는 접근입니다. 질병도 초기에 예방하는 것이 병이 깊어지고 난 다음 좋은 약과 의사, 병원의 치료보다 효과적이듯이 말입니다.[13] 하지만 아무리 예방교육이 철저히 이루어진다고 해도 학교는 많은 학생들이 다양한 상황에서 서로에게 영향을 끼치며 생활하는 공간입니다. 이 공간은 필연적으로 갈등이 일어나기도 하고 그중 일부는 폭력적 상황으로 번지게 됩니다. 이러한 상황에서 대부분의 학생은 비폭력적이고 평화적인 방법으로 문제를 해결합니다. 하지만 소수의 학생들은 자신의 감정을 조절하지 못하고 말과 행동을 통해 상대방에게 피해를 입힙니다. 그 피해 정도와 심각성을 조사하여 학교폭력으로 규정될 수 있는지 여부를 판단하게 됩니다. 이 과정이 학교폭력 접수 및 초기 사실확인 단계입니다. 이 과정에서 필요시 분리와 긴급조치가 이루어집니다. 학교에서는 학교폭력 사안에 대해 48시간 안에 교육지원청의 '학교폭력제로센터'에 사안접수 보고서를 제출합니다. 여기까지가 단위 학교에서 일어나는 과정입니다.

해당 학교가 학생들 간의 갈등 혹은 다툼을 '학교폭력'이라고 신고하면 '학교폭력제로센터'에서는 접수내용을 분석하여 조사관을 배정하게 됩니다. '학교폭력 조사관'은 배정에 따른 적합성을 검토하고 학교방문일을 협의하며 사안에 따라 1~2명 이상 배정됩니다. 그동안 학교에서는 전담기구의 심의를 통해 이 사안이 자체 해결이 가능한 사안인지 심의하여 학생과 보호자 및 교육(지원)청에 자체 해결 통보를 합니다. '관계회복 프로그램'이 운영되는 것이 이 시기입니다. 자체 해결이 불가한 사안일 경우, 교육지원청에서 심의를 통해 조치가 결정되면 학교장에게 통보합니다.

여기서 핵심은 '자체 해결 사안'이라는 결정을 할 수 있는 전제조건입니다. 해당 학교에 "관계회복 프로그램을 담당할 전문인력이 있는가?" "전문인력이 없다면 외부전문가와 협의하여 교육을 이수할 수 있도록 연계할 수 있는가?"의 여부입니다. 교육부를 포함한 관계부처가 합동으로 제안한 '학교폭력근절종합대책(2023. 4.)'에 의하면 교육청의 '피해회복·관계개선 지원단'에서 전담지원관을 지적하여 피해학생이 실질적으로 필요한 심리상담 등의 서비스를 매칭으로 지원하겠다고 발표하였습니다. 그러나 '피해회복·관계개선 지원단'의 선발과 운영, 예산 등의 뒷받침이 있어야 할 것입니다.

13) 이동갑. 학교폭력의 역설, 세상을 바꾸는 시민언론 민들레(https://www.mindlenews.com/news/articleView.html?idxno=2670).

"학교의 교육적 조정기능을 강화하겠다."라고 말합니다. 경미한 사안에 대해 피해학생의 심의 요청 시 학교폭력 전담기구에서 **관계회복 프로그램**을 권고할 수 있는 근거를 마련하고 학교장 자체 해결범위를 확대하여 자체적으로 종결한 사안에 대하여 가해학생에게 별도의 선도·교육 프로그램 운영을 필수화한다고 합니다(학교폭력종합근절대책. 2023. 4.). 하지만 역시 문제는 프로그램과 관련한 예산과 사람을 배치하여야 한다는 점입니다. 특히 학교폭력 문제 해결의 과정에서 피·가해 학생과 함께 그 부모에 대한 교육과 상담 및 연수가 필수적입니다. 가해학생 부모에 대한 특별교육 조항만 있을 뿐 이들을 위한 교육과 상담에 대한 조항이 없는 것이 아쉽습니다.

그렇다면 바람직한 학교폭력 예방과 대처를 위한 모델은 무엇인가요? 학교폭력 예방교육을 위한 급별 및 교사, 학부모를 위한 연수 교재와 전문강사들이 확보되어야 합니다. 이 연수에 대한 예산을 확보하여야 합니다. 단위 학교에서 학교폭력 업무를 전담하는 "전담기구 구성원에 대한 연수를 할 수 있다."라고 「학교폭력예방법」 제11조(교육감의 임무)[14]를 의무화하여 운영하여야 합니다. 아울러 학교폭력 관련 학생들의 부모들이 학교폭력 예방교육에 참석할 수 있도록 하여야 합니다. 학교폭력 예방 연수는 정작 필요한 학부모가 참석을 하는 경우가 매우 적습니다. 이들의 참여를 유도하고 지원할 수 있는 방안을 찾아야 할 것입니다. 즉, 자녀의 교육 관련 유급휴가를 연 10일 정도 사용할 수 있는 법 개정이 필요합니다.

14) 제11조(교육감의 임무) ⑩ 교육감은 제14조 제3항에 따른 전담기구 구성원의 학교폭력 관련 전문성 향상을 위한 교육 등을 실시할 수 있다. [신설 2023. 10. 24.]

2. 학교폭력 생태계

질문 7 학교폭력 생태계

'학교폭력' 문제 해결과정은 우리 사회에서 또 다른 심각한 갈등의 요인이 되는 것으로 보입니다. 퇴직 경찰관 등이 '학교폭력 조사관'으로 학교로 들어오고, 변호사 등에게는 이른바 블루오션이 되었다고 합니다. 학교폭력 사안 해결과정의 생태계는 어떻게 형성되어 있나요?

예를 들면, 약 85만의 인구가 거주하는 A시에는 184개의 학교가 있습니다(2024년 기준). 초등학교가 94개교, 중학교가 47개교, 고등학교는 37개교이며 특수학교가 5개교, 각종학교가 1개교입니다. 2023년 기준(2024년은 아직 통계가 집계되지 않았음)으로 학교폭력 신고 건수는 모두 1,293건이며 학교장 자체 해결은 783건, 심의위원회 개최는 510건이었습니다. 2024년 3월 1일부터 9월 30일까지 학교폭력 신고는 1,099건, 학교장 자체 해결은 697건, 심의위원회가 개최된 것은 402건이었습니다. 2024년 11월 19일 현재 약 500여 건의 심의위원회가 개최되었다고 합니다.[15)]

교육지원청의 '학교폭력심의위원회'는 1건당 약 100만 원 정도의 수당이 지급됩니다. 2024년에만 약 5억 원이 지급되었습니다.[16)] 2023년을 기준으로 A교육지원청은 위원회(학교폭력대책심의위원회) 수당으로 4억 3천 7백만 원, 기타 운영비로 1억 2백만 원, 합계 5억 4천만 원을 지출하였습니다. 2024년 도입된 '학교폭력 조사관'들의 조사수당은 건당 20만 원입니다.[17)] 전년도를 기준으로 약 1,300건(1,293건)을 심의한다고 가정하면, 한 해 동안 지급될 예산은 약 2.6억 원이 됩니다. 충북 전체로 확대하면 약 490개 학교 중 학교폭력발생 학교는 347개교, 신고접수 건수는 2,505건, 학교장 자체 해결은 1,565건, 심의

15) 충청북도의회 행정사무감사 교육위원회, A교육지원청: 447.

16) 위원들의 위원회 심의 수당은 교육지원청마다 다를 수 있음. A교육지원청의 경우, 시간당 첫째 시간에는 10만 원, 추가 시간에는 5만 원이 지급되고 있음.

17) 교육지원청마다 차이가 있을 수 있음.

위원회 회부는 940건입니다(2024년 충청북도 행정감사자료, 본청: 974, A교육지원청)

하지만 학교폭력 예방을 위한 예산은 A교육지원청의 자료에 의하면 2022년에는 약 1천 6백만 원, 2023년에는 2천 4백 6십만 원이었습니다. 2024년 11월 현재까지 지출된 예산은 약 1천 6백 80만 원입니다. 3년을 모두 합하여 5천 7백 6십만 원입니다. 한 해 평균 약 2천만 원 정도입니다. 학교폭력이 일어난 뒤 사후 심의를 위한 심의위원회 개최와 학교폭력 조사관 제도 운영을 위한 예산에 비하면 너무나 작은 예산입니다. 단순 비교하면 약 1/40의 예산을 예방교육을 위해 사용하는 것입니다.[18]

퇴직 경찰관과 퇴직 교사 그리고 청소년 전문가로 구성된 '학교폭력 조사관'들의 자질과 역량에 대한 우려들이 있습니다. 가장 민감하고 감수성이 풍부한 어린 청소년들에게 조사나 심의 과정에서 일어나는 비교육적 상황에 대한 우려입니다. 크고 작은 갈등을 교육적 해결이나 대화와 용서, 회복이 아니라 신고와 조사를 통해 해결하는 것은 매우 위험합니다. "무섭고 놀라서 쓰라는 대로 썼어요."[19]라는 기사도 주목됩니다. 학교폭력 조사관들 중에는 한 건을 해결하기 위해 며칠을 방문하고 다양한 당사자들의 견해를 들어 친절하고 온화하며 교육적으로 해결하는 분들이 계십니다. 하지만 30분이면 한 건을 해결하고 마무리를 하시는 분들도 계시다고 합니다. 이들이 받는 수당은 동일합니다. 비교육적 상황에 대한 우려가 매우 큽니다.

이 일에 종사하는 분들의 전문성에 대한 우려가 많습니다. 특히 '학교폭력 조사관' 못지않게 더 큰 영향을 끼치는 '학교폭력심의위원회' 구성원들에 대한 연수와 자격에 대한 검증 과정이 부족합니다. 학교폭력 예방마저 외주를 주는 것인지 염려합니다. 이 생태계에도 사교육이 들어와 공교육을 밀어내는 것인지 우려합니다. A교육지원청은 '학교폭력대책심의위원회' 위원들의 전문성 향상을 위한 연수에 2023년 5회에 걸쳐 112명을 대상으로 139만 원을 지출하였습니다. 어떤 연수를 받았는지 궁금합니다. 1회 평균 30만 원이 조금 못 되는 예산으로 어떤 연수를 하였을까요? '학교폭력·아동학대 사안처리 교감 및 책임교사연수'를 13회에 걸쳐 연인원 379명이 받았으며, 예산은 약 578만 원입니다. 매회 30명 내외의 인원들을 대상으로 약 44만 원의 예산으로 연수를 하였습니다. 한편, 학교폭력 예방 캠페인 활동에 1천 1백 82만 원의 예산이 지출되었습니다. 학교폭력

18) 2024년 충청북도행정감사자료, A교육지원청 65. 학교폭력관련에서 발췌.

19) 시사인(2024. 8. 6.).

예방 활동 전체 예산(2천 4백 6십만 원)의 약 46%가 캠페인을 위해 사용되었습니다. 예방을 위한 실질적인 예산이 더 많았으면 좋겠습니다. 무엇보다 학교폭력 업무 관련자들의 전문성을 향상하고 업무역량을 높이려는 연수에 힘쓴다면 사후 대처에 쓰이는 예산을 대폭 줄일 수 있을 뿐만 아니라 감수성이 예민한 어린 학생들을 교육적으로 지도하여 성장으로 이끌 수 있습니다.

질문 8 학교폭력으로 인해 붕괴되는 가족 관계

"학교폭력의 경험이 가정을 파괴하고 가족공동체를 위협할 수도 있다."라는 말에 동의합니다. 하지만 '학교폭력은 가정파괴범'이라는 말은 너무 자극적입니다. 학교폭력의 경험이 왜 가정(족)을 파괴하는지 구체적으로 설명해 주세요.

자녀가 학교에서 폭력에 노출되었을 때 가정은 구체적으로 어떤 위협을 받을까요? 자녀가 학교폭력의 관련자가 되어 학교 측으로부터 출석을 통보받으면 가정은 외부의 위험에 노출된 것입니다. 가해자와 피해자 어느 쪽도 당황스러운 것은 마찬가지입니다. 학교폭력의 관련자가 되었다는 소식은 가정을 뒤흔드는 비바람 혹은 태풍이 됩니다. 이 과정에서 가장 먼저 하여야 할 일은 "자녀가 어떤 경험을 하였는가?"라는 실체적 사실 파악과 함께 그에 따른 자녀의 마음에 공감하여 심리적 안정을 도모하는 일입니다. 물론 물리적이고 신체적인 치료와 회복이 가장 우선되어야 함은 당연합니다.

그럼에도 불구하고 많은 경우, 부모는 자녀의 피·가해 여부와 상관없이 누가 잘못을 하였는가에 주목합니다. 내 자녀가 가해자인지 피해자인지 포지션(위치)을 정하는 것을 중요시합니다. 문제는 가해자의 부모 역시 피해자라고 생각하며 그 역할을 우선적으로 고려한다는 점입니다. "내 자식은 그런 아이가 아니다." 혹은 "상대방이 맞을 짓을 했으니 때렸겠지?" 심지어 "이 일이 일어날 때까지 학교와 교육 당국은 도대체 무엇을 했느냐? 직무유기 아니냐?"라고 강하게 반발합니다. 서로 피해자의 자리를 차지하려고 합니다. 모든 부모가 다 그런 것은 아니지만 최근의 전반적 추세입니다. 이 시기 부모의 격앙된 반응은 자녀로 하여금 사실관계에 대한 정직한 설명과 자신의 역할에 대한 솔직한 표현을 어렵게 만듭니다. 부모가 너무 감정적으로 대처하거나 격앙되면 자녀는 부모의 화를 누그러뜨리려고 자신의 잘못에 대해 의도적으로 축소하거나 무의식적으로 기억을 왜곡하는 방법으로 생존을 추구합니다. 이 순간, 상대방에 대한 분노와 악마화가 시간 차 없이 동시에 일어납니다.

이쯤 되면 가정에는 분노와 증오가 어우러진 폭력적인 먹구름이 형성되고 학교와 교사 및 상대방의 부모 등을 향한 미움과 저주가 천둥 치고 번개가 번쩍입니다. 자녀가 학교에서 경험한 1차 폭력 사고가 끼어들기에 의한 갓길의 접촉사고였다면, 2차 사고는 고속도로에서 차를 세우고 2차선에 내려서 삿대질하는 것처럼 위험합니다. 이때 학생의 부모 중 한 사람이 더 많이 분노하고 소리를 지르면서 상대방에 대한 징벌을 주장합니다. 이것은 자녀에 대한 더 많은 관심과 책임감으로 치환(인정)되기도 합니다. 그래서 한 부모 혹은 양부모 모두 직장을 멈추어서라도 이 일을 바로잡고 말겠다는 사명감으로 무장합니다.

사안이 전개되는 과정에서 최근에 도입된 제도인 '학교폭력 조사관' 제도는 학교와 교육 당국에 대한 불신과 방어를 부추길 수 있는 우려를 받기도 합니다. 학교폭력 사안이 발생하면 초기 단계에서 대부분의 부모는 학교 주변의 모든 언저리(유사) 전문가들의 조언을 요구하고 자신의 마음에 드는 이론을 선택합니다. 초기 단계의 정보력이 중요하기 때문입니다. 더러는 변호사의 조력을 받는 일까지 포함됩니다. 무엇보다 학교가 이 일을 친구들 사이에서 일어난 교육적 해결이 가능한 갈등이라고 판단하면 부모도 교육적 해결과정에 주목하게 됩니다. 하지만 담임과 학교 측이 퇴직 경찰관 혹은 교사를 중심으로 구성된 '학교폭력 조사관'에게 사안을 조사하게 의뢰하고 부모는 정보의 진공(공백) 상태에서 결정을 기다리게 될 때 두 당사자 가정의 대처는 매우 다릅니다. 많은 정보와 조력을 취합하고 요청하는 것은 부모의 경제력 혹은 사회적 지위와도 관련이 있습니다. 이들이 피해자라면 그래서 정의를 구현하는 방향으로 문제를 해결하려는 기대가 있습니다. 그러나 안타깝게도 이들이 가해자라면 피해학생과 그 가정은 매우 고통스러운 상황으로 빠집니다.

자녀의 학교폭력 사안을 처리하다가 재심 청구 기간 중 극단적인 선택을 한 아버지의 사례도 만날 수 있습니다. 가해학생들이 단합하여 "폭력을 한 사실이 없다."라고 증언하였고 가해자 측이 변호사를 선임한 것에 절망한 아버지의 선택이었습니다. 가해학생들은 시간이 지나면 잊어버리고 일상을 살 수 있을지 모릅니다. 그러나 피해학생과 그 가정은 완벽하게 파괴됩니다.

질문 9 건강한 부모와 건강하지 않은 부모의 학교폭력 해결과정

'학교폭력'은 사안의 처리 과정에서 당사자인 학생 못지않게 그 부모의 영향이 큰 것이라는 말에 동의가 됩니다. 일반적으로, 폭력적인 아이 뒤에는 폭력적인 부모가 있지 않는지요?

자녀는 부모라는 환경에 가장 큰 영향을 받으며 성장하는 것이 분명합니다. 자녀들은 성장 과정에서 부모의 말과 생각, 행동까지 배우고 따라 합니다. 부모가 폭력적이고 약물 중독이며 정신병리적인 품성을 가지고 있다고 해서 모든 자녀가 그러한 것은 아닙니다. 삶의 역경 시기에 부모 외에도 좋은 멘토가 있다면 후천적으로 올바른 성장을 할 수도 있습니다.[20] 결국 자신의 행동에 대한 선택은 자신이 하는 것이기 때문입니다. 저는 이를 건강한 부모와 건강하지 않은 부모로 나누어 설명합니다.

먼저, 건강한 부모는 기본적으로 문제 해결의 수단으로서 폭력을 사용하는 것에 동의하지 않습니다. 폭력적인 행동은 교육이 아니라 훈련으로 동물에게 주로 사용하는 방법입니다. 따라서 건강한 부모의 가정에서는 갈등 혹은 문제를 해결할 때 폭력적인 방법이 아닌 대화와 타협 혹은 갈등 관리를 위한 비폭력적 방법을 선택합니다. 그러나 건강하지 않은 부모는 부부 사이 혹은 자녀 양육에 관한 의사소통 과정에서도 폭력적 언어와 과도한 감정적 폭주가 일어납니다. 이를 자녀가 보고 배우게 됩니다. 따라서 폭력적인 문화의 가정에서 자란 자녀는 폭력적 행동 양식이 자연스럽게 몸에 스며들어 있습니다. 이것이 갈등 상황에서 자신도 모르는 사이 무의식적으로 표출됩니다. 가정에서 폭력에 노출된 학생이 학교에서 갈등을 경험할 때 폭력적 문제 해결을 시도하게 된다는 것입니다.

20) https://ko.wikipedia.org/wiki/%ED%9A%8C%EB%B3%B5_%ED%83%84%EB%A0%A5%EC%84%B1

건강한 부모의 경우, 자녀가 학교에서 폭력의 가해자가 되는 경우가 매우 드물지만, 가해자의 입장에 되었을 경우, 먼저 가정에 비상상황이 발생하였음을 부부가 공유하고 이 문제를 우선적으로 해결하여야 한다고 인식합니다. 그리고 자녀에게 사안의 발생과정과 경과 및 처리 과정에 대해 자세하게 듣고 대화를 시도합니다. 이 과정에서 자기 자녀가 상대방에게 피해를 끼쳤다면, 필요한 사과와 용서 구하기를 하여야 함을 함께 인식하고 그 방법을 논의합니다. 무엇보다 상대방이 경험하였을 고통에 대해 함께 아파하고 부끄러워하며 문제 해결과정에 동참할 것을 약속합니다. 진심으로 자신의 행동을 부끄러워하고 이를 사과할 수 있는 용기가 필요하다는 것에 동의합니다. 그리하여 피해학생에게 진정성 있는 사과와 용서 구하기를 하고 재발 방지를 위해 노력합니다.

그러나 건강하지 않은 부모는 자기 자녀를 보호하는 것에만 초점을 맞춘 나머지 상대방 학생이 경험한 피해와 고통에 대해 주목하지 않습니다. 갖가지 핑계와 수단을 동원하여 벌을 피하는 것에 초점을 맞춥니다. 이 부모의 자녀 또한 너무나 쉽게 거짓 정보를 제공하고 자신이 하였던 나쁜 행동에 대해서는 침묵하고 외면합니다. 이때 건강하지 않은 부모는 자녀의 말과 행동에 대해 자세하게 논의하고 토론하기보다는 사안을 회피하고 해결하는 것에 골몰한 나머지 사실관계의 혼란과 자녀의 정직하지 못함에 대해 통찰하지 않습니다. 무조건적 편들기로 자녀의 환심을 사고 그것을 자녀를 사랑하는 행동의 표현이라고 스스로 합리화합니다. 부부 중 한 사람이 더 많이 자녀의 억지 주장에 편을 들면서 진실을 추구하거나 균형 있는 접근을 하려는 배우자를 매도하고 공격합니다. 이 과정에서 가해를 한 자녀는 정직할 필요보다는 부모를 내 편으로 만들어 위험에 처한 상황을 벗어나는 것에만 집중하게 됩니다. 결국은 부모의 잘못된 자녀 사랑과 선택은 자녀로 하여금 잘못을 사과하고 용서를 통해 관계를 회복할 기회마저 차단하고 빼어버립니다.

자녀가 피해자가 된 경우, 건강한 부모는 자녀의 안정과 회복에 집중합니다. 그런 다음 왜 그러한 일이 일어나게 되었는지 자연스럽게 대화를 통해 접근합니다. 우선 상처를 치유하고 심리적으로 "너의 잘못이 아니다."라는 명제로 자녀를 보호하고 안정화합니다. 그래서 자녀는 자신이 겪은 일들의 과정을 보호자에게 자세하게 의논하고 함께 해결 방안을 찾아갑니다. 부모는 상대 학생과 학부모를 악마화하거나 증오하기보다는 피해자인 자기 자녀에게 정확한 사과와 용서 구하기를 통해 회복시키는 일에 집중합니다. 이 과정에서 학교와 교육 당국에 대해서도 예의를 차리며 선을 넘지 않는 말과 행동으로 대응합니다.

그러나 건강하지 않은 부모의 자녀가 피해자가 되었을 경우, 우선 감정적으로 흥분합니다. 자녀가 사실관계를 설명하기 전에 부모의 분노와 증오의 감정이 실린 욕설 등으로 인해 자녀는 정확한 사안 설명을 하기 어렵습니다. 이들 부모는 자녀의 신체적 상처의 회복을 위한 물리적인 치료와 흉터가 되지 않도록 하는 장기적인 치료과정보다는 치료비에 집중합니다. 상대방 학생과 그 부모의 몰상식한 품성과 부족한 인성에 대해 공격하고 악마화합니다. 물론 담임교사를 비롯한 학교 당국과 당사자들에 대해서도 불신과 폭력적인 언어로 평가하며 폄훼합니다. 사정이 이러하면 피해학생은 부모에게 "사실은 나도 이런 잘못이 있었다."라는 고백을 포기합니다. 건강하지 않은 부모는 때로 가해자의 처벌 수위가 약하다고 여겨지거나 사과와 배상(보상)이 충분하지 않다고 느껴질 때 자신이 할 수 있는 모든 관계와 힘을 동원합니다. 이 과정을 목격한 자녀는 맨 처음 폭력보다 10배나 더 큰 부모의 폭력을 통해 가치관과 정체성 혼란을 경험하게 됩니다. 부모의 분노가 클수록 관련자들과의 회복은 강제로 포기당합니다.

학교폭력의 문제가 부모와 관련이 있다는 것은 체험적으로 이해가 됩니다. 하지만 사안의 해결과정에서 부모의 영향을 받은 부분이 어디까지인지 판단하는 것이 어렵습니다. 이른바 건강하지 않은 부모 중 대화 자체가 통하지 않는 사람이 있습니다. 이들은 자신들이 생각하는 해결책을 제시하고 학교나 교육 당국의 어떠한 중재안이나 교육 프로그램도 인정하지 않습니다. 이 경우에 달리 방법이 있을까요? 학교폭력 사안의 처리과정에서 드물게 건강한 부모를 만나기도 합니다. 이들은 학교폭력의 경험을 오히려 자녀와의 관계를 개선하고 새로운 가족관계로 재구조화하는 긍정적인 변화를 보이기도 합니다. 이런 사례는 드문 것일까요? 어쩌면 학교폭력 문제 해결과정에서 가장 도움이 필요한 사람은 건강하지 않은 부모들일 수 있습니다.

질문 10 친구와 교실, 학교를 믿을 수 없는 아이

학교폭력을 경험하는 학생들은 친구들과의 관계에서도 큰 변화를 경험하게 될 것 같습니다. 친구들뿐만 아니라 담임선생님을 비롯한 여러 선생님과도 불편한 관계를 경험하게 될 것입니다. 이는 학교생활에 어떤 영향을 끼치게 될까요?

학교폭력 사안처리 과정에서 가장 큰 변화라면, 자신을 괴롭히거나 자신이 고통을 준 친구(피·가해 학생)와의 관계가 달라진다는 것입니다. 특히 당사자뿐만 아니라 주변 친구들의 역할에 따라서도 친구 관계가 영향을 받을 것입니다. 학교폭력은 진공 상태에서 발생하고 해결되는 것이 아니라 여러 사람의 관계 역동이 부딪히고 소용돌이칩니다. 이 과정에서 친구들의 역할은 가해자와 피해자, 가해자를 돕거나 동조하는 협력자와 동조자, 피해자를 돕는 방어자와 대다수의 방관자로 나뉩니다. 이 역할에 따라 교우관계는 재구성됩니다.

학교폭력의 피해자가 된 학생은 무엇보다 자신이 경험한 일에 대한 고통을 인정하고 공감해 주는 친구가 필요합니다. 학교폭력의 과정에서 자신의 편에서 직접적인 도움을 제공한 방어자가 있다면 학교폭력은 심각한 상황으로 확대되지는 않을 수 있습니다. 문제는 자신에게 직접적인 공격을 행사한 가해자와 그 협력(동조)자들이 다수가 되고 자신은 혼자가 되는 경험을 하는 순간 그 고립감과 좌절감은 절망이 됩니다. 특히 자신의 고통을 목격한 가장 가까운 친구가 자신의 편에서 방어자가 되어 주지 못하고 방관자가 될 때 매우 큰 절망을 하게 됩니다.

학교폭력 사안 전개 과정에서 가해자가 명백한 폭력 행위에 대해 축소하고 왜곡하며 피해자가 잘못을 하였기에 어쩔 수 없거나 정당하게 반응한 것이라는 가해자의 진술에 대해 피해자는 크게 분노하게 됩니다. 더욱이 가해자 편에서 가해자 혼자가 아닌 다수의 동조(협력)자들과 비슷한 진술을 하여 피해자에게 원인을 돌리고 쌍방에 의한 폭력 행위로 사건을 몰고 가게 될 때 피해자의 억울함은 절정에 다다릅니다.

같은 연령, 즉 같은 나이의 친구들이 자신의 잘못을 감추기 위해 사건의 실체를 왜곡하고 전후 관계를 뒤틀어 피해자를 오히려 가해자 혹은 원인 제공자의 일부로 만들려는 시도는 피해자로 하여금 인간에 대한 분노와 증오, 절망을 경험하게 합니다. 이 과정에서 소수 혹은 단 한 사람이라도 내 편이 되어 나의 억울함과 마음을 알아준다면 상황이 극단적으로 치닫지는 않습니다. 교실 전체에서 아무도 내 편이 없을 때 피해학생은 비현실적인 세계의 경험을 하게 되어 혼란 속에 빠지게 됩니다. '나에게 뭔가 문제가 있겠지?' '나는 이런 피해를 입어도 괜찮은 존재야!'라는 자기 비하와 신념이 생겨나기도 합니다. 이런 이유로 마음이 불안하고 소화도 안 되고 가슴이 벌렁거리며 일상생활이 어려워지기도 합니다.

적어도 담임선생님은 자신의 억울함에 대해 알아주고 사건의 전후를 바로잡아 명확한 판결을 내려 줄 것이라고 기대하였지만, 담임선생님조차 자신의 말을 귀 기울여 들어 주지 않는다면 그 절망 또한 클 수밖에 없습니다. 특히 자신의 이야기를 듣고 공감해 주기는커녕 '학교폭력' 사안에 대해 중립을 취한다는 명분으로 바로 담당 선생님(책임교사)에게 사안을 넘겨 버리는 경우 '버림받음' 경험을 하게 될 것입니다.

학교와 교실에서 담임선생님으로부터 보호나 공감이 아닌 '버림받음'을 경험한 학생은 그 선생님의 수업 속에서 무엇을 배울 수 있을까요? 배움(수업)이 흥미롭고 즐거울 수 있을까요? 담임선생님과 책임교사의 손을 떠나 이른바 '학교폭력 조사관'에게 자신의 사안처리가 넘어갔을 경우, 생전 처음 만나는 조사관의 학교폭력 조사 양식의 질문에 학생은 어떤 경험을 하게 될까요?

친구와 교실, 학교를 믿을 수 없게 된 아이는 학교에 대해, 교육에 대해, 가르치는 사람들에 대해 어떠한 생각과 신념을 가지게 될까요? 학교폭력 사안의 초기 과정에서 친구들이 걱정해 주고 보호해 주며 공감을 받은 아이는 학교폭력의 트라우마를 갖지 않습니다. 담임교사에게 전후 사정을 자세히 설명하고 이에 대해 공감받고 문제를 해결하기 위해 함께 노력한 경험을 가진 학생은 이 경험이 인간관계의 갈등을 해결하기 위한 좋은 실패담이 될 수 있습니다. 하지만 반대의 경우, 아이는 친구들과 선생님과 학교가 무섭고 공포스러운 공간이 되지 않을까요? 관계가 파괴된 공간에서 아이들은 무엇을 배울 수 있을까요? 학교는 관계를 가르치는 곳이어야 하지만, 학교폭력 사안의 잘못된 해결과정은 관계를 파괴하고 인간에 대한 신뢰를 끊어 내는 절망을 경험하게 할 수 있습니다.

질문 11 어른들의 개입과 2차 가해(폭력) 문제

'학교폭력'이라고 부를 수 없는 친구들과의 갈등이 부모님들이 개입하면서 커지는 경우가 많습니다. 또한 사안이 이미 해결되고 종료되었는데도 불구하고 부모님들의 개입으로 인한 낙인과 소문으로 지속적인 고통을 호소하는 경우도 있지 않을까요?

"아이 싸움이 어른 싸움이 된다."라는 옛말처럼 아이들은 이미 서로 용서하고 화해를 하여 어깨동무를 하고 놀고 있는데, 그 부모님들의 감정싸움으로 사건이 비화되는 경우도 쉽게 만날 수 있습니다.

예전에는 부모님들이 자기 자녀가 친구들과 다투고 싸웠다고 하더라도 그 해결을 자녀들에게 맡기고 기다렸습니다. 며칠 지나지 않아 대부분의 경우, 자녀는 "친구와 화해했어요. 다시 놀기로 했어요."라고 이야기하며 스스로 갈등을 해결하는 모습을 보였습니다. 요즘은 자녀들을 하나, 둘 정도로 기르면서 많은 부모가 자녀의 친구관계와 갈등에 초기부터 개입하려고 합니다. 이 과정에서 자녀들 간의 문제를 부모들 사이의 문제로 확장시키는 경우가 있습니다. 예를 들면, "그 부모가 함께 사과하여야 한다."라는 전제조건을 다는 것입니다. 이럴 때 부모들 사이의 감정싸움으로 번지게 됩니다.

사실 아이들은 친구들 사이에서 일어난 갈등을 보고하면서 있는 사실을 전후 관계에 따라 정확하게 진술하지 않습니다. 자신이 생각하는 중요한 부분과 억울한 감정들이 개입되면서 사건의 실체와 진실이 자주 뒤틀려지고 왜곡될 수 있습니다. 대부분 자신이 한 잘못된 말이나 행동에 대해서는 부모님과의 대화에서 생략되거나 축소될 수 있습니다. 심지어 생각이 나지 않을 수도 있는데, 이것은 거짓말을 하고자 하여서가 아니라 자신을 보호하고자 하는 본능에 의한, 이른바 '**진정성이 가득한 거짓말**'입니다.

자기 자식의 이야기에만 귀를 기울이면 상대방 아이는 너무나 나쁜 아이이며 그 부모는 가정교육을 형편없이 시킨 몰상식한 사람들임이 분명해집니다. 그럼에도 불구하고 건강한 부모라면 자녀와의 대화 과정에서 일방적 진술이 아닌 공감과 이해를 통해 바람직한 해결 방법을 찾아가기 위한 노력을 실천합니다. 그러나 성숙하지 못한 부모, 건강하지 못한 부모는 자기 자녀의 일방적 진술에 근거하여 쉽게 흥분하고 분노 감정을 표출하여 상황을 되돌리기 어려운 늪으로 인도합니다.

미성숙하고 건강하지 않은 부모는 자신의 올바름을 증명하기 위해 온갖 '사회적 자본'과 '인간관계' 등을 동원합니다. 이 과정이 길어지면 맨 처음 일어난 작은 갈등에 의한 학교폭력이 점차 심각한 갈등으로 변질됩니다. 일정 기간 가족공동체의 현안 문제가 되어 일상을 전시 체제로 바꾸어 버립니다. 이것이 해당 가정에서 일어나는 2차 가해입니다. 2차 가해는 해당 학생의 생활 전반에 영향을 미치게 되는데 학교생활뿐만 아니라 학원, 교회(종교) 등의 3차 집단에도 영향을 미치게 됩니다. 그리하여 자기 자녀들을 그 집단에서 철수(이탈)하도록 제안(강요)합니다.

아울러 최대한 많은 사람에게 자신과 자녀가 당한 폭력의 억울함을 호소하고 동조자로 만들고자 합니다. 상대방을 최대치로 악마화하고 경우를 모르며 자식 교육을 포기하고 균형 없는 사람으로 만드는 이미지 작업도 병행합니다. 이 모든 2차 폭력이 최초의 폭력보다 더 크고 해롭습니다. 폭력적 마음의 불가사리, 고질라가 되어 가는 과정은 자녀에게 깊은 비교육적·비인간적 영향을 끼치게 되지만 당시에는 이를 발견하지 못합니다.

학교폭력 사안 해결과정에서 맨 처음에는 '친구들과의 작은 갈등 혹은 다툼'이었던 것이 당사자 혹은 주변 친구들의 신고와 학교 측의 즉시 분리, 학교폭력 조사관의 조사 과정 등을 거치면서 큰 사건이 되고 문제가 됩니다. 1차에 일어난 갈등보다 그 이후에 일어난 문제 해결과정이 더욱더 비교육적이고 폭력적으로 전개되어 큰 상처를 남깁니다. 어른들이 개입하지 않았더라면 아이들끼리 쉽게 사과하고 화해할 정도의 사안이 어른들의 개입으로 심각한 폭력사고가 되어 있는 것을 목격합니다.

질문 12 해결되지 못한 학교폭력의 유독성

학교폭력의 해결을 어떻게 정의하여야 할지 고민입니다. 외양적으로는 해결된 것처럼 보이는 많은 갈등이 다른 장소와 기회에서 또 다른 갈등의 불씨가 되기도 합니다. 학교폭력에서 해결이란 무엇을 말하고 해결되지 못한 갈등은 어떤 영향을 미치나요?

학교폭력 사안을 처리하면서 해결이라는 지점을 지날 때 가해학생과 피해학생의 관점과 입장이 전혀 다르다는 점을 이해해야 합니다. 물론 그 부모와 담임교사, 친구들과 학급 그리고 학교 당국의 해결에 대한 인식의 차이가 존재할 수밖에 없다는 점도 중요합니다.

먼저, 가해학생의 입장에서 문제의 해결이란 '학교폭력이 더 이상 다른 사람의 입에 오르내리지 않고 언급되지 않는 것, 기억에서 잊혀지는 것'을 가장 우선적인 해결이라고 생각합니다. 물론 피해학생에게 사과하고 화해하여 다시 관계가 회복되는 교육적 해결도 중요하게 여기지만, 이는 눈에 보이지 않는 영역이 많습니다. 따라서 행정적인 종결선언과 함께 자신에 대한 관심과 처분이 종료되는 것을 해결이라고 생각하는 경우가 많습니다.

하지만 피해학생의 입장에서는 가해자가 자신이 저지른 잘못에 대해 정확하게 인정하고 사과하며 용서를 구하는 절차를 중요하게 생각합니다. 이 절차가 포함되지 않으면 심리적으로 해결된 것이 아니므로 내면의 상처로 남습니다. 그런 점에서 가해학생이 사과하고 용서를 구할 기회조차 빼앗아 가는 교육지원청의 일방적 심의결과에 동의하지 못할 때 더 큰 상처를 받습니다.

친구들의 입장에서 학교폭력 문제 해결이란, 학교폭력 관련 학생들이 학교 당국의 행정적 절차에 의해 학교폭력으로 신고되고 조사관으로부터 사안에 대한 조사를 받는 것 그리고 이 사안이 교육지원청의 학교폭력심의위원회에 의해 특정한 조치(1호~9호 처분)를 받는 것까지를 말합니다. 이 조치에 따라 가해학생이 특별교육을 받거나 전반 혹은 전학 등의 조치를 당하는 것을 보면서 학교폭력의 처리 과정을 경험하게 됩니다.

부모의 입장에서는 가해학생의 부모와 피해학생의 부모 입장 차이가 큽니다. 먼저, 가해학생의 부모는 사안이 최대한 조용하게 처리되고 처벌이 낮게 주어지기를 바랍니다. 이를 위해 자기 자녀와 함께 사안의 전개 과정을 재구성하고 적절한 방어 전략을 수립하고 대처합니다. 이 과정에서 건강한 부모는 상황을 객관적으로 구성하고 자기 자녀가 잘못을 하였다면 그 잘못에 대한 인정하고 사과하며 용서 구하기 과정을 통해 관계의 회복과 성장으로 이끄는 통과의례를 수용합니다. 하지만 건강하지 않은 부모는 자녀를 감싸며 상대 학생의 고통을 외면하고 자신이 가진 자원(사회적 자본)을 동원하여 비교육적으로 대처하는 것을 선택합니다.

피해학생의 부모 역시 건강한 부모는 자녀의 고통과 아픔에 공감하며 위로와 격려를 통해 경험한 사안을 정확하게 인식하고, 올바른 대처를 위해 가족 구성원들의 지혜를 모읍니다. 이 과정은 오히려 가족을 건강하게 성장하게 하고 재구성하는 계기로 작동합니다. 하지만 건강하지 않은 부모는 피해를 입은 자녀를 탓하고 공감보다는 꾸짖음과 비난으로 자녀가 학교에서 경험한 폭력보다 더 큰 폭력을 행사함으로써 2차 피해를 제공하고 자녀의 자존감을 깎아내립니다. 그 결과, 피해학생은 다시 부모에게 자신의 피해사실을 의논하고 해결책을 찾으려는 시도를 포기하도록 예방주사를 맞게 합니다.

담임교사와 학교 당국 역시 학교폭력의 관련 학생들에게 그들이 경험한 사안에 대해 충분하고 객관적인 의견 진술과 변명의 기회를 주어야 합니다. 하지만 담임교사는 이를 공정하지 않음에 대한 두려움과 은폐·축소 시도라는 오해를 미리 방지하기 위해 화해를 주선하고 교육적 해결을 중재하기보다는 행정적 절차에 의해 학교폭력 전담기구에 넘깁니다. 전담기구는 다시 이 사안을 교육지원청의 학교폭력 조사관에 넘김으로써 교육과 사람은 사라지고 행정과 사법만이 남습니다.

그 결과, 해결되지 못한 학교폭력에 대한 아픔과 고통은 피해자와 가해자, 방관자와 협력자, 동조자 모두의 내면에 어두운 경험으로 가라앉아 눈에 보이지 않는 것이 해결된 것으로 오해하게 합니다. 하지만 특히 피해자에게는 그 불합리함과 억울함이 깊은 고통으로 부패하여 새로운 유독한 마음속 종양을 만들어 냅니다. 이 종양은 세월이 흐르면서 다양한 장면에서 건강하지 않은 자아로 자리 잡아 관계를 해치며 삶을 피폐하게 하지만 그 원인을 모르는 경우가 많습니다.

질문 13 인간 마음의 본성을 파괴하는 학교폭력

학교폭력은 흔히 "아이들은 싸우면서 자란다."라는 말을 통해 '별 거 아닌 것'으로 여기는 인식이 있습니다. 하지만 폭력이라는 상황은 근본적으로 인간의 본성을 왜곡하고 파괴한다는 우려가 있지 않는지요?

폭력적인 가정에서 자란 아이가 성장하여 다시 부모의 폭력을 되풀이하는 경우를 자주 만날 수 있습니다. "매 맞고 자란 아이, 때리는 어른 된다."라는 말을 기억해야 합니다. 때리는 어른이 가장 쉽게 자주 폭력을 행사하는 대상은 가정 안에서 배우자 혹은 자녀들입니다. 이 가정의 가족 구성원들은 일상적인 폭력에 노출되고 자신도 모르는 사이 폭력적 문화 속에 젖어 들게 됩니다. 폭력에 대한 감수성이 떨어지고 말과 행동, 표정과 눈빛 등 몸과 마음에 폭력이 깃들게 됩니다.

누군가 원하지 않는 말과 행동을 시키고 이를 이행하지 않으면 폭력으로 강요합니다. 언어적 폭력과 사나운 눈빛, 큰 소리와 위협과 협박으로 굴종을 강요하고 억지로 그가 원하는 말과 행동을 실천하게 하였을 때 인간은 무엇을 경험하게 될까요? 언어적·정서적 폭력을 넘어 물리적 폭력으로 내 몸에 와 닿는 직접적 고통이 스스로를 굴복시킬 때 인간은 무엇을 경험하게 될까요? 상대방에 대한 두려움과 공포로 자신을 비하하고 혐오하며 마음이 무너지게 됩니다. 그 비겁함과 비굴함은 피부층을 지나 근육을 넘어 뼛속까지 파고듭니다. 비참함과 모멸감 속에서 자신을 무가치하고 더러운 존재로 평가하고 비하합니다. 폭력은 인간성을 파괴하고 인간의 존엄성과 인격을 무너뜨립니다.

우리는 서커스단의 사자나 원숭이를 '훈련시킨다'고 하지 '교육시킨다'고 하지는 않습니다. 훈련을 잘 받은 동물들이 인간의 행동방식을 흉내 내며 따라 할 때 훈련을 잘 받았다고 합니다. 훌륭한 교육을 받았다고 하지는 않습니다. 동물에게 인간이 원하는 행동방식을 가르치는 것은 훈련입니다. 그러나 인간에게 바람직한 행동 양식을 가르치고자 할 때는 훈련이 아니라 교육이어야 합니다. 그 바탕에는 철학과 가치와 신념, 즉 목표가 있어야 합니다. 학교에서 학생들이 배우는 모든 것은 교육입니다. 학생들은 학교에서 폭력에 대해 다루고 폭력에 어떻게 대처하여야 하는지 배우게 됩니다. 이것이 교육의 본질이라고 로제 다둔(Dadoun, 2006)은 말합니다. 학교에서 학생들이 배우는 모든 과정은 교육입니다. 따라서 그 방법도 교육적이어야 합니다.

학교는 아이들이 갈등을 경험하고 해결하는 연습을 하는 안전한 공간이어야 합니다. 갈등은 비폭력적이고 평화적인 방법으로 해결되어야 합니다. 서로의 마음을 공감하여 속마음을 털어놓고, 대화를 통해 해결하는 방법을 가르치고 배우는 곳이 학교입니다. 하지만 일부 학생들은 갈등을 해결함에 있어서 언어적·신체적·심리적·사회적으로 폭력적 방법을 사용하여 친구들에게 상처와 고통을 줍니다. 이때 "폭력은 어떠한 경우에도 용납되어서는 안 된다."라고 분명한 잘못으로 규정되어야 합니다. "폭력으로 문제를 해결하는 것은 허락되지 않는다."라는 것을 학교공동체가 함께 공유하여야 합니다.

예전에는 학교에서 교사들이 '훈육'이라는 이름으로 '사랑의 매'라는 체벌을 교육의 일부로 여겼습니다. 하지만 이른바 부모에 의한 자녀훈육[21)]도 법으로 금지되었습니다. 교사의 직접적인 체벌은 2011년 「초·중등교육법 시행령」 개정안이 시행되면서 금지[22)]되었습니다. 최근에는 학생인권조례와 아동학대 등의 논란에 따라 간접적인 체벌마저 엄격하게 금지되고 있는 실정입니다. "아동에게 모욕이나 모멸감, 정서적인 고통을 유발하는 인격 침해가 있어서는 안 된다."라는 것입니다.

폭력은 교육의 방법이 될 수 없습니다. 폭력은 인간의 존엄성을 해치고 마음속에 분노와 억울함, 증오심을 불러일으키는 유독(toxic)한 감정입니다. 폭력을 행사하거나 당하게 될 때 인간은 자신의 존엄성을 포기하게 됩니다. 폭력은 피해자뿐만 아니라 가해자와 방관자 모두에게 해롭습니다.

---

21) 2021년 1월 8일, 「민법」 제915조 징계권 조항이 삭제된 「민법 일부개정 법률안」이 국회 본회의를 통과했다. 법무부는 부모의 자녀체벌 근거로 여겨졌던 징계권 조항을 삭제함으로써 자녀에 대한 체벌이 금지된다는 점을 명확히 한 것이 개정 취지라고 설명했다(이노홍, 2015. 홍익법학, 16권 1호. 123-157).

22) 2011년에 개정된 「초·중등교육법 시행령」 제31조 제8항은 '도구, 신체 등을 이용해 학생의 신체에 고통을 가하는 방법을 사용해서는 아니 된다.'고 명시함으로써 교사가 학생의 신체에 고통을 가하는 체벌을 할 수 없도록 제한했다[굿모닝충청(https://www.goodmorningcc.com), https://www.goodmorningcc.com/news/articleView.html?idxno=269491].

3. 학교폭력은 공중보건의 문제이다

질문 14 학교폭력 문화의 전염성

'학교폭력'이 하나의 문화라는 것에 대해 동의가 됩니다. 특히 비슷한 지역의 학교들 중에서도 학교폭력이 많은 학교와 학교폭력이 거의 없는 학교가 뚜렷하게 대비되는 것을 보면 폭력에 전염성이 있다는 말이 실감 나게 들립니다. 두 학교 사이에는 어떤 차이가 있을까요?

무엇보다 폭력은 전염성이 큰 질병입니다. 그래서 UN은 "폭력을 전염성이 있는 공중보건의 문제"라고 규정[23)]하였습니다. 정신건강의학과 전문의 10명 중 8명은 "학교폭력 피해자를 진료한 경험이 있다는 조사 결과를 통해 학교폭력이 사회적인 문제는 물론 공중보건 차원에서도 심각한 문제로 인식해야 한다."[24)]라고 강조합니다.

폭력이 감기처럼 전염될 수 있다는 연구는 다양합니다. 친한 친구가 폭력을 행사하는 것을 목격하게 되면 싸움에 참여하게 될 가능성이 큽니다. 특히 폭력은 한 사람에 국한되지 않고 지역사회에까지 퍼질 수 있다는 것도 주목해야 합니다. 2022년 8월 25일 전주국제영화제에 한국경쟁 부문에 초청받은 황준하 감독의 장편 데뷔작 〈인플루엔자〉는 포스터에 "폭.력.은. 전.염.병.이.다."라고 표

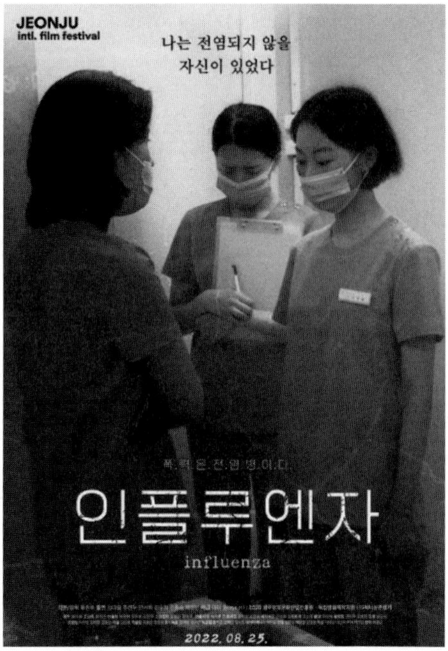

그림 2-1 영화 〈인플루엔자〉 포스터

23) 이동갑, 유경희(2021). **학교폭력을 넘어: 외상후성장으로(개정판)**. 형설출판사.

24) 김상기(2023. 3. 17.). 라포르시안(https://www.rapportian.com/news/articleView.html?idxno=158726).

현합니다.

조선 중기 16세기 문인이었던 이문건은 손자를 양육하는 16년간의 일기『양아록』을 남겼습니다. 아들이 일찍 병으로 세상을 뜨자 손자인 이수봉을 16년 동안 양육하며 그 기록들을 일기로 남겼습니다. 이 기록은 현존하는 세계에서 가장 오래되고 자세한 육아 일기로 조선 중기 양반 집안의 자녀교육과 생활풍속을 이해하는 자료로서 가치가 큽니다. 문제는 손자를 훌륭한 인물로 키우기 위한 할아버지의 교육 방법 중 회초리가 부러질 정도로 때리고 뺨을 발로 밟고 머리를 한 움큼이나 뽑았다는 기록입니다. 이를 당당하게 적을 수 있었던 것은 당시에는 용납 가능한 문화였기 때문일 것입니다. 하지만 손자는 견딜 수가 없었고 할아버지와의 관계는 돌이킬 수 없는 상황이 되었습니다. 이문건은 이를 한탄하면서 '노옹조노탄(老翁躁怒嘆)'이란 시를 짓고 "늙은이의 포악함은 실로 경계해야 할 것이다."라는 자신의 훈육에 대한 반성과 함께 "할아버지와 손자 모두에게 잘못이 있다."라고 언급하는 것을 마지막으로『양아록』의 집필을 끝냈습니다. 물론 후일 이수봉은 훗날 임진왜란에서 의병으로 크게 활약하였으며 선비의 길을 살았다고 합니다.[25]

아버지를 잃은 어린 손자에게 할아버지의 엄한 훈육과 회초리, 뺨을 발로 밟고 머리를 한 움큼이나 뽑는 방식은 교육일 수 있을까요? 할아버지는 손자를 진심으로 사랑하고 올바른 선비가 되어 집안을 일으키기를 바랐지만, 그 교육 방식은 너무나 거칠고 포악하였기에 모두가 경계하여야 할 사표가 되었습니다. 동시대를 살았던 퇴계 이황은 태어난 지 7달 만에 아버지를 여의었고 홀어머니 품에서 자랐지만, 어머니는 자식을 폭력적이지 않으면서도 학문에 큰 관심과 열의를 가질 수 있도록 지원하였습니다. 폭력적인 문화는 가정에서 시작되고 학교에서 연습되며 사회에서 경험됩니다. 폭력도 전염되지만 비폭력문화도 전염됩니다. 평화의 문화도 전염됩니다. 김구 선생께서 그토록 바라시던 문화강국은 비폭력과 평화의 문화를 가진 나라입니다. 학교에서 아이들이 비폭력과 평화를 배울 수 있을 때 우리 사회는 평화선진국, 진정한 문화강국이 될 것입니다.

25) 양아록, 나무위키(https://namu.wiki/w/%EC%96%91%EC%95%84%EB%A1%9D).

질문 15 작은 학교폭력에 잘 대처하는 것: 면역(예방주사)

'학교폭력'의 초기 대처가 매우 중요합니다. 누가 보아도 폭력이라고 할 수 없는 작은 갈등을 폭력이라고 주장하는 학생 혹은 학부모가 있습니다. 작은 학교폭력에 잘 대처하는 것은 학교폭력의 면역을 기르는 것이라고 할 수 있지 않을까요?

UN은 폭력을 전염병이라고 규정하였습니다. 학교폭력이라는 전염병에는 예방이 중요합니다. 이를 위해서 예방주사를 맞게 됩니다. 면역력을 기르기 위함입니다. 작은 학교폭력에 정확하게 대처하고 응대하는 것은 예방주사를 맞는 일이며 면역 훈련이라고 할 수 있습니다.

욕구의 사전적 의미는 '무엇을 얻거나 무슨 일을 하고자 바라는 일'[26]입니다. 심리학자인 에이브러햄 매슬로(Abraham Maslow)는 인간의 욕구를 가장 기초적이고 낮은 1단계의 생리적 욕구, 그다음 2단계는 안전의 욕구, 3단계는 소속과 사랑, 4단계는 존중의 욕구, 5단계는 자아실현의 욕구로 분류하였습니다.[27] 현실치료의 창시자인 윌리암 글래서(William Glasser)는 인간의 기본적 욕구를 다섯 가지로 분류합니다. 생존의 욕구, 사랑과 소속의 욕구, 힘의 욕구, 자유의 욕구, 즐거움의 욕구입니다.

학교폭력은 안전의 욕구와 생존의 욕구를 위협합니다. 특히 가장 가까운 존재인 양육자, 즉 부모와 함께 있는 공간에서 일어나는 가정폭력은 매우 해롭습니다. 또한 안전해야 할 공간인 학교에서의 폭력은 의심과 불안을 높입니다. 모든 형태의 괴롭힘과 학대는 뇌에 상처를 주고 삶을 망가뜨릴 역량과 가능성이 있습니다(Jennifer Fraser, 2023, p. 38). 하지만 학교폭력의 초기 단계에서 적절한 대처를 하도록 교육받음으로써 작은 학교폭력의 경험이 예방주사 되고 면역이 될 수도 있습니다.

학교폭력에 잘 대처한다는 것은 어떤 것입니까? 학교폭력이라고 의심되는 상황들을 학급공동체의 구성원들이 함께 토의하는 것입니다. 이 과정에서 피해학생의 마음(감정)에 주목하고 공감합니다. 또한 가해학생들은 어떠한 이유로 그와 같은 피해를 끼치게

26) 국립국어원 표준국어대사전(https://stdict.korean.go.kr/search).

27) 에이브러햄 매슬로, 위키피디아(https://ko.wikipedia.org/wiki/%EC%97%90%EC%9D%B4%EB%B8%8C%EB%9F%AC%ED%96%84_%EB%A7%A4%EC%8A%AC%EB%A1%9C).

되었는지 자신의 마음을 이야기할 수 있습니다. 이를 통해 다수의 학생이 가해자의 편이 아닌 피해자의 편에서 방어자의 역할을 하는 것을 경험하게 됩니다. 폭력 행동이 잘못된 것이며 그러한 행동은 피해학생에게 커다란 고통과 상처를 준다는 것에 대해 많은 친구가 함께 공감하고 방어하는 말과 행동을 실천하는 연습을 합니다. 이때 가해자의 잘못은 심각한 잘못이 아니기에 가해자 역시 자신의 잘못을 인정하고 사과하며 용서를 구할 결심을 하기가 쉽습니다.

예방주사는 말 그대로 해당 질병의 병균을 아주 작은 분량으로 주입하여 우리 몸의 면역체계로 하여금 물리칠 수 있도록 하는 것이 핵심입니다. 그래서 건강이 쇠약하거나 신체의 안정성이 떨어질 때는 예방주사를 맞는 것을 권하지 않습니다. 건강이 회복된 다음 예방주사를 맞아야 합니다. 이처럼 학교폭력의 예방주사를 맞는 연습을 할 때 피해학생과 해당 학급의 면역력이 우선적으로 확보되어야 합니다.

같은 일을 겪고도 크게 앓는 사람이 있는가 하면 가볍게 지나치거나 작은 감기처럼 살짝 앓다가 금방 떨치고 일어서는 사람도 있습니다. 개인마다 면역력의 차이가 있습니다. 학급도 이와 같습니다. 비슷한 일로 매우 체력이 약해진 학급에서는 면역을 위한 예방 주사 자체를 감당하지 못할 수도 있습니다. 일반적인 경우, 학급에서는 학기 초부터 일어날 수 있는 다양한 갈등에 대해 미리 당사자들의 입장을 토론하고 대화를 통해 해결하는 연습을 하는 것이 예방교육이며 예방주사입니다. 이것이 면역력을 기르는 것입니다.

질문 16 학교폭력은 개인의 문제가 아니다

'학교폭력'에 유난히 취약한 학생들이 있는 것 같습니다. 가해자들 역시 폭력가정에서 자랐거나 폭력적인 문화에 많이 노출된 학생이 대부분입니다. 교사들의 경우에도 학교폭력을 잘 대처하지 못하거나 잘 대처하는 등 개인차가 있지 않는지요?

학교폭력을 개인의 문제로 축소하는 논리가 바로 '학교폭력' 피해자 혹은 가해자의 특성 혹은 원인제공설입니다. 학교폭력 피해자는 이러한 특성들을 지녔으며 이 특성들이 학교폭력의 원인이 되고 학교폭력을 유발한다는 것입니다. 예를 들면, '지나치게 민감하거나 내향적인 성격, 대인관계와 적응력 부족으로 친구를 잘 사귀지 못함, 자신의 의견을 잘 주장하지 못하거나 지나치게 자기중심적임, 잘난 척하거나 이기적인 성격, 특이한 행동이나 외모, 신체적인 결함' 등입니다. 특히 "외모에서 키나 몸이 작거나 힘이 없어 보이며, 장애 혹은 다문화 학생이 피해 대상이 될 수 있다."라고 말합니다. "부정적인 자아개념이나 낮은 자존감도 학교폭력 피해학생의 특징이다."라고 말합니다. 하지만 이러한 접근은 학교폭력의 원인을 개인에게 전가하는 것으로 경계되어야 합니다.

가해학생의 특징으로도 '욱하는 성격, 즉 충동성을 가진 아이, 즉흥적이고 참을성이 부족한 아이, 자기조절력이 부족하고 타인에 대한 피해의식이 있으며 지나치게 높은 자존감도 원인'이 된다고 합니다. 또한 "대인관계에서는 부모나 주 양육자에게 학대당한 경험이 있으며 타인의 감정이나 생각, 입장을 이해하는 능력이 부족한 것이 특징이다."라고 말합니다. 아울러 가해학생을 돕는 조력자(협력자)와 피해학생을 돕는 역할을 하는 방어자 및 다수의 방관자 특성은 다음과 같습니다. 조력자는 '가해자와 유사한 심리상태로 가해자와 자신을 동일시'하며, 방어자는 '피해자의 고통에 공감하며 도덕적 인지능력이 높은 편'이라고 합니다. 방관자는 '자신도 피해를 볼 수 있다는 두려움 때문에 옳지 못한 괴롭힘에 대해 외면하고 침묵하는 것'이라고 합니다.

하지만 다른 사람들과의 다름이 괴롭힘을 정당화할 수는 없습니다. 약하고 부족한 친구들에 대한 배려가 있다면 괴롭힘의 대상이 아니라 오히려 돌봄과 격려의 대상이 될 수 있습니다. 폭력을 당해도 마땅한 인간의 특성은 없습니다. 학교는 이러한 특성을 가진 학생들이 자신을 보호하고 도움을 청하며 스스로를 지킬 수 있는 철학과 방법을 배우는 곳입니다. 특히 차별하지 않고 오히려 지원하고 돌보고 배려하는 문화를 배우고 가르치며 경험하는 교육을 통해 사회적 약자들도 당당하게 살아갈 수 있는 문화를 경험하는 것이 학교이어야 합니다.

이른바 피해학생의 특징이라고 지적되는 것들은 대부분 자신이 스스로 선택한 것이 아닙니다. 자신이 선택하지도 않은 외모와 성격적 특성 등을 이유로 차별과 괴롭힘을 받아서는 안 됩니다. 'UN 아동인권선언'과 '아동권리헌장' 등을 통해 차별을 금지하며 모든 아동이 동등한 권리를 지니는 것이 인류의 표준으로 자리매김한 지 오래입니다.

가해자의 특성 역시 그러한 특성을 지녔기에 나쁜 행동을 하여도 이해받을 수 있거나 정황이 고려되어야 한다고 해석되어서는 안 됩니다. 나쁜 생각과 행동 습관을 바로 잡고 타인에게 피해를 주지 않는 범위 내에서 자신의 말과 행동을 책임지도록 배우는 곳이 학교입니다. 이러한 학생들에게는 인간의 존엄성과 폭력의 해로움에 대해 함께 교육하고 대화를 해야 할 것입니다. 그러나 이들이 그러한 잘못을 저지를 수 있는 잠재적 폭력 가해자라고 낙인해서는 안 될 일입니다.

학교교육은 폭력의 문화를 비폭력대화와 평화교육을 통해 대체하고 바람직한 갈등 해결 방법을 가르치고 배움으로써 개인의 특성을 넘어서도록 안내해야 합니다. 개인의 특성이 전혀 없다고 할 수는 없지만, 학생과 교사 모두 개인적 특성을 넘어서 바람직한 학교폭력 예방과 대처 역량을 향상함으로써 폭력의 책임을 개인화시키는 오류에 빠지지 않아야 합니다.

질문 17 폭력가정과 학교폭력의 관계

"문제 아이는 없다. 문제 부모가 있을 뿐이다."라는 말처럼, 학교에서 흔히 만나는 폭력 사안들을 처리하다 보면 가해학생의 뒤에는 폭력적인 가정, 즉 폭력적인 부모가 있는 것 같습니다. 이 경우, 학생들만을 교육하는 것으로는 문제가 근본적으로 해결될 수 없지 않나요?

가정환경은 아이의 성장에 절대적인 영향을 끼칩니다. 좋은 부모를 만나는 것은 아이의 입장에서는 행운이지만, 아이는 부모를 선택할 수 없습니다. 태어나 보니 폭력적인 부모를 만난 것입니다. 태어나 보니 피부색이 검거나 후진국에서 태어난 것일 수 있습니다. 어릴 때 영양실조 혹은 사고로 인해 장애를 가질 수도 있습니다. 그러나 이들의 삶이 모두 불행한 것은 아닙니다. 반대로, 재벌 집에서 태어나거나 부유한 환경에서 온갖 종류의 돌봄을 누리며 유복한 유년 시절을 보낼 수도 있습니다. 이들이 모두 행복한 삶을 사는 것도 아닙니다. 이들 중 일부는 마약 등의 약물 중독으로 사회적으로 물의를 일으키기도 하여 손가락질을 받기도 합니다.

아이에게 가장 불행한 일은 폭력적인 부모를 만나 유년 시절 학대와 괴롭힘을 경험하는 것입니다. 이것은 가난과 부유함을 떠나 부모의 인성 문제입니다. 지나친 관심과 방임도 학대의 또 다른 모습입니다. 이런 부모를 통칭하여 유독한 부모(toxic parents)라고 부를 수 있습니다. 삶의 초기 과정에서 건강하지 않은 부모의 양육은 학교교육보다 더 큰 영향을 끼칩니다. 부모로부터 학대와 괴롭힘, 특히 물리적인 폭력을 경험한 아이의 내면세계는 불신과 두려움, 공포와 증오심으로 가득합니다. 이 아이는 학교에서 자신이 경험하는 스트레스에 평화적이고 비폭력적인 대처를 하는 것에 어려움을 겪을 수 있습니다.

간혹 우리는 공부를 잘하고 부모의 사회적 지위가 높은 이른바 다 가진 상류층의 자녀가 자신의 스트레스를 해소한다는 명목으로 자기보다 약하다고 생각되는 친구들에게 잔인하고 끔찍한 폭력을 지속적으로 행사한 일들을 만나게 됩니다. 이러한 상황은 아이의 잘못입니까? 그 부모의 잘못입니까? 건강하지 못한 부모는 자기 자녀가 학교폭력을 통해 다른 친구들을 괴롭혔을 때 진심 어린 사과와 용서 구하기를 통해 관계를 회복하도록 안내하여 잘못된 행동을 수정하도록 인도하지 않습니다. 오히려 입시의 불이익을 염려하거나 학교폭력의 기록이 생활기록부에 남는 것을 피해자의 고통보다 더 크고 심각하게 여깁니다. 이에 자신이 가진 사회적 자산을 총동원하여 법적 울타리를 만들고 자녀를 보호하기 위해 온갖 종류의 거짓과 기만을 참아 냅니다. 이 과정에서 가정은 범죄 공동체의 공동정범이 되는 체험을 하게 되지만, 이것을 가족에 대한 사랑이라고 착각합니다.

폭력가정에서 부모는 자녀를 인격적 대상으로 여기지 않습니다. 이들은 자녀가 고등학생이 되어도 고무 호스로 체벌을 할 수 있습니다. 이 부모는 자녀의 사회적 성공을 위해 자신이 행하는 어떠한 폭력도 자녀를 위한 것이라고 스스로 착각하고 합리화할 수 있습니다. 사회적 지위가 높고 타인으로부터 존경받는 직업에 종사하는 이들 중에서도 이러한 부류의 사람들이 있습니다. 가장 가까운 부모로부터 폭력을 당하며 그 폭력에 굴종되어 폭력을 거부하지 못하고 살아온 이들이 훗날 사회의 지도층이 되면, 청소년 시절 피부를 뚫고 뼛속에 새겨진, 가슴 깊이 새겨진 그 폭력의 기억들은 어떠한 방식으로 표출될까요?

학교폭력 사안처리 과정에서 5호 처분(특별교육)을 받은 가해학생과 그 부모에게는 특별교육이 의무적으로 주어집니다. 이들 부모가 모두 폭력적인 부모는 아닐 것입니다. 그들 중 일부는 폭력적인 방식의 양육을 자신도 모르는 사이에 실천할 수도 있습니다.

이들에게도 교육과 연수, 치료가 필요합니다. 가해학생 못지않게 가해학생의 부모와 그 가족들 전체에 대한 가족치료와 가족 상담의 제공이 폭력가정의 고리를 끊어 내는 강력한 도구가 됩니다.

질문 18 폭력 사회와 학교폭력의 관계

'학교폭력'이 먼저인지, '폭력적 사회'가 먼저인지 헷갈립니다. 굳이 학교라는 명사 뒤에만 폭력을 붙여서 '학교폭력'이라고 명명하는 것이 불만입니다. 우리 사회 전체가 폭력적인데, 학교만 폭력적이지 않을 것이라고 요구하는지요?

장마철의 하늘을 보면 온 하늘이 먹구름으로 가득합니다. 하늘에 구멍이 뚫린 듯 비가 쏟아집니다. 세상이 빗속에 잠길 것 같은 두려움이 일어납니다. 그럼에도 불구하고 내가 사는 이곳 하늘만큼은 비록 동전만큼, 손바닥만큼이라도 해가 비치는 하늘이 있으면 좋겠습니다. 하지만 그런 날씨는 동화책 속에나 있을 수 있습니다. 온 사회가 폭력적이라면 학교가 그 폭력으로부터 벗어나 평화로운 공간이 될 수 있을까요? 폭력은 추방하고 근절하는 대상이라고 여깁니다. 하지만 과연 우리 사회에서 폭력을 완전히 추방하고 근절하는 것은 가능한 일인가요? 사회 곳곳에 스며들어 있는 폭력적 문화를 그대로 둔 채 학교라는 소도(蘇塗)[28]에서 폭력을 없애면 폭력은 없어지는 것인가요? 처음부터 불가능한 미션입니다.

21세기를 살면서 우리는 날마다 전쟁과 기후 이변, 온갖 사고와 죽음을 뉴스로 접하게 됩니다. 손바닥 위 송신탑인 스마트폰을 통해 눈앞에서 보고 듣고 함께 경험합니다. 자동차의 급발진 혹은 운전미숙으로 인도를 걸어가는 사람들이 목숨을 잃고, 길을 걸어가던 사람들이 인파에 떠밀려 사람들에게 밟혀 죽고, 배를 타고 수학여행을 가던 수백

28) 소도(蘇塗)는 삼한 시대 하늘에 제사를 지내던 특수한 신성 지역, 곧 성지(聖地)이다. 제단을 만들고 방울과 북을 단 큰 나무를 세워 산천에 제사를 올렸다. 삼한 사회에서는 제사를 매우 중요하게 생각하여 매년 1~2차에 걸쳐 각 읍(邑)별로 소도에서 천군을 선발하여 제사를 지내었으며, 질병과 재앙이 없기를 빌었다. 이 소도는 매우 신성한 곳으로서 제사에 참석하는 자는 죄인이라도 처벌하지 않았다(https://ko.wikipedia.org/wiki/%EC%86%8C%EB%8F%84_(%ED%95%9C%EA%B5%AD%EC%82%AC 위키백과).

명의 학생들이 원인 모를 죽음을 당하고, 공사 현장에서 인부들이 추락하여 죽고, 헤어진 연인으로부터 칼에 찔려 살해당하는 세상에 살고 있습니다. 이렇게 온 세상에 폭력이 가득한데 운이 좋게 오늘 하루도 나는 살아남았고 내 가족도 무사합니다. 그러나 오늘 같은 날들이 언제까지 계속되고 운이 좋을지는 알 수 없습니다.

우리 사회가 생명을 존중하고 생명의 가치를 그 어떤 것보다 우선순위에 자리매김하지 않는다면 사회적 약자와 노동자들의 죽음은 계속될 것입니다. 한국노동사회연구소의 자료에 의하면 우리나라는 OECD 국가 중 압도적으로 산재사고 사망률이 높은 국가입니다.[29] 무엇보다 자살률 OECD 국가 중 1위의 불명예를 언제까지 머리 위에 이고 살아야 하는지 부끄럽기 이를 데 없습니다. 하지만 국회와 교육 당국의 예방을 위한 노력은 부족하기만 합니다.

사회 전반에 걸쳐 생명과 안전을 소홀히 하는 문화가 학교에도 널리 퍼져있는 것이 문제입니다. 작은 폭력도 학교에서 일어나지 않도록 예방하고 주의를 기울여야 합니다. 하지만 작은 폭력도 범죄로 보고 엄벌로 대처하는 것으로는 문제가 해결되지 않습니다. 크고 작은 갈등 상황에서 대화와 화해를 찾기보다는 신고와 처벌을 요구하는 것이 학생들의 문화가 되는 폭력적 접근이야말로 가장 심각한 폭력문화입니다.

바스켓에 빠진 잉크를 번지지 않게 하는 방법은 무엇인가요? 주걱으로 재빨리 떠내는 방법만으로는 부족합니다. 손으로 잡으려 할수록 더 빨리 퍼져 갑니다. 가장 좋은 방법은 새로운 맑은 물을 계속 보급하는 것입니다. 어느새 잉크는 흐려지고 자취를 감추게 될 것입니다. 학교폭력이 학교에 들어와 우리의 일상을 흔들 때 가장 좋은 방법은 비폭력에 대해 교육하고 평화에 대해 논의하는 것입니다. 폭력적이지 않은 방법으로 갈등을 해결하는 것을 지속적으로 학교에서 가르치고 논의해야 합니다. 아이는 학교에서 배운 것을 가정으로 가져가 실천합니다. 이 실천이 사회 전체로 확산되는 것이 폭력 사회를 끊어 내는 가장 확실한 방법입니다.[30]

29) 송영훈(2019. 12. 24.). NEWSTOF(https://www.newstof.com/news/articleView.html?idxno=10143).

30) 폭력 문화에 반하는 바람직한 문화는 무엇인가? 우리 사회 전체가 폭력을 싫어하고 용납하지 않는 성숙한 의사소통 양식을 공유하는 것이다. 이것은 새로운 문화운동이다. K-pop, K-food, K-cultual에 이어 K-peace 운동이다. 세계 유일의 분단국가인 한국에서 시작하는 새로운 평화운동이다.

질문 19 학교폭력 문제 해결과정에서의 전문성 부족 문제

'학교폭력'을 해결하는 과정에서 학생들도 그렇고 그 부모님들이 학교를 신뢰하지 않는 것 같습니다. 학교가 자신의 편이 아니라는 것입니다. 학교와 교육 당국을 불신합니다. 어떻게 풀어 가야 할까요?

우리가 법체제를 믿는 가장 기본적인 믿음은 공정성에 대한 신뢰에 있습니다. 하지만 그에 대해 전적으로 믿기가 어려운 것은 그 잣대가 공정한 것인지, 정의로운 것인지에 대한 확신이 없다는 문제입니다. 법은 모든 상황을 규정할 수 없기에 법체제에 속한 구성원들에게 그 판단을 위임합니다. 문제는 이들에 대한 신뢰의 문제입니다.

학교폭력 문제의 해결과정에서도 같은 논리가 존재합니다. 학교폭력의 관련자들이 피·가해자의 관계없이 지적하는 가장 큰 문제가 바로 전문성에 대한 지적입니다. 학교폭력 업무를 담당하는 사람은 그 법체제와 과정에 대해 충분히 전문성을 가지고 있어야 합니다. 하지만 이 업무 관련 담당자들은 자신이 희망하여 이 업무를 맡게 되는 경우가 드물다고 합니다. 그래서 학교폭력 업무를 학교에서는 3D 중의 3D 업무라고 여깁니다. 이러한 인식은 일선 학교의 교사들이 담당하던 학교폭력 사안 조사를 교육지원청으로 이관하도록 만들었습니다. 퇴직 경찰관과 퇴직 교사, 상담 전문가 등이 지원하여 선발된 '학교폭력 조사관'이 조사하도록 하였습니다. 또한 단위학교에서 운영하던 '학교폭력 심의위원회'를 교육지원청으로 이관하였습니다.

일선 학교의 업무 부담을 줄여 주고 전문가에 의한 공정한 결정 과정을 담보하려는 시도입니다. 그러나 일선 학교에서는 이로 인해 학교폭력 사안의 관련자들이 학교와 교육 당국을 불신하는 정도가 커졌다고 우려합니다. '학교폭력 조사관'의 일정을 조정하는 것이 또 다른 일거리가 되었다는 볼멘소리도 들립니다. 특히 교육지원청에서 처분하는 '학교폭력심의위원회'가 단위학교에 요구하는 상세한 서류 요구는 업무 부담을 줄인다기보다는 오히려 역행하는 요소가 많다는 우려도 들립니다.

중요한 것은 이 과정에 참석하는 구성원들의 전문성에 대한 지적입니다. 일반적으로 교사가 되기 위해서는 교사 양성기관에서 적어도 학부 과정에 해당하는 140학점 내외의 과목을 이수하고 실습도 해야 합니다. 그러나 학교폭력 조사관의 경우, 경찰 혹은 교원의 경험, 청소년 전문가라는 경험이 채용 근거가 됩니다. 학교폭력은 범인을 취조하는 수사 과정이 아닙니다. 학생들 사이에서 일어난 갈등을 교육적으로 해결하기 위해 중재하고 대화하여 관계를 회복하는 것이 중심이 되어야 합니다. 하지만 조사관에 의해 조사를 하는 과정 자체가 심의위원회에 회부할 것인지를 결정하는 것을 목표로 진술을 재구성하는 것입니다. 조사 양식마저 매우 행정적이고 사무적이어서 교육적 접근의 여지가 거의 없습니다. 경찰서의 조서 작성과 같은 분위기가 될까 염려하는 목소리가 높습니다. 퇴직 교원의 경우에도 현재의 학교폭력을 이해하기에는 세대 차가 있어 특별한 교육과 연수가 없으면 그 간격을 메우기가 쉽지 않습니다. 상담 전문가의 경우 학교문화를 이해하는 데 한계가 있습니다.

특히 단위학교에 소속된 전담기구 구성원 중 1/3 이상이 포함되어야 하는 학부모 위원들에 대한 교육과 연수가 우려의 대상입니다. 이는 교육지원청의 학교폭력심의위원회의 경우도 같습니다. 학교폭력 업무를 담당하는 교육전문직과 파견교사, 행정지원인력, 변호사 및 학부모와 외부 전문가에 대한 학교폭력 이해도 실태조사가 필요합니다. 전문성이 확보되어 있는지 정확하게 실태를 조사하고 이를 지원할 수 있도록 예산과 인력을 추가로 배치해야 합니다. 전문성을 향상하기 위한 교육(연수) 또한 제공되어야 합니다.

학교폭력의 과정은 예방과 사안처리 및 사후관리(교육, 연수, 상담 등)의 3단계로 이루어집니다. 현재 교육부의 직제에도 '학교폭력대책과'가 있습니다. 하지만 많은 교육청에는 과가 아닌 전담팀의 형태로 존재합니다. 「학교폭력예방법」 제11조[31]에 의하면, 교육감은 전담부서를 설치하여야 하지만 전담팀을 두는 것으로 축소 운영하는 경우가 대부분입니다. 이곳에 근무하는 교육 전문직과 파견교사 등이 수시로 바뀌는 것을 보면 이들의 전문성도 쌓이기 어려운 것이 아닐까 하는 우려가 큽니다.

31) 제11조(교육감의 임무) ① 교육감은 시·도교육청에 학교폭력의 예방·대책 및 법률지원을 포함한 통합지원을 담당하는 전담부서를 설치·운영하여야 한다. [개정 2023. 10. 24.]

질문 20 학교폭력은 공중보건의 문제이다

"'학교폭력'은 공중보건의 문제이다."라는 말이 잘 이해가 되지 않습니다. 이미 폭력은 UN이 전염성이 있는 질병이라고 규정한 바 있다고 하였지만, 학교폭력과 공중보건은 어떤 연관성이 있기에 이토록 중요한 공중보건의 문제라고 할 수 있나요?

우리 사회는 코로나19를 거치면서 공중보건이 얼마나 중요한지 경험하였습니다. 전염병이 창궐하면 가장 중요한 것이 예방입니다. 전염병의 치료제보다 더 중요한 것이 예방 백신입니다. 앞서 학교폭력의 예방 백신은 비폭력교육, 평화교육이라고 언급하였습니다. 중요한 것은 학교폭력 문제를 개인화하거나 특정 학교의 문제로 축소하여서는 안 된다는 점에서 공중보건의 문제라고 하는 것입니다.

전염병을 예방하기 위해 백신을 접종하는 것이 중요하지만, 나 혼자 백신을 맞고 주변이 백신을 맞지 않는 것과 나는 백신을 접종하지 못했지만 주변 대부분이 백신을 접종한 것과의 차이는 분명합니다. 백신 접종률이 60%가 넘어서면 전염병의 확산 속도가 눈에 띄게 낮아진다고 합니다. 따라서 나 자신이 백신을 접종하는 것 못지않게 주변 이웃 모두가 접종을 함으로써 전염병의 확산을 막을 수 있습니다.

학교폭력에도 같은 원리가 적용됩니다. 폭력이 전염성이 강한 질병이라면 나뿐만 아니라 우리 교실의 친구들과 같은 학교 구성원 모두가 백신을 접종하여야 합니다. 사실상 「학교폭력예방법」은 제15조(학교폭력 예방교육 등)[32] 항목에서 관련 교육을 모든 학생과 학부모 및 교사들까지 학기별로 1회 이상 실시하여야 한다고 규정합니다. 문제는 학생과 교사들이 아닌 학부모에 대한 교육입니다. 학교폭력 예방교육이 간절하게 필요한 학부모들이 교육에 참석하지 않는다는 사실입니다. 학부모 교육에 대한 역설적 정의는 '교육이 정작 필요한 사람은 오지 않고 이미 차고 넘치게 받은 이들이 중복적으로 참여하여 이수하는 교육'으로 기억됩니다.

32) 제15조(학교폭력 예방교육 등) ① 학교의 장은 학생의 육체적·정신적 보호와 학교폭력의 예방을 위한 학생들에 대한 교육(학교폭력의 개념·실태 및 대처방안 등을 포함하여야 한다)을 학기별로 1회 이상 실시하여야 한다. [개정 2012. 1. 26.] ② 학교의 장은 학교폭력의 예방 및 대책 등을 위한 교직원 및 학부모에 대한 교육을 학기별로 1회 이상 실시하여야 한다. [개정 2012. 3. 21.]

또 하나의 우려는 교사와 학생들에게 실시되는 예방교육의 질(quality)에 대한 우려입니다. 전문가에 의해 전문적인 내용을 필요한 시간만큼 제공해야 하지만 지극히 형식적인 행사 치르기로 진행되는 경우가 많다는 것입니다. 전문 강사를 구하기도 어렵고 예산은 줄어들고 학교의 행정가[33]가 큰 관심이 없을 경우 형식적인 교육으로 여겨지는 경우가 많습니다. 따라서 정작 예방접종이 필요한 이들에게 적절한 수준의 예방접종이 이루어지지 못하는 사각지대가 생기게 된 것입니다. 예방접종률이 80%가 넘어서면 접종을 받지 않은 사람도 전염병에 걸릴 확률이 줄어들지만 예방접종의 사각지대가 많을수록 접종의 효과가 줄어들 수밖에 없습니다.

학교폭력 과정에서 중요한 보호와 교육의 대상은 피해학생과 그 부모입니다. 가해학생의 경우, 「학교폭력예방법」 제17조(가해학생에 대한 조치)에서 5호 처분을 받으면 그 보호자도 교육을 받도록 강제되어 있습니다.[34] 그러나 피해학생의 경우, 학내외 전문가에 의한 심리상담 및 조언을 받을 수 있도록 하였으나 그 비용을 가해학생의 보호자가 부담하도록 함[35]에 따라 상담을 포기하는 경우가 많습니다. 심리상담과 조언을 벌이라고 생각하여 이를 회피하려는 경우도 많습니다. 같은 피해를 당하지 않기 위해 국가와 교육행정청이 이를 부담하고 해당 행정절차도 피해학생의 관여 없이 처리되어야 합니다.

또한 가해학생과 학부모에 대한 처벌 형식의 처분, 즉 5~10시간 등이 아니라 이들의 상담과 교육을 위해서도 전문적인 조력을 받을 수 있도록 국가와 교육행정청이 담당하는 것이 필요합니다. 작은 폭력이 더 큰 폭력이 되지 않기 위해 초기에 가해학생과 그 부모에 대해 폭력의 위험성과 상대방에게 끼치는 고통을 정확하게 이해하도록 하고, 공감과 용서 구하기를 통해 관계를 회복하는 것을 경험하도록 안내하여야 같은 폭력을 되풀이하지 않을 수 있습니다.

---

33) 한국교육행정학회는 학교관리자라는 명칭보다는 학교행정가라는 명칭을 사용하는 것을 제안하였다(박상완, 2019, pp. 61-87).

34) 제17조(가해학생에 대한 조치) ⑬ 심의위원회는 가해학생이 특별교육을 이수할 경우 해당 학생의 보호자도 함께 교육을 받게 하여야 하며, 피해학생이 장애학생일 경우, 장애인식개선 교육내용을 포함하여야 한다. [개정 2012. 3. 21., 2019. 8. 20., 2023. 10. 24.]

35) 제16조(피해학생의 보호) ⑥ 피해학생이 전문단체나 전문가로부터 제1항제1호부터 제3호까지의 규정에 따른 상담 등을 받는 데에 사용되는 비용은 가해학생의 보호자가 부담하여야 한다. 다만, 피해학생의 신속한 치료를 위하여 학교의 장 또는 피해학생의 보호자가 원하는 경우에는 「학교안전사고 예방 및 보상에 관한 법률」 제15조에 따른 학교안전공제회 또는 시·도교육청이 부담하고 이에 대한 상환청구권을 행사할 수 있다. [개정 2012. 1. 26., 2012. 3. 21., 2021. 3. 23.]

제2장

학교폭력 예방

1. 학교폭력 예방의 중요성

질문 21 학교폭력 예방의 중요성

'학교폭력'에서 예방이 중요하다고 합니다. 물론 중요하지만 예방이라는 것이 눈에 보이지 않습니다. 효과를 확인할 수도 없습니다. 당장 해야 할 일이 많은데, 예방에 시간을 배치한다는 것이 쉽지 않습니다. 방법이 없을까요?

사실, 모든 예방은 효과가 눈에 보이지 않습니다. 그러한 이유로 예방에 투자하는 것을 소홀히 하는 경우가 많습니다. 해마다 겨울이 오기 전 독감 백신을 접종하는 사람들이 있습니다. 백신을 접종한 사람은 독감이 걸리지 않거나 걸려도 심각하지 않게 조금만 앓다가 회복되는 경우가 많습니다. 특히 우리 사회가 경험한 코로나19 백신처럼 예방주사를 맞은 사람과 예방주사를 맞지 않는 사람은 결과가 매우 다릅니다.

학교폭력 역시 학기가 시작되면서 바로 학급 단위의 예방교육을 잘 실시하면 그 효과가 매우 강력합니다. 한 학기는 물론, 1년 동안 예방접종의 효과를 만날 수 있습니다. 이것이야말로 가장 적은 비용을 들여 효율적인 효과를 거둘 수가 있는 투자입니다. 학교폭력은 일단 발생한 다음 사안을 처리하고 사후 수습을 하려면 그 시간과 비용이 매우 큽니다.

학교폭력 예방의 중요성은 아무리 강조하여도 부족함이 없습니다. 무엇보다 학교폭력은 인간의 존엄성을 파괴합니다. 폭력의 과정에서 자신의 신체를 자기 스스로 통제하지 못하고 타인에게 주도권을 빼앗기게 되면 깊은 좌절과 혼란을 느낍니다. 육체적·심리적 고통이 동반된 첫 번째 폭력은 아동의 세계로부터 우주를 보는 근본적 시각의 변화를 일으킵니다.

학교폭력에 노출된 사람은 자신을 존중하고 가치 있게 생각하는 자아존중감을 해치게 되어 스스로를 무가치하게 여깁니다. 이것은 자신에 대한 폭력으로, 가장 해로운 출발입니다. 자신에 대한 폭력은 (편)두통, 소화불량, 가슴 답답함 등의 신체적 증상으로 나타나기도 합니다. 심리적인 경우 우울증이나 대인기피 등으로 나타납니다. 자신을 비하하고 자신을 돌보지 않는 자기 폭력이 심하게 요동치는 이 과정이 가장 해롭습니다. 자신을 존중하고 사랑하지 않는 사람은 다른 사람도 사랑하거나 존중하기 어렵습니다. 피해자와 가해자의 역할이 순식간에 바뀌고 혼동됩니다. 슬픔과 분노, 억울함과 증오의 감정들이 소용돌이치면서 주변의 모든 관계가 깨지고 뒤죽박죽 혼란이 일어납니다.

예방은 이러한 일들이 일어날 수 있는 것에 대하여 사전에 알려 주는 일입니다. 학교폭력의 전조 현상은 무엇이며 이러한 일들이 일어날 때 그 일을 어떻게 이해하고 대응해야 하는지 미리 경험하게 하는 일입니다. 학교에서는 또래의 다수 학생이 좁은 공간에서 함께 생활하게 됩니다. 필연적으로 다양한 형태의 갈등이 일어날 수밖에 없습니다. 이러한 갈등이 일어났을 때 그것을 해결하는 과정을 배우는 곳이 학교입니다. 그 갈등을 공격으로 여기지 않고 대화를 통해 다툼 없이 해결하는 과정을 배우는 것이 예방교육입니다.

학교폭력의 예방은 학교에서 일어날 수 있는 다양한 형태의 갈등을 비폭력, 평화적으로 해결하는 연습을 하는 것을 말합니다. 이 연습이 예방접종입니다. 학교폭력 예방 백신을 학기 초에 접종한 학급은 심각한 폭력으로부터 예방되고 보호됩니다. 그래서 「학교폭력예방법」 제15조(학교폭력 예방교육 등)에서는 매 학기 1회 이상 학생과 교직원 및 학부모를 대상으로 예방교육을 실시하도록 의무화하고 있습니다.

질문 22 학교폭력 예방교육의 한계와 문제점

「학교폭력예방법」 제15조에서 학교폭력 예방교육을 의무적으로 하도록 명시하고 있음에도 불구하고 예방의 효과가 크지 않은 것은 무슨 이유 때문인가요? 예방 프로그램이 없어서인지요? 아니면 교사들의 관심 혹은 전달 역량이 부족해서인지요?

학교폭력 예방교육의 당사자들은 무엇보다 학생과 교사 및 학부모입니다. 이들 중 한 집단에서 예방접종을 거의 받지 않는다면 전염성이 큰 학교폭력을 예방하는 한 축이 무너진 것과 같습니다.

저는 학교폭력 예방의 가장 중요한 당사자 중 한 집단인 학부모에 대한 학교폭력 예방교육 제공이 매우 중요하다고 강조하고 싶습니다. 미성년자인 자녀가 학교에서 학교폭력에 노출되었을 때 이를 인지하고 판단하여 해결과정에 참여하는 가장 중요한 역할을 하는 당사자 중 한 축이 학부모입니다. 문제는 이들 중 대부분은 자녀의 학교폭력 문제를 인식하고 해결하는 과정에서 자신의 경험을 중심으로 해석한다는 것입니다. 정확한 사실관계의 파악이나 대화를 통한 교육적 해결을 위한 노력의 중요성에 대해 인식하지 못하는 부모도 많습니다.

교사들의 경우에도 학교폭력 예방이 중요하다는 것을 알고는 있지만 어떤 방식으로 예방해야 하는지 구체적인 방법을 배우는 경험이 매우 부족합니다. 교사 양성기관(교육대학과 사범대학 등)과 임용시험 준비 과정에서 학교폭력의 예방과 대처에 대한 구체적인 실습을 제공받지 못하는 경우가 대부분입니다. 학교폭력의 원인과 예방 등에 대해 배우고 공부하지만, 실제로 경험하고 상담하는 경우는 드뭅니다. 실습을 받지 않은 채로 교실에서 학교폭력을 마주하게 되면 직접 개입하여 대화와 화해를 시도하는 위험보다는 가장 빠른 신고를 통해 전문가에게 맡기는 것을 선택하게 됩니다. 은폐와 축소 시도라는 오해를 받지 않고, 한쪽 편을 들었다는 오해도 받지 않으려면, 신고하고 한발 물러서는 것이 가장 손쉬운 해결 방법이기 때문입니다.

학생들 역시 학교에서 친구들과 함께 생활하면서 경험하는 크고 작은 갈등들을 대화를 통해 비폭력적으로 해결하는 방법을 잘 모릅니다. 집집마다 대가족이 아닌 외동 혹은 남매나 형제, 자매들과 생활하면서 갈등을 조정하고 화해하는 경험을 하지 못했을 가능성이 많습니다. 예전에는 할아버지와 할머니와 함께 지내면서 격대교육(隔代教育)[1]을 통해 예의와 절제, 바람직한 감정 표현 방법을 배울 수 있었습니다(김미영, 2010). 하지만 지금은 맞벌이 가정에서 부모로부터 갈등을 대화로 해결하는 방법을 배우는 경우가 매우 드문 현실입니다. 문제는 학교폭력 예방교육이 가장 필요한 부모들이 이 교육에 참석하지 않거나 참석할 여건이 되지 못한다는 것입니다. 이는 사회적 시스템으로 지원하여야 합니다. 국가와 기업은 학부모가 학교교육 등의 이유로 1년에 10일 내외의 유급휴가를 사용할 수 있도록 입법을 통해 보장해야 합니다.

1) 전통사회에서는 자녀들의 교육을 조부모에게 일임했는데, 이를 격대교육(隔代教育)이라 불렀다. 그 이유 중의 하나는 격대(隔代)[隔世代]가 지니고 있는 특성에 있다. 즉, 부모의 경우 자녀에 대한 높은 기대치로 인해 과도한 성취 욕심이 생겨나게 마련인데, 이런 연유로 자녀를 양육할 때 감정적인 대응이 앞선다. 반면, 조부모는 질책보다는 너그러움과 타이름으로 손자녀들을 대하는 편이다(https://www.dbpia.co.kr/journal/articleDetail?nodeId=NODE01538207).

현재의 교육과정은 개학을 하면 바로 학습 진도를 이수해야 합니다. 그렇지 않고 학교폭력 예방교육을 집중적으로 하고자 하는 교사는 "공부를 시키지 않고 딴짓을 한다."는 학부모의 오해 혹은 민원을 받을 수 있습니다. 학기 초, 특히 일주일간은 관계 형성 기간으로 지정하여 서로를 이해하고 존중할 수 있는 다양한 프로그램을 이수할 수 있도록 배려해야 합니다. 교사가 학교폭력 예방교육을 하고자 하여도 교육과정 진도표에 갇혀 할 수가 없는 것이 현실입니다.

질문 23 「학교폭력예방법」의 역사

「학교폭력예방법」은 언제, 왜 만들어졌는지요? 「학교폭력예방법」이 있음에도 불구하고 학교폭력은 줄어들지 않고 근본적인 해결이 되지 않는 이유는 무엇인가요? 법을 제대로 만들지 못한 까닭인가요? 아니면 법을 집행하는 사람들의 문제인가요?

흔히 '법은 도덕의 최소한'이라고 합니다. 예전부터 법은 사람들이 공동체를 유지하기 위해 하지 않아야 할 행동의 최소한을 규정한 것입니다. 법 중에서는 해야 할 일에 대한 제안도 있습니다. 지원법, 진흥법 등이 그것입니다. 「인성교육진흥법」이 2015년 국회의원 전원 만장일치로 통과하였습니다. 「학교폭력예방법」의 제정으로 인해 우리 사회에서 인성교육이 얼마나 진흥되었을까요?

「학교폭력예방법」은 약칭입니다. 「학교폭력예방법」은 「학교폭력예방 및 대책에 관한 법률」로 2004년 1월 29일 제정되고 같은 해 7월 30일 시행된 법입니다. 이제 20년이 되었으니 성인이 된 것과 같습니다. 그러나 「학교폭력예방법」은 지금까지 30번이나 개정되었고 시행령 역시 25번이나 개정된 누더기 법이 되었습니다(2024. 11. 4. 기준). 사실 「학교폭력예방법」이 탄생하기까지에는 너무나도 안타까운 이야기가 숨어 있습니다.

하나뿐인 아들을 학교폭력으로 잃은 한 아버지의 슬픔과 집념으로 만들어진 법이기 때문입니다. 1995년, 고등학교 1학년인 외아들이 16살의 나이로 스스로 삶을 마감하였습니다. 첫 번째 투신에 실패한 아들은 다시 한번 자신이 살던 아파트에서 고통스러운 몸을 일으켜 자신의 삶을 마감하였습니다. 자식이 스스로 목숨을 거두는 것은 그 부모에게 어떤 의미일까요?[2] 대기업의 해외 지사장으로 자신의 일에 충실하던 한 아버지는 왜 아들을 돌보지 못한 아버지가 되었을까요? 무엇이 아들로 하여금 죽음에 이르게 했을까요? 운동도 잘하고 공부도 잘하였으며 인기가 있었던 아들은 왜 스스로 삶을 마감하게 했을까요?

> 아들의 죽음에 장례식장을 방문한 가해자들로부터 "○○이가 죽어서 골치 아프게 생겼다."라는 말을 영안실에서 들었습니다.

"가해학생들을 처벌(응징)하고 나도 죽었으면 좋겠다."라는 결심으로 복수를 하려던 마음은 가해자들을 만난 뒤 반성문을 받고 용서하는 것으로 마감되었습니다. 자식을 죽음에 이르도록 한 가해자들을 어떻게 용서할 수 있을까요? 하지만 아버지는 이 땅에 더 이상 자신의 아들과 같은 억울한 죽음이 생겨나지 않기를 바라며 '학교폭력의 심각성'을 알리기 위해 학교폭력 예방을 위한 시민단체를 만들었습니다. '청소년폭력예방재단'을 만들었고 학교폭력을 예방하는 입법을 위해 47만 명의 서명으로 마침내 법을 제정하였습니다.

이런 노력에도 불구하고 2011년 12월, 대구에서 일어난 부부 교사의 자녀 권 모 군의 죽음은 우리 사회에 큰 파장을 일으켰습니다. '학교폭력종합대책'이 만들어지고 이듬해 교육부 직제에 처음으로 '학교폭력'이라는 이름이 포함된 '학교폭력대책근절과'가 생겼습니다. 하지만 학교폭력은 근절되지 않았고 관심이 지나가자 해당 과는 사라졌습니다.

그로부터 10여 년이 훌쩍 지난 2023년 7월, 서울 서초구의 한 초등학교에서 1학년 담임교사가 '학교폭력'과 관련된 학부모의 민원에 시달리다가 스스로 목숨을 끊는 안타까운 사건이 일어났습니다. 2024년 1월, 또다시 교육부에 '학교폭력대책과'가 부활하였습니다. 10여 년 전 같은 장관이 만든 비슷한 이름의 부서는 비슷한 '학교폭력근절종합대책'을 마련하였습니다. 이번에도 '학교폭력'에 엄정하게 대처하겠다는 것이 첫 번째입니다. '무관용 원칙' 지속 완화로 인해 학교폭력 경각심이 둔화되었다고 진단합니다. 학교현장의 대응력 부족으로 교육적 해결이 한계에 이르렀다고 진단하였습니다. 교권 강화

2) 유 퀴즈 온 더 블럭 148화, 아버지의 이름으로 학교폭력과 싸운 27년(https://youtu.be/Drxftf46vNA).

를 통해 단위학교의 대응력을 제고하겠다고 합니다. 끝으로 학교의 근본적인 변화를 유도·견인하겠다는 대책도 제안하였습니다.[3] 「학교폭력예방법」의 구체적 변천사와 중요한 변곡점들은 학교폭력 사안처리 가이드북[4] 등을 참고하여 주시기 바랍니다.

질문 24 「학교폭력예방법」 개선방안

「학교폭력예방법」이 너무 자주 바뀌는 것 같습니다. 내용 역시 예방에 관한 규정이나 의무는 별로 없고 대부분 학교폭력 사안 발생과 처리가 주된 내용 같습니다. 「학교폭력예방법」에 대한 전면적인 연구와 개선이 필요하지 않나요?

「학교폭력 예방 및 대책에 관한 법률」[5]은 30회의 개정 과정을 거치는 동안 타법개정에 의한 개정이 12회입니다. 이는 「학교폭력예방법」의 법적 지위와 관련이 있습니다. 학교폭력에 관한 사항이 정말로 중요하다면 다른 일반법과 중복될 때 「학교폭력예방법」을 우선 적용할 수 있는 특별법의 지위를 얻도록 하여야 합니다. 특별법이 남발되어서는 안 되겠지만 「학교폭력예방법」은 학교라는 특정한 지역과 사람(학생), 사항에 대해 적용하는 것이므로 특별법의 지위를 부여하는 것이 마땅합니다. 아울러 「학교폭력예방법」은 2004년 제정된 이후 2008년 9월 15일 전면개정이 있었고 나머지는 모두 일부개정입니다. 사회적 이슈가 발생할 때마다 땜질식 입법이라는 우려를 받고 있습니다. 전문가들에 의한 충분한 연구와 현장의 목소리를 반영하여 숙론[6]을 거친 제대로 된 입법이 요구됩니다.

무엇보다 「학교폭력예방법」 제2조 제1호의 조항이 문제입니다.

1. '학교폭력'이란 학교 내외에서 학생을 대상으로 발생한 상해, 폭행, 감금, 협박, 약

3) 관계부처합동(2023).
4) 교육부, 이화여자대학교(2024).
5) [시행 2025. 11. 11.] [법률 제21082호, 2025. 11. 11., 일부개정]
6) 최재천(2024). 숙론이란 상대를 궁지로 몰아넣는 말싸움이 아니라 서로의 생각이 왜 다른지 궁리하는 것, 어떤 문제에 대해 함께 숙고하고 충분히 의논해 좋은 결론에 다가가는 것이다.

취·유인, 명예훼손·모욕, 공갈, 강요·강제적인 심부름 및 성폭력, 따돌림, 사이버폭력 등에 의하여 신체·정신 또는 재산상의 피해를 수반하는 행위를 말한다.

'학교 내외에서 학생을 대상으로 발생한'이라는 표현 속에는 집에서 형제(자매)들 사이에서 일어난 일도 학교폭력이 됩니다. 부모님으로부터 꾸지람을 받거나 학원에서의 친구들과의 다툼도 학교폭력입니다. 길에서 지나가던 어른이 욕설을 하여도 학교폭력입니다. 학교 내외가 아닌 '학교 안에서'라고 규정되는 것이 바람직하다는 의견이 많습니다. 물론 학교 안에서 시작된 상황이 연장되어 학교 밖에서 폭력이 일어난 것은 예외가 됩니다. '학생을 대상으로'가 아니라 '학생 간에'로 바뀌어야 합니다. 이어지는 상해, 폭행, 감금 등은 모두 형법 등 다른 법률에 의해서 이미 처벌이 가능한 법들입니다. 학교폭력은 '친구들 간의 갈등을 교육적으로 해결하기 위한 법'으로 규정되는 것이 바람직합니다.

「학교폭력예방법」 제5조 다른 법률과의 관계는 다음과 같습니다.

① 학교폭력의 규제, 피해학생의 보호 및 가해학생에 대한 조치에 관하여 다른 법률에 특별한 규정이 있는 경우를 제외하고는 「학교폭력예방법」을 적용한다. [개정 2021. 3. 23.]

② 제2조 제1호 중 성폭력은 다른 법률에 규정이 있는 경우에는 「학교폭력예방법」을 적용하지 아니한다.

다른 법률의 특별한 규정이 있으면 적용할 수 없는 법률이 왜 필요한가요?

동법 제9조의 학교폭력대책위원회와 제10조의 2 학교폭력대책지역협의회의 설치·운영에 관해서는 이 위원회가 실제적인 역할을 할 수 있도록 지원하고 체계적으로 운영하여야 합니다. 해당 분야의 전문가들을 초빙하여 임명장을 주는 날 한 번 상견례를 하는 것으로 끝이 되어서는 안 됩니다. 적어도 매월 혹은 격월로 워크숍이나 세미나를 통해 실제적인 제도의 개선과 운영에 도움을 줄 수 있도록 지원하여야 합니다.

「학교폭력예방법」 제13조의 2(학교의 장의 자체 해결)는 학교 내외에서 이를 담당할 전문가와 예산 및 공간이 있는지 살펴야 합니다. 특히 제15조(학교폭력 예방교육)는 실시하여야 한다고만 규정되어 있을 뿐 실시하지 않았을 경우에 대한 조치가 없습니다. 모두가 알고만 있는 내용이 되기 쉽습니다. 「학교폭력예방법」은 조항 조항마다 개선의 여지가 차고 넘칩니다. 「학교폭력 예방에 관한 특별법」의 제정이 필요한 시점입니다.

질문 25 학교폭력 예방교육기관의 필요성

"학교폭력은 예방이 중요하다."라는 것은 누구나 아는 사실입니다. 문제는 예방교육을 위해 무엇을 알아야 하는지 구체적인 내용과 교육과정이 없다는 것입니다. 학교폭력 대응을 위한 전문교육기관이 없습니다. 국가 혹은 시 · 도교육청 단위의 학교폭력 전문교육기관이 필요하지 않나요?

학교폭력은 전문적 영역입니다. 병원으로 보면 전문의가 담당해야 할 영역입니다. 의과대학을 나온 일반의가 며칠 간의 교육연수를 통해 담당할 수 있는 영역이 아닙니다. 그런 점에서 학교폭력 전문가를 양성하기 위한 전문교육기관이 필요합니다. 「학교폭력 예방법」 제6조의 2(학교폭력대응 전문교육기관 및 센터의 운영 등)에 대한 조항에는 관련 규정이 있습니다.

> 제6조의 2(학교폭력 대응 전문교육기관 및 센터 운영 등), ① 국가는 학생 치유·회복을 위한 보호시설 운영, 연구 및 교육 등을 수행하는 전문교육기관을 설치·운영할 수 있다. ② 국가는 학교폭력의 효과적인 예방 및 대응을 위한 센터(이하 '학교폭력 예방센터'라 한다)를 지정·운영할 수 있다. ③ 제1항에 따른 전문교육기관의 설치·운영과 제2항에 따른 학교폭력 예방센터의 지정·운영에 관한 사항은 대통령령령으로 정한다. [본조신설 2023. 10. 24.]

「학교폭력예방법」 제11조(교육감의 임무)는 다음과 같습니다.

> ⑩ 교육감은 제14조 제3항에 따른 전담기구 구성원의 학교폭력 관련 전문성 향상을 위한 교육 등을 실시할 수 있다. [신설 2023. 10. 24.]

* (전담기구[7]는 단위학교의 학교폭력 전담기구를 말함)

즉, 관련 법은 학교폭력 업무 담당자의 전문성 향상을 위한 교육기관과 교육 실시에 대해 명시하였습니다. 하지만 현재 학교폭력 관련, 연구 기능은 이화여자대학교 학교폭력 예방연구소[8]에서, 예방 관련(어울림 프로그램 운영 등) 업무는 한국청소년정책연구원[9]에서 수행하고 있습니다. 그러나 교육(연수) 기능을 담당하는 전문교육기관이 부재하여 각 시·도교육청에 따라 담당자의 소진과 함께 업무역량의 차이가 큰 실정입니다. 이에 학교폭력 업무 담당자의 전문성 향상을 위한 교육부 차원의 국가교육기관과 시·도교육청에서 교육을 실시할 수 있는 기관을 설립하거나 자격을 갖춘 기관에 위탁하여 전문적 역량 강화를 위한 노력이 필요합니다.

특히 학교폭력 관련 업무 담당자들은 그 업무의 중요성으로 인해 과중한 업무 부담을 덜어 주고 면책조항이 포함되는 것[10]이 필수적입니다. 지원과 면책보다 더 중요한 것이 있습니다. 이 업무를 담당하는 이들의 전문성, 곧 업무역량입니다. 이에 대한 기준이 없는 관계로 교육부를 비롯하여 시 · 도교육청의 담당부서 전문직 및 파견교사와 교육지원청의 업무 담당자에 이르기까지 이 업무를 3D 업무로 여기는 경우도 있습니다. 특히 교육지원청에 소속된 '학교폭력심의위원회'의 구성원들과 '학교폭력제로센터'에 소속된 구성원 및 2024년 채용된 '학교폭력 전담조사관' 등에 대한 전문성을 교육할 교육기관이 없어 심각한 실정입니다.

---

7) 「학교폭력예방법 시행령」 제16조(전담기구 운영 등)

8) https://my.ewha.ac.kr/ewhaisvp/

9) https://www.nypi.re.kr/contents/mainpage.do;jsessionid=28460C6B728C3CFB519F0301C80BC807

10) 「학교폭력예방법」 제11조의 4(학교폭력 업무 담당자에 대한 지원 및 면책)는 2023년 10월 24일 신설된 조항으로 "학교폭력과 관련된 상담 및 민사소송이나 형사고소·고발 등을 당한 경우 필요한 법률 서비스를 제공하고 민·형사상 책임을 지지 아니한다."라고 규정한다.

질문 26 학교폭력 예방을 위한 전문성 강화방안

'학교폭력' 업무 담당자의 전문적인 역량이 강화되어야 한다는 사실은 당연히 동의합니다. 그렇다면 이들의 역량 강화를 위한 구체적인 방법은 무엇입니까? 지금도 다양한 연수를 많이 실시하고 있지 않나요? 연수는 국가나 교육(지원)청 혹은 개인에게 맡기는 것(자기계발 예산을 책정하고 수당 책정) 중 어느 것이 좋을까요?

학교폭력 업무 담당자의 전문성을 검증하기 위해 자격시험을 치를 수도, 그럴 필요도 없습니다. 왜냐하면 이 업무 자체가 선호 업무가 아닌 기피 업무이기 때문입니다. 이 업무만큼 사명감과 철학과 신념이 필요한 업무는 많지 않을 듯 싶습니다. 가장 중요한 것은 무엇보다 이 업무의 특성과 중요성에 대해 동의를 하는 사람들이 이 업무에 종사하여야 한다는 점입니다.

그다음은 업무 담당자에게 헌신과 열정 페이만을 강요할 것이 아니라 적절한 근무환경을 조성해 주어야 한다는 점입니다. 열정에는 한계가 있습니다. 체력의 한계가 있고 혼자서 할 수 있는 업무 분량의 한계가 있습니다. 마음만 가지고 할 수 있는 일이 아닙니다. 따라서 충분한 인력과 예산을 배치하고 쾌적한 근무환경을 조성하는 것이 선행조건이어야 합니다.

그다음이 적절한 교육연수의 제공입니다. 인턴과 레지던트 과정을 거쳐서 전공의가 되는 것처럼 필요한 이론과 실습을 제공하여야 합니다. 저는 이 과정이 길면 석·박사과정이 되어도 좋다고 믿습니다. 제5장에서는 특수대학원인 '학교폭력 예방 대학원 대학교'의 설립과 함께 석·박사과정의 커리큐럼을 제안하고 있습니다. 지금은 우선 비학위과정으로 최소한 한 학기 주요 과목에 대한 이론과 실습을 병행하는 과정을 제안합니다(별첨 3. 학교폭력 예방 전공 과정 신설(안) 참고).

우선, 학교폭력 업무 담당자로 하여금 줌 수업으로 학교폭력 정책에 대한 이해와 청소년의 뇌와 성격유형별 학교폭력의 이해를 학기 중 배우도록 할 수 있습니다. 방학 기간에는 출석 수업으로 폭력 관련 구체적 프로그램들, 즉 한국형 학교폭력 예방 '공감N성장' 모델, 회복적 생활교육, 욕구코칭을 활용한 학교폭력 예방, 학교폭력 사례 세미나 등

4개의 실습과정 중에서 두 가지를 선택하게 합니다. 아울러 학교폭력에 관한 우수한 원격연수 중 30시간 2강좌를 선택하여 이수합니다. 자세한 내용은 별첨3의 계획(안)을 참고하여 주시기 바랍니다.

학교폭력은 진공상태에서 일어나는 것이 아닙니다. 학교폭력을 이해하기 위해서는 아동의 발달단계와 사회화 과정에 대한 이해가 필요합니다. 특히 학교폭력 관련 법체제와 원인 및 초·중등에 따른 급별 폭력의 양상이 다릅니다. 또한 피해자와 가해자 및 그 부모의 입장이 확연히 다릅니다. 학교폭력을 대처하는 바람직한 모델에 대해 만나고 실습하는 경험은 매우 실질적인 연수가 될 것입니다.

학교폭력 예방을 위한 대표적인 프로그램 중에서 몇 가지를 만나 보고 실습을 하는 기회를 가지면 좋겠습니다. 이 프로그램이 정말 좋은지 현장에서 사용해 보고 그 경험을 다시 나눌 수 있으면 좋겠습니다. 출석 수업 기간 중에는 권역별 모임을 통해 정보를 교환하고 다양한 워크숍을 통해 인적인 네트워크를 만드는 것도 좋겠습니다.

비학위과정은 6개월이지만, 2개월간의 집중적인 하이브리드 연수과정도 설계하였습니다. 2개월에 걸쳐 홀수 달은 기본과정 100시간, 짝수 달은 심화과정 100시간을 이수하는 것입니다. 주 30시간으로 평소에는 줌 기반 수업을 하고 각 과정별 마지막 1박 2일간 대면 워크숍으로 진행합니다. 원격연수와 이론, 실습이 각각 1주씩 구성되어 있습니다. 이렇게 200시간을 이수하면 어느 정도 기본적인 전문역량이 준비되었다고 볼 수 있겠습니다.

2. 학교폭력 예방 프로그램

질문 27 학교폭력 예방 프로그램

학교폭력은 예방이 중요한데, 이를 위한 구체적인 프로그램이 현장에 부족하다는 지적이 많습니다. 어렴풋이 프로그램의 이름을 알기는 하지만 이를 현장에 적용하는 것은 어려운 실정입니다. 설명을 부탁드립니다.

학교폭력 예방에 관한 프로그램들은 국가 수준(교육부)에서 개발된 어울림 학교폭력 예방 프로그램을 비롯하여 여러 단체나 기관 혹은 개인 연구자가 연구 목적으로 실시한 프로그램이 대부분입니다. 교과 외에 학교의 일회성 행사 차원에서 실시하는 경우가 많았습니다. 가장 최근의 연구(이형순, 2023)에 따르면, 학급 단위의 프로그램으로 초·중·고 학생들을 대상으로 개발된 프로그램은 교육부가 개발한 '어울림 학교폭력 예방 프로그램(6회기)', 한국청소년 상담 복지개발원의 '또래상담 프로그램(10회기)', 서울대학교에서 개발한 '시우보우 프로그램(10회기)' 등이 있습니다. 한국교육개발원에서 개발한 '우리 반의 평화는 내 손으로'는 학급 단위이면서 소집단이 가능한 프로그램으로 2회기이며, 청소년폭력 예방재단이 개발한 '내가 바로 지킴이'와 경찰청에서 개발한 '청소년 경찰학교 프로그램'은 1회기용 프로그램입니다. 문제는 이 프로그램들이 초·중·고에서 함께 적용하여 개발·사용하는 것으로 대상 학생들의 급별, 수준별 적절한 교육이 이루어지기 어렵다는 점이 지적됩니다(이형순, 2023).

문제는 학교폭력 예방을 위한 교육을 실시할 수 있는 시간이 확보되지 못하여 대부분 '창의적 재량활동' 시간을 활용하게 됩니다. 하지만 창의적 재량활동 시간에도 이수하여야 할 필수적인 교육 내용이 가득 차 있어 충분한 시간을 확보하는 것이 어렵습니다. 이를 일반 교과목과 효과적으로 연계하여 재구성하라고 하지만 이는 전문성을 요구하는 것으로 일선의 담임교사에게는 매우 어려운 요청입니다. 그 결과, 교사의 입장에서는 일부 내용을 발췌하여 단발성 교육으로 전개하는 실정입니다. 따라서 예방교육의 효과도 매우 적을 수밖에 없습니다.

학교폭력 예방 프로그램의 효과적인 진행을 위해서는 교사의 사전 준비도와 이해도가 선행되어야 합니다. 교사가 프로그램의 학습안을 보고 그대로 수업을 실시하는 것만으로는 효과가 나타나기 어렵습니다. 학급집단을 대상으로 하는 실습 위주의 워크숍 수업을 진행할 수 있는 훈련이 필요합니다. 일반수업 방식의 프로그램 진행으로는 효과를 거두기가 어렵다는 지적입니다.

프로그램을 진행하는 교사 자신이 프로그램의 효과에 대해 동의하고 충분히 공감하여야 효과를 거둘 수 있습니다. 지금까지 수많은 학교폭력 예방 프로그램이 일선 학교에서 효과를 거두었다고 보고되었지만, 왜 이어지지 못할까요? 다양한 논문이나 연구학교의 보고서 등에서 거둔 효과들은 특별히 준비된 세트에서 수행하는 연극과 같습니다.

학교폭력 예방 프로그램이 효과를 거두기 위해서는 일상생활 속에서 누구나 쉽게 적용할 수 있도록 안내되어야 합니다. 손에 잡히는 도구와 실습지들이 함께 제공되어야 합니다. 오랜 기간 전문적인 훈련을 받지 않더라도 직관적으로 따라 하면 될 수 있는 안내도가 필요합니다. 일상의 언어로 지금 여기에 적용할 수 있는 쉽고도 강력한 프로그램들이 개발되고 보급되어야 합니다.

외국의 학교폭력 예방 프로그램으로는 노르웨이의 단 올베우스(Dan Olweus)의 Anti Bulling Information Campaign이 있습니다. 이는 학교폭력에 국가가 직접 개입하여 학교폭력 예방과 대처에 있어 학교로 하여금 법률적 의무를 지니게 하였습니다. 핀란드의 키바 코울루(Kiva Koulu) 프로그램은 따돌림이 발생하면 누구라도 "멈춰."라고 말하는 간단한 프로그램이지만, 피해자 체험을 통해 피해자의 고통에 공감하는 강력한 효과가 있습니다. 독일의 경우 스쿨 스테이션(School station) 프로그램을 통해 지역사회와의 긴밀한 네트워크를 통해 「아동 및 청소년 복지지원법」 및 관련 복지 서비스를 제공하는 것이 특징입니다(이채원, 2013).

질문 28 '어울림' 프로그램에 대하여

교육부가 직접 개발하고 보급한 '어울림' 학교폭력 예방 프로그램이 있습니다. 그 내용은 무엇이며 정말 효과가 있는지요? '어울림' 프로그램으로 인해 얼마나 학교폭력이 줄어들었는지 궁금합니다.

먼저, '어울림' 프로그램은 교육부(당시 교육과학기술부)가 2012년 개발하고 보급한 학교폭력 예방을 위한 학급 단위의 예방 프로그램입니다. 초·중·고등학교 학생들과 학부모를 위한 내용까지 포함하고 있습니다. 교육부는 '공감과 소통 능력을 향상하도록 하여 타인의 감정도 수용할 수 있는 활동으로 폭력에 대한 인식 및 대처능력'을 향상하겠다는 목표를 밝혔습니다. 어울림 프로그램을 개발하고 수행하는 한국청소년정책연구원의 학교폭력 예방교육지원센터는 어울림 프로그램을 다음과 같이 소개합니다.

> 초·중등학교 학생들의 학교폭력을 근본적으로 예방하기 위한 국가 수준의 학교폭력 예방교육 프로그램입니다. 학생들의 학교폭력 예방 역량을 체계적으로 강화할 수 있도록 대상별 역량 또는 문제유형 프로그램으로 구성되어 있어 학교에 적합한 예방교육 실시를 지원합니다.[11]

어울림 프로그램에서 강조하는 학교폭력 예방의 6대 역량은 '공감, 의사소통, 감정조절, 자기존중감, 갈등해결 및 학교폭력 인식과 대처'입니다. 프로그램은 각각 초등학교 저학년과 고학년 및 중학교와 고등학교용으로 구성되었습니다. 3차시의 기본 프로그램과 2차시의 심층 프로그램 및 1~5차시의 교과연계 프로그램으로 구성됩니다. 사이버 어울림 프로그램은 8대 역량으로 사이버 자기조절과 인터넷 윤리의식 및 활용이 추가됩니다. 특히 학부모용 어울림 프로그램도 초등학교 저학년과 고학년 및 중학교와 고등학교용으로 구성되어 있습니다.

11) 한국청소년정책연구원 학교폭력 예방교육지원센터(https://www.stopbullying.re.kr/board?menuId=MENU00345&siteId=SITE00002).

교과연계 프로그램으로는 국어와 도덕, 사회 등의 과목에서 학년별로 잘 연계하여 설계하였습니다. 교육과정과 연계하여 학교폭력 예방교육을 실시할 수 있도록 어울림 프로그램 안내서를 발간하여 제공합니다.

어울림 프로그램은 국가가 막대한 예산을 투입하여 연구 개발한 사업임에도 불구하고 여러 가지 문제점을 지적받고 있습니다. 무엇보다 담임교사 등 학교 구성원들의 참여가 배제되고 특별한 역할이 부여되지 못한다는 것입니다. 담임교사의 70%가 참여하지 못하고 현장을 무시한 프로그램이라는 지적을 받습니다. 특히 어울림 프로그램이 하나의 인성교육 수준에 머무른다는 지적이 있습니다. 프로그램 개발과정에서도 다양한 현장의 목소리가 반영되지 못하였고 단위학교의 선택권도 박탈된 점을 지적합니다. 학교폭력 예방을 위한 다양한 프로그램들이 서로 질(quality)을 향상하고 선의의 경쟁을 통해 효과적인 방안을 선택할 수 있도록 하는 것이 필요하다는 목소리가 많습니다.[12]

또한 어울림 프로그램은 학교폭력의 책임과 해결을 피해자에게 돌리는 내용이 포함되었다는 지적을 받기도 합니다. 즉, 낮은 자기존중감이 학교폭력을 유발한다는 내용을 지적한 것입니다. 어울림 프로그램 교사 지도안을 분석한 결과를 '감정 조절' 등의 항목에서 학교폭력에 대한 비현실적 대응 방법이 실려 있다고 주장합니다.[13] 구조적인 접근을 배제한 채 개인적 특성으로 환원되는 경향을 우려한 것입니다.

12) 좋은교사운동(2014. 6. 27.). https://goodpolicy.tistory.com/entry/%EB%B3%B4%EB%8F%84%EC%9E%90%EB%A3%8C-%EC%96%B4%EC%9A%B8%EB%A6%BC-%ED%94%84%EB%A1%9C%EA%B7%B8%EB%9E%A8%EC%97%90-%EB%8C%80%ED%95%9C-%EC%B2%A0%EC%A0%80%ED%95%9C-%EA%B2%80%EC%A6%9D%EC%9D%B4-%ED%95%84%EC%9A%94%ED%95%98%EB%8B%A4

13) 손수경(2019. 10. 2.). 메디칼 투데이(https://mdtoday.co.kr/news/view/179570216061351).

질문 29 '비폭력대화'란 무엇인가

학교폭력 문제 해결의 중요한 접근 중 '비폭력대화'가 있습니다. 간디가 말하는 비폭력이 학교폭력에서도 문제 해결의 방법이 될 수 있을까요? 내가 비록 비폭력대화 방식으로 말하더라도 상대방이 폭력적으로 대하면 효과가 있을까요?

비폭력대화, 즉 NVC는 Nonviolent Communication의 약자입니다. 때로는 연민의 대화(Compassionate Communication)로 부르기도 합니다. 여기서 말하는 비폭력은 간디가 사용한 것과 같은 뜻으로 사용합니다. 곧, 우리 마음 안에서 폭력이 가라앉고 자연스러운 본성인 연민으로 돌아간 상태를 가리켜 말하는 것입니다. 우리가 전혀 폭력적이지 않다고 생각하면서 말할 때도 종종 본의 아니게 자기 자신이나 다른 사람에게 상처를 입히고 마음을 아프게 합니다. NVC는 우리가 날 때부터 지닌 연민이 우러나는 방식으로 다른 사람들과 유대관계를 맺고, 우리 자신을 더 깊이 이해하는 데 도움이 되는 구체적인 대화 방법(말하기와 듣기)입니다. NVC는 견디기 어려운 상황에서도 인간성을 유지할 수 있는 능력을 키워 주는 대화(커뮤니케이션) 방법입니다.[14]

NVC는 마셜 로젠버그(Marshall Rosenburg) 박사에 의해 고안되었습니다. 로젠버그 박사는 "인간이 자신의 본성인 연민으로부터 멀어져, 서로 폭력적이고 공격적으로 행동하게 되는 까닭은 무엇일까? 그리고 이와 달리 어떤 사람들은 견디기 어려운 고통 가운데서도 어떻게 연민하는 마음을 유지할 수 있는가?"라는 의문에 천착한 결과, 다른 사람들과 자연스레 연민이 우러나는 유대관계를 맺는 데 도움이 되는, 구체적인 대화 방법(말하기와 듣기)을 개발하게 되었다고 말합니다(한국NVC센터).

비폭력대화의 네 가지 구성요소는 관찰(Observation), 느낌(Feeling), 필요/욕구(Need), 요청/부탁(Request)입니다. 비폭력대화는 실제적이고 구체적으로 말하고 듣는 기술을 통해 다른 사람과 자신을 연결하도록 돕는 것에 초점을 맞춥니다. 비폭력대화는 자기 생각과 말을 표현하는 평소의 방식 대신 네 가지 구성요소를 사용하는 대화법입니다. 즉, 자신이 무엇을 관찰하고, 느끼고, 필요로 하는가, 그리고 삶을 풍요롭게 하기 위해 무엇을 부

14) 한국NVC센터(https://www.krnvc.org/page/sub2_1).

탁하는가에 집중해 자신을 표현하거나 다른 사람의 말에 귀 기울이는 것입니다(손수진, 2022).

비폭력대화의 4단계는 다음과 같습니다. 1단계는 관찰을 통해 평가와 관찰을 분리하여 관찰한 것만 말합니다. 2단계는 느낌으로 관찰한 내용에 대한 자신의 느낌을 말합니다. 3단계는 이러한 느낌이 일으키는 욕구와 가치관을 찾아냅니다. 마지막으로, 4단계는 원하는 것을 구체적으로 부탁합니다(Rosenburg, 2024). 이를 학교 현장에 적용하면 학생들 간의 갈등을 해결하는 유용한 기술이 될 수 있을 것입니다.

4단계의 비폭력대화 모델을 익히면, 우선 죄책감, 수치심, 두려움, 우울한 느낌을 해결하게 되고, 분노와 좌절감에서 벗어나 협력할 수 있게 되며, 안심하게 되고, 상호 존중을 바탕으로 합치된 의견에 따라 해결책을 찾을 줄 알게 되므로 삶을 풍요롭게 하는 방법을 터득하게 됩니다(Rosenberg, 2023). 또한 자신을 이해하고 공감하면서 연민의 마음을 가지면 적응력도 높아질 수 있고 상대방에게도 똑같은 연민의 마음을 갖는다면 의사소통이 원활히 되면서 갈등도 줄어들게 됩니다. 이로 인해 특히 갈등을 겪는 각 개인이나 단체 및 학교 현장에서 더 안전하고 편안한 느낌을 받게 될 것입니다(나옥희, 2017).

질문 30 '회복적 생활교육'이란

'회복적 생활교육'은 어떤 프로그램인지 설명해 주시면 좋겠습니다. 회복적 사법에서 시작된 프로그램으로 현재 많은 교육청에서 적용하고 있는 것으로 알고 있습니다. 핵심적인 개념과 내용은 무엇인가요?

학교폭력 사안이 발생하면 대부분의 경우 당사자들이 문제 해결과정에서 소외됩니다. 교육이 사라지고 피해자가 사라집니다. 가해자의 진심 어린 사과와 피해자의 용서를 통해 관계가 회복되는 것이 중요하지만 가해학생에 대한 처벌(징계)에 주목하게 되면 회복은 멀어집니다(이동갑, 2023. 04. 20.).[15]

15) 이동갑. 학교폭력의 역설. 세상을 바꾸는 시민언론 민들레(https://www.mindlenews.com/news/articleView.html?idxno=2670).

회복적 생활교육은 회복적 사법을 교육의 영역에 적용한 프로그램입니다. 일반적인 사법적 정의는 잘못한 사람에게 응당한 벌을 주어야 한다는 '응보적 정의'입니다. 하지만 피해자가 받은 고통을 회복하고 치유하는 것이 더 중요합니다. 그러므로 피해를 회복하는 과정에 잘못에 관여한 사람들이 참여합니다. 그들은 잘못으로 인해 발생한 상처와 피해를 바로잡는 일에 함께 참여하게 됩니다. 이것이 '회복적 사법'의 접근입니다. 이러한 회복적 사법의 접근을 학교에 적용하여 교육하는 것을 '회복적 생활교육'이라고 합니다. 회복적 생활교육은 어른에 의한 학생을 통제하고 훈육하는 관점이 아닌 학생의 성장과 발달에 초점을 맞춘 새로운 개념입니다.

회복적 생활교육은 사법에서 '응보적 정의'의 구현 수단인 '비난과 강제 및 처벌'이 아니라 '회복적 정의'인 '치유와 조정 및 화해'를 통해 문제를 해결하는 것을 말합니다. 회복적 생활교육에서는 인간은 존엄하고 상호 의존적 관계로 연결되어 있으며 내면의 지혜를 지닌 존재라는 기본적 인식이 전제됩니다. 학교폭력 문제를 해결하는 과정에서 가해자를 분리(학급교체)하고 멀리 보내는(전학) 것으로 근본적인 문제가 해결되지 않습니다. 회복적 생활교육은 가해자와 피해자와 공동체에 끼친 피해를 회복하는 것을 지향합니다. 즉, 가해자가 처벌을 통해 자신의 행위에 대해 면제를 받았다는 생각을 갖는 것을 바람직하지 않게 봅니다. 가해자가 직접 자신이 끼친 피해를 회복하는 과정에 참여하는 것이 근본적인 문제 해결이라는 것입니다(박숙영, 2014).

회복적 생활교육에서는 공동체의 회복이 중요하게 제안됩니다. 사실 학교폭력 사안은 진공상태에서 발생하는 것이 아니라 특정한 공간에서 발생합니다. 특히 학교라는 공간에서 발생하기에 그 사안을 직·간접적으로 참여하거나 목격한 공동체에 대한 회복이 병행되어야 합니다. 지금까지는 학교폭력 사안조사와 처분 과정 모두가 개인정보 보호 등의 이유로 블랙박스 안에서 결정되어 당사자를 제외한 대부분의 학생과 교사는 문제 해결과정에서 소외됩니다. 이로 인해 학급(교)공동체가 받은 상처는 그대로 남아 있지만 관련자들에 대한 처분이 부여되는 것으로 사안이 종료됩니다.

회복적 생활교육의 핵심요소는 가치(value)와 기술(skill) 및 진행(prosess)으로 구성됩니다. 가치는 회복적 실천의 토대를 이루는 것으로 상호 존중, 관용, 신뢰와 같은 가치를 말합니다. 이는 상대방에 대한 적극적인 경청과 존중, 공감과 연민의 문화를 조성합니다. 기술은 인간의 권리의 중요성에 대한 인식과 자신의 욕구와 감정을 알아차리는 것입니다. 즉, 구체적인 삶의 맥락 속에서 공감, 적극적 경청, 대화, 조정 등의 기술을 사용하는 것입니다. 세 번째는 회복적인 진행입니다. 이 단계는 갈등으로 깨진 관계를 회복하고 피해가 발생한 것에 대하여 적절한 책임을 지는 것을 도와주는 가장 공적인 진행 모임입니다. 회복적 대화모델이 활용됩니다(김민자, 이순영, 정선영, 2019).

회복적 생활교육 참여자들에게 적용되는 중요한 실천 원리들은 공동체의 중심이 관계라는 점을 인식하여야 한다는 것입니다. 아울러 공동체는 잘못된 행동과 피해를 해결할 수 있는 회복 시스템을 고안하고 참여하여야 한다는 원리입니다. 학교폭력 사안을 해결하는 과정에서 지금처럼 학급과 학교공동체를 철저히 소외하는 방식에 대한 우려를 지적하고 있습니다.

질문 31 '감정코칭'이란

'학교폭력'은 청소년들이 자신의 감정(정서)을 적절하게 억제하고 조절하지 못하는 것에서 발생하지 않나요? 그런 측면에서 최근 '감정코칭'이 유행입니다. 어떤 원리에 의해 작동되며 학교폭력 문제 해결에는 어떠한 도움을 줄 수 있을까요?

청소년기의 학생들은 어느 시기보다 감정의 기복이 심하고 불안정한 정서적 경험을 하는 시기입니다. 자신의 감정을 표현하거나 조절하는 데 미숙하여 충동적·공격적 성향을 보이기도 하지만, 정반대로 우울과 불안에 빠지는 경우도 많습니다. 자신의 감정(정서)을 적절하게 표현하지 못하고 미숙하게 대처하는 청소년기의 특성은 인간관계를 어렵게 하여 갈등을 유발합니다. 청소년기의 부적절한 감정 조절로 인해 발생하는 공격적인 행동이 학교폭력과 관련이 있습니다. 감정을 조절하는 것에 적절한 도움을 제공하는 것이 감정코칭이라고 할 수 있습니다. 감정 조절은 부정적 정서를 표출하는 바람직한 방법을 배우는 것과 함께 긍정적 정서를 적절하게 유지하고 표현하는 것을 포함합니다. 이는 청소년들의 발달과정과도 깊은 관련이 있습니다.

감정코칭은 교육자이자 아동심리학자인 하임 기너트(Haim Ginott)에 의해 시작되었습니다. 그 후 1990년대 존 가트만(John Gottman)에 의해 과학적인 실험 검증을 거쳐 체계적으로 정립되었습니다. 한국에는 조벽, 최성애 교수에 의해 소개되었습니다. 감정코칭은 부모가 자녀를 양육하는 과정에서 자녀의 부정적 감정을 무시하지 않고 수용하며 인정해 주는 것을 학교폭력 사안 해결에도 적용합니다(최성애, 조벽, 2006). 이는 감정을 자연스럽게 수용하고 이해하지만 다양하게 표현되는 감정들 중 문제행동과 연결되는 경우에는 분명한 한계를 설정하여 바람직한 행동으로 반응할 수 있도록 이끌어 주는 것을 말합니다(최성애, 조벽, 2006).

감정코칭은 일반적으로 5단계로 이루어집니다. 즉, 감정 포착하기, 좋은 기회로 여기기, 감정을 들어 주고 공감하기, 감정에 이름 붙이기와 바람직한 행동으로 이끌기가 그것입니다. 감정코칭의 첫 단계는 감정을 알아차리는 것입니다. 다음은 강한 감정을 표현할수록 감정 표출에 대한 행동에 도움을 줄 수 있는 좋은 기회가 될 것이라는 가정입니다. 감정을 들어주고 공감해 주는 것이 바람직한 소통의 시작이 된다는 점입니다. 감정에 이름을 붙인다는 것은 자신이 경험한 감정이 정확하게 어떤 감정인지 명료하게 정리하는 것입니다. 마지막 단계는 바람직한 행동으로 이끌기입니다. 이는 부모나 어른의 지적이나 제시가 아닌 스스로 자신의 행동을 바람직하게 결정할 수 있도록 안내하는 것을 말합니다. 따라서 이는 감정코칭 5단계라기보다는 다섯 가지 원리라고 표현하는 것이 더 합당할 것입니다(나옥희, 2017).

감정코칭은 기본적으로 인간의 마음속에 자리 잡은 감정의 인식과 표현에 대한 바람직한 훈련입니다. 즉, 자신의 마음속에서 일어난 감정을 정확하게 알아차리고, 공감하여 주는 것이 중요합니다. 특히 마음속에서 일어난 감정에 대해 정확한 이름을 붙이고 바람직한 행동으로 연결되도록 안내하는 것이 감정코칭입니다.

이 단계에서 가장 중요한 과정 중 하나는 마음속에서 일어난 감정을 정확하게 공감하여 주는 것입니다. 이를 감정이입이라고 표현하기도 합니다. 이러한 정서표현 지능은 자신의 정서와 타인의 정서를 평가하고 그것을 변별하여 효과적으로 표현할 수 있는 능력을 말합니다. 정서지능은 타고나기도 하지만, 어느 정도 교육과 훈련을 통해 발달시킬 수 있습니다.

질문 32 올베우스 프로그램: 학교폭력 멈춰

학교폭력과 관련된 용어는 노르웨이의 단 올베우스가 만든 학교폭력 예방 프로그램이 그 시작입니다. 단 올베우스는 누구이며 이 프로그램의 특징과 한계점은 무엇인가요?

단 올베우스(Dan Olweus, 1931～2020)는 스웨덴계 노르웨이의 심리학자입니다. 노르웨이 베르겐대학교의 심리학 연구 교수였던 그는 학교폭력 관련 연구의 선구자로 널리 알려져 있습니다. 1970년대 어린이들의 학교폭력에 대한 체계적인 연구를 수행한 그는 『교내의 공격성: 학교폭력과 매 맞는 소년(Aggression in the Schools: Bullies and Whipping Boys)』이라는 책을 1973년 스칸디나비아(스웨덴, 노르웨이, 핀란드)반도와 1978년 미국에서 출판하였습니다. 이 책은 일반적으로, 학교폭력에 대한 세계 최초의 과학적 연구로 간주됩니다. 올베우스는 학교폭력을 "시간이 지나면서 반복되고 힘의 불균형을 수반하는, 원치 않는 공격적인 행동이다."라고 정의하였습니다.[16]

이 프로그램은 정부의 주도하에 노르웨이의 모든 초등학교와 중학교에 개입 매뉴얼인 통칭 '올베우스 학교폭력 예방 프로그램(Ollweus Bullying Prevention Program: OBPP)'을 도입하는 데까지 이어졌습니다. 이 프로그램은 교실 내 질서를 재구성하고 선행에 보상을 줌으로써 학교폭력을 줄이는 것을 목표로 합니다. 이 프로그램의 결과 참여 학생들의 학교폭력 피해 및 가해 보고 건수가 약 35～45% 감소한 것으로 나타났습니다.

올베우스는 학교폭력의 여러 유형 중 '괴롭힘(bullying)'에 주목하였습니다. 이는 1982년 노르웨이 북부에서 청소년 3명이 자살한 것이 집단따돌림 때문이었으며 당시 학교폭력의 유형 중 집단괴롭힘과 따돌림이 가장 많았기 때문입니다. 올베우스는 학교폭력 문제를 해결함에 있어 '사회 환경의 구조 조정'이 필요함을 강조하였습니다. 즉, 사회에서의 학교폭력에 대한 인식의 변화, 안전한 학교 환경 조성 등과 같은 변화가 필요하다는 것입니다. "학교폭력은 학교만의 책임으로 해결할 수 있는 것이 아니라 사회구성원 전체의 학교폭력에 관한 관심만이 학교폭력을 근절할 수 있다."라고 주장합니다.

16) 단 올베우스(2024. 9. 23. 검색). 위키피디아(https://ko.wikipedia.org/wiki/%EB%8B%A8_%EC%98%AC%EB%B2%A0%EC%9A%B0%EC%8A%A4).

OBPP은 학교폭력 예방 및 발생 시 이를 해결하는 구체적인 방법들을 제시하고 있습니다. 이는 '4대 규칙' '멈춰! 제도' '역할극' 등을 말합니다. 먼저, 4대 규칙은 학교 교실에서 발생하는 단순한 괴롭힘뿐 아니라, 다양한 유형의 학교폭력을 해결하기 위해 구성원들이 합의해야 할 규칙이며, 동시에 폭력 발생 상황에서 개입할 수 있는 지침으로 다음의 네 가지로 구성되어 있습니다.

- 우리는 다른 친구들을 괴롭히지 않을 것이다.
- 우리는 괴롭힘당하는 친구를 도울 것이다.
- 우리는 혼자 있는 친구들과 함께할 것이다.
- 누군가 괴롭힘당하는 것을 알게 되면, 우리는 학교나 집의 어른들에게 이야기할 것이다.

'멈춰!' 프로그램은 우리나라에도 2012년 도입된 바 있지만 큰 효과가 없이 희화화되고는 하였습니다. 노르웨이에서 이 프로그램이 성공할 수 있었던 결정적인 요인은 정부 차원의 지속적이고 전폭적인 학교폭력 문제 해결을 위한 지원이었습니다.

OBPP 프로그램이 한국에서는 왜 성공적으로 뿌리를 내리지 못하는 것인가에 대한 성찰이 필요합니다. 학교폭력 체험 역할극은 '왕따 조장' 등의 이유로 학부모들의 강력한 항의를 받기도 하였습니다. 역할극에 대한 이해와 리더의 노련한 지도력이 없으면 매우 위험한 양날의 칼이 됩니다.

질문 33 '공감N성장' 모델

학교폭력 예방으로서의 '공감N성장' 모델이란 무엇입니까? 이 모델은 비교적 생소합니다. 또 왜 한국형 모델이며 어떠한 배경과 효과가 있는지요? 그 구체적인 내용은 무엇인가요?

많은 학교폭력 예방에 관한 이론이 우리나라가 아닌 외국의 이론과 실천을 근거로 하고 있습니다. 그런 까닭으로 현재 한국의 학교에서 일어나는 이른바 학교폭력에 대한 예방과 대처 및 사후관리에는 괴리가 큽니다. 문화적 배경이나 환경의 차이가 큼에도 불구하고 외국에서 저명한 이론이기에 이를 한국적 상황으로 재구성하여 적용하려 했던 시도들은 그 이론의 우수성에도 불구하고 우리나라 교육 현장에서 적용하는 데 한계점이 있을 수밖에 없습니다.

한국형 학교폭력 예방 모델인 '공감N성장' 모델은 이동갑(2017)이 한국학교의 실정에 맞는 학교폭력 예방 모델로 개발하고 보급하기 시작한 모델입니다. 개발자는 학교폭력 문제는 공감, 회복 등 한 수준에 머무르는 것이 아니라 공감–용서–회복–성장의 나선형 모델로 순화된다고 주장합니다. 이 모델에서 말하는 공감이란 감정코칭에서 말하는 공감과도 같고 회복적 생활교육에서 말하는 관련 당사자들의 참여를 담보하는 것과도 같습니다. 즉, 피·가해 학생 및 그 부모와 공감하는 것을 말합니다. 상대방의 입장에 대한 공감이야말로 문제 해결의 출발입니다.

이 모델에서 특별히 강조하는 것은 용서입니다. 피해자가 겪은 고통에 대해 가해자가 진심으로 뉘우치고 반성하여 용서를 구하는 것이 전제가 됩니다. 피해자는 가해자의 용서 구하기를 받고서 용서 수용하기를 선택하거나 보류하거나 거절할 수도 있습니다. 용서를 강요하는 것은 또 다른 용서폭력입니다. 그런 다음 피해자가 용서 베풀기를 하게 되면 두 사람의 관계는 회복됩니다. 이 모델에서 가장 중요하고 본질적인 과정이 용서 구하기와 용서 베풀기인데, 이를 '사과 징검다리' 건너기와 '용서 징검다리' 건너기로 표현합니다.

회복은 진심 어린 공감과 용서가 바탕이 되어 이루어집니다. 회복 수준에서 가해자는 자신이 무엇을 잘못하였는지 정확한 목록을 알아야 합니다. 피해자 역시 자신이 입은 고통의 목록을 정확하게 인식합니다. 이를 바탕으로 문제가 해결되었다면(기적 질문) 어떤 구체적인 변화가 있을 것인지 공유합니다. 이를 바탕으로 관련자들이 함께 만나서 용서 구하기와 용서 베풀기를 실행함으로써 회복이 완성됩니다. 이 과정에서 회복의 장애물이 될 수 있는 예상 목록을 미리 만들어 보고 장애물 극복을 위해 도움을 줄 수 있는 자원들의 목록을 확보하여야 합니다.

성장은 공감과 용서, 회복의 과정을 경험한 관련자들과 그 부모 및 친구들과 학급, 학교 모든 구성원에게 다양한 모습으로 나타납니다. 얼핏 생각하면 학교폭력이라는 사안 자체가 일어나지 않았더라면 더 좋았겠지만, 일이 일어나지 않으면 성장도 일어나지 않습니다. 실패의 경험을 통해 자신이 배울 점을 찾고 바람직한 행동의 변화를 이끌어 내는 것이 성장입니다. 학교폭력이라는 경험은 소수의 사람들, 즉 학교폭력 관련자들과 그 보호자 및 친구들(학급)과 학교공동체 전체에게 성장을 이끌어 내기도 합니다.

"어떤 경험도 경험 그 자체가 영향을 끼칠 수는 없다. 경험에 대한 해석이 영향을 끼친다."라고 말한 알프레드 아들러(Alfred Adler)의 지적이 새롭습니다. 학교폭력의 경험을 건강한 부모와 학생은 이를 상처와 퇴보가 아닌 성장의 기회로 전환합니다. 학교는 이를 연습하고 훈련하며 교육하는 안전한 공간이어야 합니다. 한국형 학교폭력 예방의 새로운 패러다임이자 모델인 '공감N성장' 프로그램은 지난 7년 내외 초·중·고등학교 현장에서 많은 성공 사례를 통해 증명되고 있습니다.

질문 34 프로그램이 아닌 시스템의 문제

노르웨이에서 국가적 차원으로 매우 성공적이라고 평가받았던 단 올베우스(Dan Olweus)의 프로그램이 한국에서는 성공하지 못한 까닭은 무엇인가요? 이는 프로그램이 아니라 여러 환경과 사회 구조적인 요인, 즉 시스템의 문제라고 볼 수 있나요?

"아이 하나를 기르는 데 온 마을이 필요하다."라는 아프리카의 격언처럼 학교폭력 문제를 해결하기 위해서는 다양한 요인이 필요합니다. 학교폭력에 대한 최초의 체계적인 연구를 수행한 올베우스 교수의 연구는 정부의 주도하에 노르웨이의 모든 초등학교와 중학교에 '올베우스 학교폭력 예방 프로그램(Ollweus Bullying Prevention Program: OBPP)'으로 도입되었습니다.[17] 지역사회도 적극적으로 참가하여 협업하였습니다.

2002년 올베우스는 북유럽 이사회에서 수여하는 북유럽 공중보건상(Nordic Public Health Prize)을 수상하였습니다. 학교폭력 예방에 기여한 사람이 공중보건상을 수상한 것은 어떤 의미인가요? 북유럽 이사회는 학교폭력을 공중보건의 문제로 인식하고 이를 사회와 국가가 함께 대처하였다는 것을 의미합니다.

17) 각주 16과 같음.

이러한 성공을 부러워하여 대한민국도 2012년 일부 학교에서 이른바 '학교폭력 멈춰' 운동을 도입하였습니다. 이는 학교폭력을 당하는 친구들을 발견하면 주변의 학생들이 함께 "학교폭력 멈춰."라고 외치며 방관자가 아닌 방어자의 역할을 하게 된다는 접근입니다. 하지만 이 프로그램은 충분한 사전교육과 공감 및 용서의 과정 없이 팔을 뻗는 어색한 자세만으로 학교폭력이 해결될 수 있다는 단순한 발상에 불과합니다. 이를 희화화하여 '코스피 하락 멈춰' '다이어트 멈춰' 등의 밈으로 활용되면서 학교폭력 사안 자체를 우스꽝스럽게 묘사하는 것으로 오해를 불러일으켰습니다.[18]

노르웨이의 사례에서 보듯이 북유럽 국가들이 국가적 차원에서 학교폭력 예방 프로그램을 시행할 수 있었던 것은 스칸디나비아 국가들의 사회 문화와 인구, 교육여건 등 다양한 사회적 배경이 있었기에 가능한 것입니다. 덴마크의 인구는 약 500만, 스웨덴은 1,050만, 노르웨이는 550만, 같은 북유럽에 속하는 핀란드의 인구도 약 560만입니다(세계은행, 2022). 특히 올베우스 프로그램을 실시한 노르웨이와 키바 코울루(Kiva Koulu) 프로그램을 실시한 핀란드의 인구가 560만 내외로 비슷한 것도 주목할 만합니다. 온 사회와 국가가 함께 협업한다는 것은 필요한 예산과 인력을 배치하는 것을 말합니다. 프로그램 운영을 이끌어 갈 전문가를 양성하는 것을 전제로 합니다. 이 과정이 생략된 채 교사나 개별 학교의 헌신과 역량을 탓하는 것은 책임을 가장 밑바닥으로 전가하는 행위와 다르지 않습니다.

핀란드의 키바 코울루 프로젝트는 70억의 연구자금을 바탕으로 시행되었습니다. 2006년부터 2009년까지 3년간의 연구 개발 과정을 거친 후, 2009년 가을부터 본격적으로 실시되었습니다. 초기에는 학교의 적극적 참여를 유도하기 위해 참여한 모든 학교에 프로젝트 운영에 필요한 자료와 교재를 무료로 제공하였습니다. 이 프로그램은 가해자나 피해자 개별 학생에게만 초점을 맞추는 것이 아니라 학급(교) 전체를 대상으로 합니다. 즉, 학교폭력의 방관자가 되지 말고 방어자가 되는 체험에 학교공동체 전체가 참여하는 것입니다(이보영, 2012).[19] 학교폭력 예방이라는 면역체계를 학급(교)의 모든 구성원이 형성함으로써 자연스럽게 학교폭력이라는 전염병이 뿌리내릴 수 없도록 하는 것입니다. 이것이 시스템에 의한 접근입니다.

---

18) 각주 16과 같음.

19) https://m.cafe.daum.net/prowelfare/FBZ5/1936?svc=cafeapi

3. 학교장 해결제

질문 35 '학교장 해결제'란 무엇인가

'학교폭력' 사안을 신고와 처벌이 아니라 교육적인 방법으로 학교 자체에서 해결하는 방안이 이른바 '학교장 해결제'입니다. 이 제도는 구체적으로 어떤 것입니까? 그리고 이 제도가 원만하게 잘 이루어지고 있는지요?

학교는 교육기관입니다. 학교는 경찰서나 법원이 아닙니다. 하지만 요즘은 학교에서 일어나는 크고 작은 모든 갈등을 신고하고 조사하여 처벌하려는 사법적 접근이 과하게 적용되고 있다는 지적이 많습니다. 「학교폭력예방법」 제13조의 2[20)]는 학교폭력 사안 중 비교적 경미한 사안에 한해 학교폭력사건을 자체적으로 해결하는 것을 말합니다.

「학교폭력예방법」에서 가장 중요한 것은 피해학생 및 그 보호자가 심의위원회의 개최를 원하지 않는다는 의사를 서면으로 표시하여야 한다는 것입니다. 구체적인 내용은 법

---

20) 제13조의 2(학교의 장의 자체 해결) ① 제13조 제2항 제4호 및 제5호에도 불구하고 다음 각 호에 모두 해당하는 경미한 학교폭력에 대하여 피해학생 및 그 보호자가 심의위원회의 개최를 원하지 아니하는 경우 학교의 장은 학교폭력사건을 자체적으로 해결할 수 있다. 이 경우 학교의 장은 지체 없이 이를 심의위원회에 보고하여야 한다. [개정 2021. 3. 23., 2023. 10. 24.]

1. 2주 이상의 신체적·정신적 치료가 필요한 진단서를 발급받지 않은 경우
2. 재산상 피해가 없는 경우 또는 재산상 피해가 즉각 복구되거나 복구 약속이 있는 경우
3. 학교폭력이 지속적이지 않은 경우
4. 학교폭력에 대한 신고, 진술, 자료제공 등에 대한 보복행위(정보통신망을 이용한 행위를 포함한다)가 아닌 경우

② 학교의 장은 제1항에 따라 사건을 해결하려는 경우 다음 각 호에 해당하는 절차를 모두 거쳐야 한다.

1. 피해학생과 그 보호자의 심의위원회 개최 요구 의사의 서면 확인
2. 학교폭력의 경중에 대한 제14조 제3항에 따른 전담기구의 서면 확인 및 심의

③ 학교의 장은 제1항에 따른 경미한 학교폭력에 대하여 피해학생 및 그 보호자가 심의위원회의 개최를 원하는 경우 피해학생과 가해학생 사이의 관계회복을 위한 프로그램(이하 '관계회복 프로그램'이라 한다)을 권유할 수 있다. [신설 2023. 10. 24.]

④ 국가 및 지방자치단체는 관계회복 프로그램의 개발·보급 및 운영을 위하여 필요한 경우 행정적·재정적 지원을 할 수 있다. [신설 2023. 10. 24.]

⑤ 그 밖에 학교의 장이 학교폭력을 자체적으로 해결하는 데에 필요한 사항은 대통령령으로 정한다. [개정 2023. 10. 24.] [본조신설 2019. 8. 20.]

안을 참고하시면 되겠습니다. 이러한 제도[21)]가 있음에도 불구하고 왜 잘 활용되지 않는 것일까요?

학교장 해결제는 학교폭력 사안이 발생한 뒤 학교폭력 전담기구를 통해 이 사안을 교육지원청의 학교폭력심의위원회에 회부하지 않고 학교장에 의해 자체적으로 해결을 하는 것입니다. 따라서 이를 위해 업무 담당자와 교육·연수 장소 및 프로그램 운영자가 필요합니다. 학교 내에 전문가가 없다면 외부 전문가에 의한 프로그램 진행이 요구됩니다. 여기에는 예산이 필요합니다. 이러한 전제조건이 성립되지 않으면 학교장은 자체 해결제를 선택하기 어렵습니다. 개정된 학교폭력 생활기록부 기록 강화 조치에 의해 고등학교의 경우 가능하면 심의위원회까지 가지 않고 자체 해결을 추구하는 경향이 높아졌습니다. 하지만 초등학교나 중학교의 경우, 학교장 해결제를 실시하는 것에 대한 부담이 더 커서 시도하지 않는 경우가 많습니다.

학교폭력근절종합대책에 따르면, 학교의 근본적 변화를 유도·견인하기 위해 학교의 교육적 조정기능을 강화하도록 제안하고 있습니다. 학교장 자체 해결 범위를 확대하여 가해학생의 진정한 사과와 반성을 이끌 수 있는 교육적 해결 기능 강화를 위해 노력함과 동시에 학교장이 자체적으로 종결한 사안의 가해학생에게 상담, 캠페인 활동 등 별도의 선도·교육 프로그램 운영을 필수화하도록 하였습니다(관계부처합동, 2023).

---

21) 「학교폭력예방법 시행령」 제14조의 3(학교의 장의 자체 해결) 학교의 장은 법 제13조의 2 제1항에 따라 학교폭력사건을 자체적으로 해결하는 경우, 피해학생과 가해학생 간에 학교폭력이 다시 발생하지 않도록 노력해야 하며, 필요한 경우에는 피해학생·가해학생 및 그 보호자 간의 관계회복을 위한 프로그램을 운영할 수 있다. [본조신설 2020. 2. 25.]

질문 36 피해자 측의 동의와 관계회복 프로그램

'학교장 해결제'의 전제조건이 피해학생과 그 보호자의 서면동의입니다. 만약 피해자가 동의할 수 없다고 하면 학교장 자체 해결제는 시도조차 할 수 없는 것이 아닐까요? "관계회복 프로그램을 권유할 수 있다."라고 개정된 법에는 제안하였지만, 피해자 측에서 동의하지 않으면 실효가 없는 것이 아닌가요?

'학교장 해결제'의 정확한 표현은 '학교의 장의 자체 해결'입니다. 말 그대로 학교장이 「학교폭력예방법」 제13조의 2에 따라 '경미한 사안'에 대해서는 교육지원청의 '학교폭력 심의위원회'의 개최를 의뢰하지 않고 자체적으로 해결하는 것을 말합니다. 이론적으로는 '학교폭력'을 해결하는 가장 바람직한 방법은 갈등의 당사자들이 서로 관계를 회복하는 '관계회복'입니다. 하지만 왜 많은 학교에서 이른바 관계회복을 위한 '학교장 해결제'를 실시하지 않는 것인지 궁금합니다.

문제는 이 자체 해결의 전제조건입니다. 즉, '경미한 사안'이라는 표현의 모호성입니다. 경미한 사안임을 판단하는 기준은, 먼저 2주 이상의 신체적·정신적 치료가 필요한 진단서를 발급받지 않아야 합니다. 또한 재산상 피해가 없는 경우 또는 재산상 피해가 즉각 복구되거나 복구 약속이 있는 경우입니다. 아울러 학교폭력이 지속적이지 않은 경우이어야 하며, 학교폭력에 대한 신고, 진술, 자료제공 등에 대한 보복행위(정보 통신망을 이용한 행위를 포함한다)가 아닌 경우입니다. 이러한 네 가지 전제조건 중 두 번째 항목인 '재산상 피해가 없는 경우 혹은 즉각 복구되었을 경우'는 '복구 약속이 있는 경우'로 확대되었습니다. 즉, 학교장 해결제의 선택의 폭이 더 넓어진 것입니다. 특히 "피해학생과 그 보호자가 심의위원회의 개최를 원하는 경우에도 피해학생과 가해학생의 '관계회복 프로그램'을 권유할 수 있다."라는 조항이 2023년 10월 24일 자로 신설되었습니다.

'관계회복 프로그램'이 구체적으로 무엇을 말하는 것인지, 이 프로그램을 진행할 수 있는 전문가가 교내·외에 있는지 판단하는 일이 선행되어야 합니다. 이 결정은 학교장이 혼자서 내리는 것이 아니라 단위학교의 전담기구를 통해서 결정하여야 합니다. 전담기구 구성원들은 '관계회복 프로그램'에 대해 어떤 전문성을 가지고 이를 판단할 수 있을까요?

전담기구에서 관련 학생들에 대해서 '관계회복 프로그램'을 시행하기로 하였다면 예산도 함께 결정하여야 합니다. 학교폭력이 많은 학교라면 자체 예산으로 '관계회복 프로그램'을 진행할 수 있을까요? 관계회복 프로그램 운영의 전제조건은 학교장과 단위학교 구성원들이 관계회복 프로그램에 대한 이해와 이를 지원할 수 있는 환경 및 예산의 뒷받침입니다. 사실 이 예산은 단위학교에서 감당하기 어려운 측면이 큽니다. 따라서 교육지원청 차원에서 관계회복 프로그램을 상설하여 소개하고 지원하며 예산도 감당하는 것이 요구됩니다.

질문 37 학교장 해결제 담당자는 누구인가

'학교폭력'을 교육적으로 해결하기 위한 학교장 자체 해결제가 바람직하다는 것을 모르는 바가 아닙니다. 문제는 누가 그 일을 감당할 것인가 하는 것이 핵심입니다. 지금 학교에 전문상담교사가 배치되었다고는 하지만, 전체 학교의 절반 정도에 불과합니다. 하지만 그들도 고유의 업무가 있습니다. 누가 담당해야 할까요?

현재 우리나라의 전문상담교사 배치율은 학교 두 곳 중 한 곳 정도입니다.

교육부가 국회 교육위원회 더불어민주당 김문수 의원에게 제공한 국정감사 자료 '2024년 전문상담교사·전문상담사 배치 현황'에 따르면, 초·중·고에 배치된 전문상담교사는 전국 5천 43명으로 배치율 41.6%을 보였다. 전문상담순회교사를 포함하면 5천 869명이며, 배치율은 48.4%입니다(김두헌, 2024. 10. 22.).[22]

학교장 해결제를 담당할 인력이 전문상담교사라고 할 수는 없습니다. 현행법에서는 전문상담교사의 역할에 대한 정확한 규정이 없는 실정입니다. 따라서 학교마다 학교장과 인사위원회에서 학교장 해결제를 담당할 인력과 역할에 대한 합의가 필요합니다.

전문상담교사는 일반 담임에 비해서는 '관계회복 프로그램' 등의 교육에 상대적인 전문성을 가지고 있는 것으로 보입니다. 그러나 고유의 업무가 있는 까닭에 상담실의 업

22) 김두헌(2024. 10. 22.). 호남교육신문. https://www.ihopenews.com/news/articleView.html?idxno=239507

무를 중단한 채 '관계회복 프로그램'을 전적으로 운영하는 것은 어려워 보입니다. 따라서 학교폭력 업무 중 관계회복 프로그램을 진행할 담당자가 배치되어야 합니다. 관계회복 프로그램의 일부는 전문상담교사에 의해 진행될 수 있습니다. 하지만 전문상담교사 역시 관계회복 프로그램에 대한 충분한 훈련과 연수 없이 프로그램을 진행하는 것은 효과에 한계가 있을 수밖에 없습니다.

전문상담교사 외에도 학교에서 학교폭력 관련 업무를 담당하는 교사는 학교폭력 업무를 담당하는 책임교사, 학교폭력 전담기구의 구성원인 보건교사와 교감 및 학생생활부장 등이 있을 수 있습니다. 하지만 학교 내부의 인력으로는 사안을 행정적으로 처리하는 것만도 부담스럽습니다. '관계회복 프로그램'을 학교폭력 사안 발생으로 인해 '즉시 분리' 조치가 된 학생들을 대상으로 실시하기 위해서는 연속적인 프로그램 진행에 필요한 시간을 확보할 수 있어야 합니다.

바람직한 인력배치는 생활부장 혹은 생활부 내에 학교폭력 관계회복 프로그램 전담교사를 지정하는 것입니다. 물론 전담교사 한 사람만으로는 부족합니다. 전담팀이 구성되어야 합니다. 이 전담팀은 학교폭력에 대한 충분한 이해와 관련 지식 및 상담 기술을 보유하여야 합니다. 무엇보다 자신이 진행할 관계회복 프로그램에 대한 전문성이 확보되어 있어야 합니다.

나중에 제5장에서 다시 언급하겠습니다만, 모든 학교에 전문상담교사를 배치하는 것은 물론 학생 인원수 대비 전문상담교사의 배치가 필요합니다. 1 대 4~500명 정도면 좋겠습니다. 전문상담교사 외에 학교폭력 관계회복 전문가가 학교마다 배치되면 좋겠습니다. 이들은 평상시 생활지도가 필요한 학생들을 돕다가 학교폭력 사안이 발생하면 관계회복 프로그램을 집중적으로 운영하는 주체가 됩니다.

질문 38 전문기관 위탁에 대하여

'학교장 해결제'를 실행하고자 하여도 학교 안에서는 담당 전문인력을 확보하기 어렵다는 지적입니다. 전문상담교사가 배치된 학교 역시 절반에 미치지 못합니다. 교사들의 정원이 감축되고 있는 실정에서 관계회복 프로그램 등 학교폭력 관련 교육(연수)을 담당할 인력을 어떻게 확보할 수 있을까요?

학교폭력 사안의 인식과 처리 및 해결과정은 전문적인 영역입니다. 따라서 수업이 없는 교사 혹은 교장·교감의 경우라 하더라고 교대로 담당할 수 있는 영역이 아닙니다. 학교행정가(교장·교감) 혹은 관련 교사들이 특강 형식으로 참석할 수는 있지만 전체적인 유기적 교육 프로그램 안에서 실시되어야 합니다. 학생들의 발달단계와 사안의 성격을 이해하고 적절하게 진단하여 필요한 전문 프로그램을 투입하여야 합니다.

「학교폭력예방법」에서 국가(교육부 장관)는 "학생들의 치유·회복을 위한 보호시설을 운영, 연구 및 교육 등을 수행하는 전문교육기간을 설치할 수 있다."[23]라고 규정합니다. 교육감의 임무(제11조)로는 "⑨ 교육감은 학교폭력 등에 관한 조사, 상담, 치유프로그램 운영, 학생 치유·회복을 위한 보호시설 운영, 법률지원을 포함한 통합지원 등을 위한 전문기관을 설치·운영하여야 한다. [신설 2012. 3. 21., 2023. 10. 24.]"라고 규정합니다. 「학교폭력예방법 시행령」 제10조(전문기관의 설치 등)는 '2. 학교폭력 피해학생·가해학생에 대한 치유프로그램 운영 업무'를 명시하고 있습니다. 업무학생과 가해학생 간의 관계회복을 위한 필요한 조치를 하도록 규정합니다.

특히 「학교폭력예방법 시행령」 제11조(학교폭력 조사·상담 업무의 위탁)에서는 "교육감은 법 제11조의 2 제2항에 따라 학교폭력 예방에 관한 사업을 3년 이상 수행한 기관 또는 단체 중에서 학교폭력의 예방 및 사후조치 등을 수행하는 데 적합하다고 인정하는 기관 또는 단체에 법 제11조의 2 제1항의 업무를 위탁할 수 있다."라고 규정합니다. 관계부처가 합동으로 마련한 학교폭력근절종합대책에서는 '학교 현장의 대응력 부족으로 교육적

23) 제6조의 2(학교폭력 대응 전문교육기관 및 센터 운영 등) ① 국가는 학생 치유·회복을 위한 보호시설 운영, 연구 및 교육 등을 수행하는 전문교육기관을 설치·운영할 수 있다.

해결에 한계를 보이고 있으며 전담기구[24]의 전문성 부족으로 현장의 교육적 해결이 어려운 상황'임을 지적합니다. 예방법과 시행령은 모두 학교 현장의 교육적 해결의 한계와 함께 전문성 부족을 보완하는 방법으로 전문기관에 위탁할 수 있음을 안내하고 있습니다.

문제의 핵심은 전문기관에 종사하는 업무 담당자들의 전문성을 어떻게 검증할 것인가 하는 것입니다. 이들이 어떤 배경에서 어떠한 전문성을 쌓아왔으며, 어떤 영역의 자격을 보유하고 있는지, 해당 업무에 대한 이론과 실습 경험이 축적되어 있는지 확인하여야 합니다.

특히 학교폭력과 관련된 피해자와 가해자 및 방관자와 방어자 등 다양한 학생들의 심리와 다양한 학교폭력의 양상에 대한 폭넓은 이해가 필요합니다. 가해자와 피해자의 학교폭력 인식과 해결과정이 다릅니다. 남녀가 다르고 특수아와 다문화 학생에 대한 폭력도 다릅니다. 보호자의 심리와 교육도 달라야 하며 이 모든 과정이 유기적으로 연계되어 있어야 합니다. 이러한 전문성을 확보한 기관을 교육부 장관과 교육감이 지정하여 위탁하는 것이 중요합니다.

질문 39 피해자와 그 부모를 위한 프로그램

'학교폭력'의 피해가 너무나 심각하고 때로는 그 후유증이 오랜 세월이 지난 뒤 나타나기도 합니다(long term PTSD). 학교폭력으로 인해 가정이 완전히 붕괴되기도 합니다. 피해의 재발을 방지하기 위해서는 피해학생뿐만 아니라 그 부모의 심리적 회복 등을 위한 지원도 제공하여야 할 것 같습니다.

자녀가 학교폭력을 당하여 일상생활에 지장을 받게 되면 가정의 평범한 일상은 무너집니다. 자녀의 문제가 가족 모두의 문제가 된 것입니다. 가장 먼저 해야 할 일은 자녀의 안전을 확보하는 것입니다. 신체적인 상처를 치료하고 심리적 상처도 함께 치료해야

24) 단위학교의 학교폭력 전담기구를 말함(교감, 학교폭력 책임교사, 전문상담교사, 보건교사, 학부모 등으로 구성).

합니다. 신체적인 상처는 학교 안에서 발생한 사고라면 보건실을 통해 간단한 응급처치로 해결될 수 있는 것인지 확인하여야 합니다. 상처가 더 중하면 반드시 병원 진료를 통해 후유증이 남지 않도록 치료를 지속하여야 합니다. 이 과정에서 병원 진료부터는 부모가 함께 하는 것이 필요합니다.

신체적 상처는 일정한 기간이 지나면 치료되고 상처는 아물고 원상 복구되지만 심리적 상처는 쉽게 치유되지 않습니다. 심리적 상처의 회복을 위해서는 자신이 당한 피해에 대해 가해를 한 측에서 정확하게 사과와 용서를 구하는 절차가 선행되어야 합니다. 용서 베풀기의 전제조건은 가해자의 진심 어린 뉘우침과 용서 구하기(사과)입니다. 가해자가 비록 진심으로 뉘우치고 용서를 구하였다고 해도 피해자는 용서를 위한 준비가 충분히 되어 있지 않을 때 용서를 거부하거나 보류할 수 있는 선택의 자유가 있습니다. 하지만 이 시기에 용서 베풀기를 강요하는 학교 당국과 부모님들의 2차 가해가 있을 수 있습니다.

심리적 상처 중 어떤 상처는 시간을 가지고 천천히 회복하여야 하는 상처가 있습니다. 도무지 이해할 수도, 받아들일 수도 없는 폭력 행위에 대해 피해자에게 용서를 강요하는 것 역시 또 다른 폭력이 됩니다. 이른바 '용서폭력'입니다.

피해자의 회복 못지않게 중요한 것은 피해자 부모의 회복입니다. 이 영역이 많이 간과되고 있습니다. 피해자가 같은 피해의 반복적 노출과 비슷한 반응 형태를 벗어나기 위해서는 보호자인 부모로부터 강력한 지원과 연대가 필요합니다. 이를 위해서 피해학생의 부모 역시 필요하고 충분한 상담과 치료, 교육을 제공받을 권리가 있습니다.

「학교폭력예방법」에서는 제16조 피해학생의 보호에서 학내외 전문가에 의한 심리상담 및 조언을 받을 수 있도록 규정하였으나 문제는 그 비용을 가해학생에게 구상권을 청구하는 형식으로 반환받아야 한다는 점입니다.[25] 이로 인하여 대부분의 피해학생과 그 부모는 법적인 조력을 받기 위한 에너지를 쓰기보다 포기하는 것을 선택하게 됩니다. 조건 없이 피해학생과 그 부모를 위한 상담과 치유, 회복에 필요한 경비를 국가

25) ⑥ 피해학생이 전문단체나 전문가로부터 제1항 제1호부터 제3호까지의 규정에 따른 상담 등을 받는 데에 사용되는 비용은 가해학생의 보호자가 부담하여야 한다. 다만, 피해학생의 신속한 치료를 위하여 학교의 장 또는 피해학생의 보호자가 원하는 경우에는 「학교안전사고 예방 및 보상에 관한 법률」 제15조에 따른 학교안전공제회 또는 시·도교육청이 부담하고 이에 대한 상환청구권을 행사할 수 있다. [개정 2012. 1. 26., 2012. 3. 21., 2021. 3. 23.]

혹은 교육자치단체의 장(교육감)이 부담하는 것이 필요합니다. 개정된 법률안에서는 제16조의 3(피해학생의 조력인) 조항을 신설하여 피해자에 대한 조력을 명시하였습니다(2023. 10. 24. 신설).[26)]

피해자와 그 부모를 위한 상담 혹은 연수에 필요한 예산을 가해자에 대한 구상권 청구와 관련 없이 신청할 수 있도록 하는 것이 바람직합니다. 많은 교육(지원)청이 예산을 배치하고 유관 기관과 협약을 맺고 있습니다. 2024년 여성가족부에서 시행하는 '전국민 마음투자사업'으로 연계하는 것도 가능합니다. 일반인들의 경우 인근 동사무소를 찾아가 상담의 필요성을 증비하여야 합니다. 하지만 학교폭력 관련 피해자의 경우 교육지원청의 위(Wee) 센터나 단위학교의 위(Wee) 클래스의 추천만으로 상담을 받는 것이 가능하게 되었습니다. 중요한 것은 해당 기관이 학교폭력에 관한 전문성이 있는지 살펴야 할 것입니다.

질문 40 가해자와 그 부모를 위한 프로그램

'학교폭력' 사안으로 학교를 방문하는 학부모들을 만나면서 드는 생각은 많은 부모가 문제가 있어 보인다는 것입니다. 오히려 학생의 문제보다 더 심각하게 보이는 부모도 있습니다. 문제는 이러한 부모들은 학교폭력 예방 관련 교육에 참석하지 않는다는 사실입니다.

학교폭력의 가해자로 낙인되는 경험은 살면서 할 수 있는 경험 중 가장 피하고 싶은 경험의 하나일 것입니다. 특히 가해자의 부모가 되어 교육 당국으로부터 출석을 요구받고 학교를 오가는 것은 매우 곤란하고 난처한 경험입니다. 자영업을 직접 경영하는 오너가 아니라면 조퇴 혹은 외출 등의 핑계도 고통스럽습니다. 문제는 이 신호를 가정이 재구조화하고 성장으로 전환하는 기회로 삼을 수도 있지만 오히려 갈등과 분란의 시작일 경우가 많다는 사실입니다.

26) ① 교육감 또는 교육장은 피해학생 지원을 위하여 피해학생이 필요로 하는 법률, 상담, 보호 등을 위한 서비스 및 지원기관을 연계하는 조력인(이하 '피해학생 지원 조력인'이라 한다)을 지정할 수 있다. ② 교육감 또는 교육장은 피해학생 지원 조력인의 운영을 위한 행정적·재정적 지원을 하여야 한다.

학교폭력의 가해자가 되었다는 말은 자녀가 학교에서 감정 조절이 잘 안되거나 교우 관계가 원만하지 못함을 웅변합니다. 학교폭력의 가해자로 신고되면 먼저, 긴급분리 조치를 통해 수업에서 배제됨을 의미합니다. 「학교폭력예방법 시행령」 제21조에 의해 우선 출석정지를 당할 수도 있습니다. 학교폭력 사안이 조사되는 동안 분리된 공간에서 특별교육 프로그램을 이수하여야 합니다. 단순한 분리만 하는 것이 아니라 해당 학생을 누가 지도하고 교육할 것인지에 대한 자체 계획이 세워져 있어야 합니다. 이 분리 기간에 대한 긴급조치가 기존 3일에서 7일까지 연장되었습니다. 이 기간은 학교폭력 사안처리에 있어 가장 중요한 골든 타임입니다. 그러나 마땅한 교육장소도 지도자도 프로그램도 없이 공간적 분리만 이루어진 경우도 있습니다. 「학교폭력예방법 시행령」 제19조(가해학생에 대한 조치별 적용 기준), 제20조(가해학생에 대한 전학 조치), 제21조(가해학생에 대한 우선 출석정지 등), 제22조(가해학생의 조치 거부·기피에 대한 추가 조치) 등이 기술되어 있습니다.

「학교폭력예방법」의 제17조는 가해학생에 대한 조치로 심의위원회에서 1~9호까지의 처분을 받게 됩니다. 가해학생은 교육감이 정하는 기관에서 특별교육을 이수하거나 심리치료를 받게 됩니다. 심의위원회는 가해학생이 특별교육을 이수할 경우 그 보호자도 함께 교육을 받도록 규정합니다. 가해학생의 부모는 자녀가 5호 처분에 의한 특별교육을 이수하게 되었을 때 부모도 함께 교육을 받아야 합니다. 이에 불응할 경우 과태료를 부과받게 됩니다(제35조, 과태료 부과기준).[27] 가해자의 부모에 대한 구체적 교육 프로그램이 요구됩니다.

학교폭력 가해자의 보호자에 대한 교육은 강제 의무사항으로 부과됩니다. 문제는 이 교육이 징벌처럼 여겨지기에 학부모들은 참석 자체를 수치스러워합니다. 교육 내용 역시 학교폭력 가해자의 특성과 사안에 따른 대처 역량 향상이 아닌 단순한 도덕적 설교나 위협에 머무를 수 있습니다. 학교폭력을 예방하기 위해서는 피해학생이 적절하게 대처하고 방어할 수 있는 능력도 중요합니다. 하지만 가해자와 그 보호자를 대상으로 자신이 저지른 행동이 피해자에게 얼마나 큰 고통을 끼쳤으며 이를 뉘우치고 사과하여 관계를 회복하는 과정을 연습해야 합니다.

하지만 학교폭력 가해학생 교육기관의 교육비는 충청북도교육청의 경우(교육청별 예

---

27) 「학교폭력예방법」 제23조(과태료) ① 제17조 제13항에 따른 심의위원회의 교육 이수 조치를 따르지 아니한 보호자에게는 300만 원 이하의 과태료를 부과한다. [개정 2019. 8. 20., 2023. 10. 24.] [본조신설 2017. 11. 28.]

산이 다를 수 있음), 2024년 시간당 5,000원에서 2025년 시간당 7,000원으로 인상되었습니다. 그러나 심리검사를 운영하거나 다양한 교육활동을 하는 데 예산이 턱없이 부족합니다. 학부모 교육은 시간당 2만 원으로 책정됩니다(충북 기준, 교육청별 예산이 다를 수 있음). 각종 심리검사나 행정 운영비가 포함된 단가입니다. 가해자 학부모에 대한 교육은 매우 중요합니다. 따라서 이들이 더 깊이 있는 교육과 상담을 희망할 경우, 지원이 필요합니다.

가해자와 그 부모를 위한 상담과 연수가 매우 필요합니다. 이들에 대해서도 앞에서 언급한 여성가족부에서 시행하는 '전국민마음투자사업'으로 연계하는 것이 도움이 됩니다. 이들 역시 교육지원청의 위(Wee) 센터나 단위학교의 위(Wee) 클래스의 추천만으로 상담을 받는 것이 가능합니다. 아울러 해당 기관이 학교폭력에 관한 전문성이 있는지 살펴야 합니다.

제 3 장

학교폭력 대처

1. 학교폭력 발생과 신고 및 사안조사

질문 41 작은 갈등과 폭력 사이

학교는 또래의 청소년들이 함께 살아가는 공간으로 매일 같이 크고 작은 갈등이 일어납니다. 어떤 갈등은 교육적 해결이 가능한 갈등이 되기도 하고 어떤 갈등은 '학교폭력'이 되는지 그 차이가 궁금합니다.

같은 일을 겪어도 사람에 따라 고통, 즉 통증의 정도가 다를 수 있습니다. 친구들 사이의 크고 작은 갈등 역시 의견 차이나 작은 다툼이라고 여기는 학생이 있는가 하면, 심한 모욕감과 수치심을 느끼며 공격으로 받아들이는 학생이 있을 수 있습니다. 기본적으로 학교폭력 결정 과정에 가장 중요한 것은 피해학생의 인식입니다.

학교는 또래의 청소년들이 좁은 공간에서 긴 시간을 생활하는 공동의 공간입니다. 이들은 한정된 공간 안에서 자신이 선택하지 않은 주어진 교과교육을 오랜 시간 교육받아야 합니다. 이러한 배움의 과정 자체가 청소년들에게는 힘겨운 노동이고 일입니다. 그래서 몸과 마음에 크고 작은 스트레스가 쌓일 수밖에 없습니다. 그 결과, 작은 실수와 부딪힘에도 예민하게 반응하고 거친 언어와 사나운 행동을 하게 되는 경우가 발생합니다.

자신의 감정을 잘 조절하는 학생들은 욕설이나 폭력적 행동이 아닌 평범한 언어로 자신의 불편함과 요구사항을 피해를 끼친 상대방 학생에게 이야기합니다. 하지만 평소 감정 조절에 익숙하지 않거나 언어습관이 거칠고 행동이 사나운 학생들은 상대방에게 오해를 불러일으킬 수 있는 말과 행동으로 불편한 마음을 표현합니다.

만약 상대방 학생의 몸과 마음이 건강하다면 다소 거칠고 사나운 말과 행동에 대해서도 감정 조절을 하면서 자신의 의사를 전달할 수 있습니다. 그러나 비슷한 처지의 학생들은 이러한 불편한 행동을 자신에 대한 무시 혹은 공격으로 받아들여 비슷한 세기(형태)의 말과 행동으로 불편한 마음(갈등)을 표현합니다. 거친 말과 사나운 태도는 폭력으로 가는 지름길이자 첫 번째 입구가 됩니다.

거친 말과 사나운 태도의 행동에 대해서도 학생들은 다르게 반응할 수 있습니다. 이

행동을 자신에 대한 모욕과 공격으로 받아들이는 학생은 이를 '학교폭력'이라고 느끼고 대처하게 됩니다. 그러나 이를 상대방의 '예의 부족' 혹은 '부적절한 언어 표현'으로 여기는 학생은 실수에 대한 교정을 요구하는 것으로 상황을 인식하고 대처합니다. 이 경우를 '갈등'으로 받아들이는 경우라고 할 수 있습니다.

일단 여기까지는 신체적인 폭력 행위가 동반되지 않았을 경우에 해당됩니다. 그러나 신체적인 행동이 동반되었다고 하더라도 우발적인 것이고 1회성이며, 가해자의 사과와 피해자의 용서 수용으로 사안을 처리할 경우, 이 또한 갈등으로 분류할 수 있습니다. 하지만 같은 행동을 되풀이하거나 고의적으로 행동하는 경우 및 상대방에게 끼친 피해의 정도가 심각하면 학교폭력으로 분류하는 것이 맞습니다.

질문 42 학교폭력 발생과 신고 및 사안조사

'학교폭력'이 발생하면 법에 근거하여 무조건 신고[1)]부터 해야 한다고 배웁니다. 학교폭력으로 신고되면 장부에 기록되고 사안조사가 이루어지게 됩니다. 이 과정이 예전 법률과 많이 달라졌다고 합니다. 자세한 설명이 필요할 것 같습니다.

학교폭력 사안이 발생하기 전에 해야 하는 일은 예방교육입니다. 예방교육은 학교폭력이 일어나지 않도록 하는 것입니다. 동시에 가장 핵심적인 내용은 보는 즉시 '신고하기'가 아닌 '학교폭력'과 '폭력 아님', 즉 '친구들 간의 갈등'을 구분하는 것입니다. 많은 학

1) 「학교폭력예방법」 제20조(학교폭력의 신고의무) ① 학교폭력 현장을 보거나 그 사실을 알게 된 자는 학교 등 관계 기관에 이를 즉시 신고하여야 한다.
② 제1항에 따라 신고를 받은 기관은 이를 가해학생 및 피해학생의 보호자와 소속 학교의 장에게 통보하여야 한다. [개정 2009. 5. 8.]
③ 제2항에 따라 통보받은 소속 학교의 장은 이를 심의위원회에 지체 없이 통보하여야 한다. [신설 2009. 5. 8., 2019. 8. 20.]
④ 누구라도 학교폭력의 예비·음모 등을 알게 된 자는 이를 학교의 장 또는 심의위원회에 고발할 수 있다. 다만, 교원이 이를 알게 되었을 경우에는 학교의 장에게 보고하고 해당 학부모에게 알려야 한다. [개정 2009. 5. 8., 2012. 1. 26., 2019. 8. 20.]
⑤ 누구든지 제1항부터 제4항까지에 따라 학교폭력을 신고한 사람에게 그 신고행위를 이유로 불이익을 주어서는 아니 된다. [신설 2012. 3. 21.]

교에서 크고 작은 갈등이 무분별하게 학교폭력으로 신고되는 '신고 과잉'의 늪에 빠지게 됩니다. 정확하고 균형 있는 예방교육은 '갈등'과 '학교폭력'의 인식에 대한 충분한 이해와 실습들입니다.

이러한 교육을 바탕으로 학생들은 학교폭력을 만났을 때 신고를 하게 됩니다. 학교폭력 예방과 신고의 절차는 크게 단위학교에 있던 '학교폭력대책자치위원회'가 2020년 3월을 기점으로 교육지원청의 '학교폭력심의위원회'로 이관된 것이 분기점이 됩니다. 아울러 2024년 3월부터는 교원의 과정한 학교폭력 업무를 경감하고 사안처리의 공정성과 전문성을 강화하기 위한 '학교폭력 조사관 제도'를 도입한 것입니다. 이는 기존의 학교폭력 담당자가 직접 사안을 조사하던 절차를 교육지원청에서 파견한 전담조사관이 실시하는 것이 큰 변화입니다.

일선 학교에서 학교폭력을 신고하면 업무 담당교사는 이를 신고·접수대장에 기록하여야 합니다. 신고접수대장에 기록함과 동시에 관련(피·가해) 학생의 상태를 확인하고, 학교장에게 보고 및 학부모에게 통보합니다. 그리고 최초 학생 작성 확인서를 작성합니다. 최초 학생 작성 확인서는 학생 본인이 작성합니다. 여러 학교가 관계되었을 경우 해당 학교에도 통보합니다. 아울러 관련 학생에 대한 즉시 분리를 하게 되는데, 이때 관련 학생들의 의사확인이 요구됩니다.

학교폭력 담당교사로부터 보고를 받은 학교장은 필요하다고 판단될 경우, 피해학생을 가해학생에게서 긴급하게 분리조치할 수 있습니다. 이는 2호 조치로 별도의 내부결재 없이 시행될 수 있습니다. 관련 학생에 대한 분리와 긴급조치는 보호자에게 통보하여야 합니다. 그다음 교육지원청에 보고를 하게 되는데, 학교장 인지 후 48시간 이내가 기준입니다(충청북도교육청, 2024).

교육지원청은 접수된 내용을 분석한 뒤 전담조사관을 배정하여 학교 방문일을 협의하게 됩니다. 교육지원청의 학교폭력제로센터는 조사 장소를 확보하고 방문 일정을 조정하여 사안에 따라 1명 혹은 2명 이상이 배정됩니다. 조사관이 학교를 방문하여 피·가해학생과 그 부모 및 목격자 등을 면담하고 보고서(사안조사 보고서)를 작성하여 교육지원청의 학교폭력제로센터에 보고합니다. 이 보고서를 바탕으로 학교폭력이 아닌 경우, 학교장 자체 해결 사안인 경우, 학교장 종결 사안으로 분류할 수 있습니다. 여기까지는 단위학교 전담기구의 심의를 통해 결정됩니다. 학교장 자체 해결 사안일 경우 자체 해결

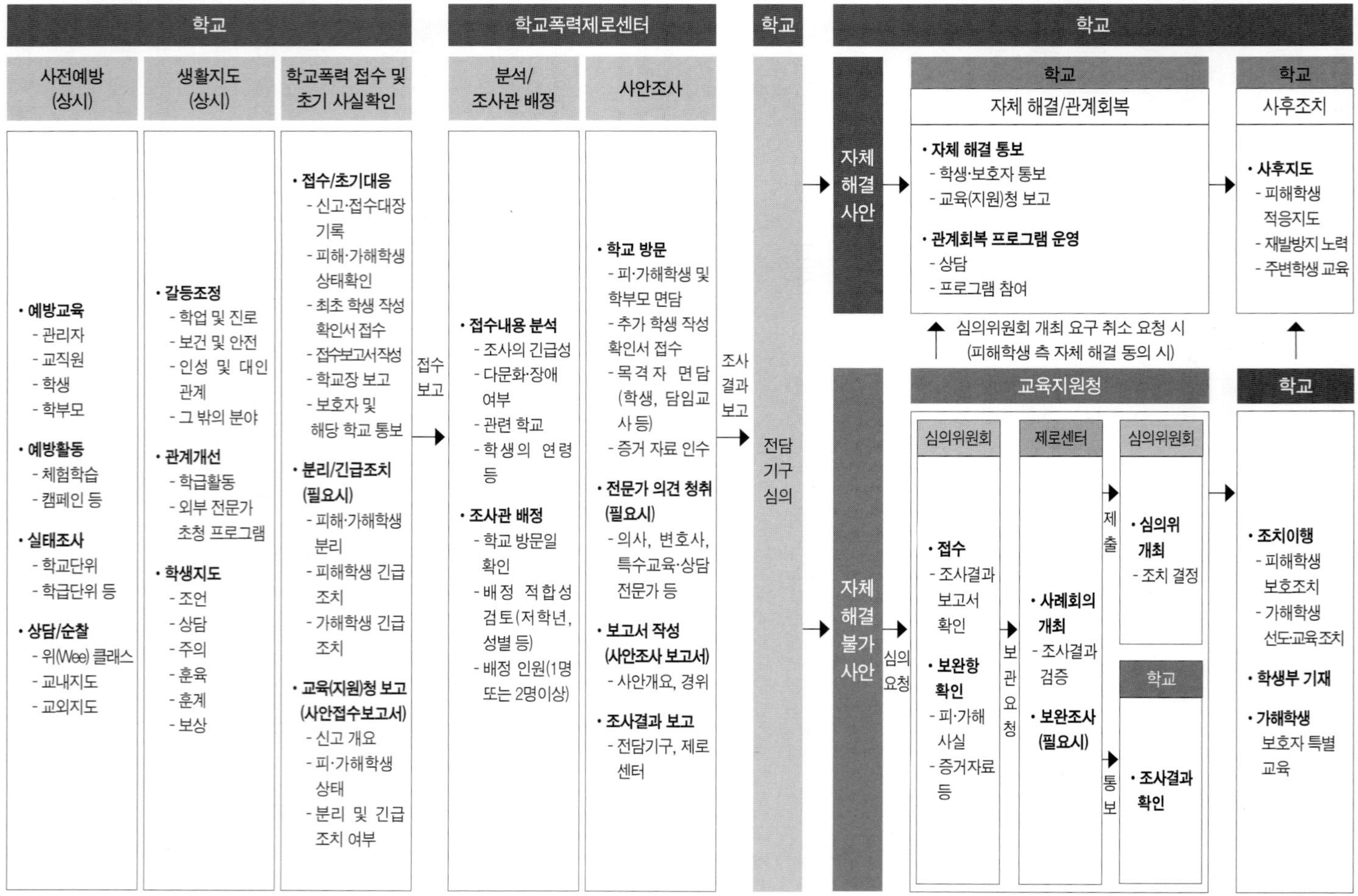

[그림 3-1] 학교폭력 사안처리 과정 흐름도[2)]

2) 교육부, 이화여자대학교(2024).

을 통보하고 관계회복 프로그램을 운영하게 됩니다. 하지만 자체 해결이 불가한 경우라면 정식으로 '학교폭력심의위원회'로 접수하게 됩니다. 심의위원회는 학교폭력 전담기구의 심의 결과 보고서를 바탕으로 전문가들의 의견 청취 등을 거쳐 심의를 실시합니다.

질문 43 변호사의 블루오션: 학교폭력 시장

최근 '학교폭력' 사안처리 과정에서 일부 학부모들이 변호사를 대동하여 개입을 하게 되는 경우가 있습니다. 일부 유튜브에서는 학교폭력 문제를 해결하기 위해 사건 초기부터 변호사의 조력을 받으라는 광고를 안내하기도 합니다. 무엇이 문제일까요?

학교폭력 사안이 변호사가 개입하는 법적인 문제로 비화를 하게 되면 누가 가장 많은 고통을 당하게 될까요? 자녀의 학교폭력 사안을 해결하기 위해 변호사의 조력을 받는다는 것은 어떤 상황을 의미하는 것일까요? 기본적으로 학교와 교육(지원)청에만 맡겨 놓을 수 없다는 불신이 그 출발점입니다.

자녀가 학교폭력의 피해자일 경우, 변호인의 조력을 받는다는 것은 가해자에 대한 처벌이 피해자의 요구보다 가볍고, 가해를 한 측에서 사과와 반성이 부족하다는 인식이 전제됩니다. 원상 회복을 위한 가해자 측의 노력이 부족하거나 피해의 정도가 매우 심각할 경우 교육적 해결보다는 법적인 해결을 선택할 수 있습니다. 가해자가 법적인 처벌을 받아야 할 정도의 잘못이라면 '친구들 사이의 갈등'의 범위를 넘어선 명확한 '학교폭력' 사안이라고 말할 수 있습니다. 하지만 피해자 측에서 변호인의 조력을 받는 것은 기본적으로 경제적·환경적 여력이 있을 때 가능한 것이 일반적인 현실입니다.

자녀가 학교폭력의 가해자일 경우, 변호인의 조력을 받는 것은 자녀의 잘못에 비해 처벌이 너무 무겁거나, 입시 등 눈에 보이는 피해를 모면할 동기가 충분할 경우에 선택됩니다. 가해자임에도 불구하고 변호인의 조력을 받는 것을 선택하면 사건 해결과정에서의 모든 진술과 태도가 변호인에 의해 조율되고 협업 동맹이 이루어집니다. 피해자에 대한 반성과 사과 혹은 피해자의 회복에 관심을 두기보다는 가해자인 자녀의 처벌을 최소화하거나 무력하게 만드는 것에 주목합니다. 이 경우에는 피해학생의 약점뿐만 아니라 절차상의 문제점을 찾아내고 담임교사를 비롯한 학교와 교육(지원)청 당국과도 시비를 가려야 합니다. 따라서 공감과 반성, 관계회복보다는 자신의 잘못을 최소화하기 위한 다양한 법적 기술에 의지하게 됩니다. 이러한 비용을 감당할 수 있는 가정에서 변호인의 조력은 선택됩니다.

변호인들 역시 학교는 새로운 시장이며 블루오션입니다. 로스쿨 제도 도입 이후 변호사는 약 3만 5천여 명으로 예전에 비해 많은 숫자의 증가가 있었습니다. 개업 변호사 3만 명 시대가 도래하였습니다. 하지만 서울 지방 변호사는 1인당 월평균 1건을 수임한다고 합니다. 특히 중소형 로펌이나 개인 변호사들이 주로 맡게 되는 3천만 원 미만 소액 사건은 2021년 기준 한 달에 0.16건에 불과합니다. 개업 변호사 75%가 서울로 향합니다. 지방 변호사가 2배가 늘었지만, 일부 소도시는 오히려 변호사가 소멸 중입니다. 법조시장이 과포화되어 비소송 사건이 증가하고 있습니다(이순규, 2024. 10. 2.).[3] 이러한 여건에서 학교폭력 시장은 변호사들에게는 매력적인 시장이 될 수 있습니다.

변호인의 조력을 받는 것은 기본권 중의 하나이므로 그 자체가 문제가 되는 것은 아닙니다. 가장 중요한 것은 자신의 잘못에 대해 인식하고 반성하며 사과하고 화해를 하는 관계회복을 위한 교육적 해결과정이 변호사의 개입으로 인해 멀어질 수 있다는 염려가 크다는 사실입니다. 특히 변호인의 조력은 비용을 감당할 수 있는 부모의 경제적, 사회적 지위와도 관련이 있어 상대방 학생과 그 보호자에게 큰 고통과 절망감을 줄 수 있다는 부수적 피해에 대해서도 관심을 거두지 말아야 합니다.

---

3) 이순규(2024. 3. 18.). 법률신문(https://www.lawtimes.co.kr/news/196785); 로웨이브 편집부(2024. 6. 25.). Lawwave(https://www.lawwave.kr/feel/278).

질문 44 초기부터 변호사의 조력을 받으라는 조언

'학교폭력' 사안을 조사하고 문제 해결을 위해 애쓰고 있는 상황에서 관련 학생 한쪽에서 변호사의 조력을 받는다는 사실을 듣게 되면, 교육적 해결은 물 건너 가는 것이 아닌가요? 상대방에게 상당한 위협이 될 것 같습니다.

'학교폭력' 사안의 초기에는 아직도 학교장 자체 해결과 관계개선 프로그램 운영 등 교육적 해결을 위한 조치들이 가능한 상황입니다. 학교폭력 관련 학생으로 주목받게 된 학생들은 매우 큰 혼란과 당황스러움, 두려움과 걱정, 막막하고 부끄럽고 수치스러운 감정들의 소용돌이 속에 노출됩니다. 이 과정에서 부모와 학교는 어른으로서 양육자로서 교육자로서 청소년들의 잘못된 말이나 행동에 대해서는 꾸짖고 바로잡아야 합니다. 하지만 그 두렵고 억울한 마음에 대해서는 공감하는 가운데 학생들은 교육적으로 지도하여야 할 기회와 책임 앞에 서게 됩니다.

이때 관련 학생 중 한 부모가 변호인의 조력을 받는 것을 선택하게 되면 상황이 급변침하여 대결 구조로 갈 수밖에 없습니다. 상대방 역시 변호인의 조력을 받고자 할 수 있습니다. 하지만 한 쪽에서 변호인의 조력을 받을 경제적 여유가 없을 경우, 기울어진 운동장이 됩니다. 특히 그 학생과 학부모는 심각한 원망과 증오, 절망과 모멸감 속에서 할 수 있는 최대한의 미움과 분노를 집약합니다. 한쪽 당사자가 변호인을 선임하는 순간 교육과 화해는 멀어집니다. 돌아갈 다리를 끊어버린 것이 됩니다. 따라서 변호인 선임은 마지막 단계의 선택이어야 합니다.

선임된 변호인이 할 수 있는 일은, 우선 법률적 조언을 하는 것입니다. 학교폭력 사안 처리 과정에 대한 매 단계별 문제점과 약한 고리를 잘 알고 있는 변호인은 우선 절차적 문제를 지적할 것입니다. 학교폭력 사안 발생 초기 담임교사와 학교 측이 해당 학생에 대한 안전을 점검하고 확보하였는지 보호자에게 필요한 정보를 제때 제공하였는지 확인합니다. 이 과정에서 해당 학생이 두려움을 느낄 만한 말과 태도 혹은 강압이 있었는지 확인하려고 할 것입니다.

특히 피해학생이 초기에 작성하게 되는 확인서 작성에도 관여할 수 있습니다. 아울러 가해학생과 피해학생의 분리조치가 제때에 이루어졌는지 점검합니다. 특히 분리된 장소의 적절성과 제공된 프로그램, 지도자의 말과 행동 및 태도, 방치 상태, 가해학생과의 마주치지 않을 동선의 확보 등에 대해 문제점을 찾아낼 수 있습니다. 변호사가 마음먹고 과정 하나하나를 분석하여 문제점을 찾아내려고 할 때 적절한 방어를 할 수 있는 학교가 얼마나 될까요?

사안이 교육지원청에 학교장 인지 후 48시간 이내에 보고되고 교육지원청의 학교폭력제로센터로 이관되면 다음 단계는 학교폭력 전담조사관의 배정입니다. 이때 전담조사관이 배정될 때까지 관련 학생들에게 어떠한 교육적 활동이 제공되었는지 분리 과정과 내용에 대한 문제점이 지적될 수 있습니다. 아울러 학교폭력 조사관의 학교 방문 시 학부모 면담 과정에서 변호인이 입회를 요구할 경우, 그 자체가 심리적인 압박이 됩니다. 조사관의 사안 보고서에서도 변호인은 작성 과정에서의 다양한 문제점을 제기할 수 있습니다. 관련 법적 양식 전반에 걸쳐 보호자는 확인서 작성 및 긴급조치 서명 통보서 등을 받게 되면 큰 불안과 심리적 위축을 겪게 됩니다. 변호인의 조력을 초기부터 받고자 하는 필요는 이때 더욱 커지게 됩니다.

질문 45 학교장 긴급조치: 피해자 보호

가장 최근 개정된 '학교폭력 근절 종합대책(안)'에 따르면 기본 세 가지 추진방향 중 '학교폭력 피해학생 중심의 보호조치 강화'가 눈에 띕니다. 특히 사안 발생 초기에 보호 체계를 강화한다고 합니다. 자세한 내용은 무엇인가요?

관계부처가 합동으로 발표한 '학교폭력 근절 종합대책'의 두 번째 정책 영역은 '피해학생의 빈틈 없는 보호'입니다. 구체적인 내용은 학교폭력 사안 발생 시 초기 보호체계 강화, 가해학생 조치 불복 시 피해학생 보호제도 마련 및 다중 안전망을 통한 피해학생 맞춤 지원입니다. 무엇보다 피해학생의 보호는 강조하여도 부족함이 없습니다. 하지만 신규로 제시된, 사안 발생 즉시, 학교장의 긴급조치로 가해자에게 **피해학생, 신고자**에 대한 '**접촉·협박·보복 행위 금지**(2호)' 조치를 **의무화**하고(접촉 금지) '접촉·협박·보복 금지' 위

반 시 6호 이상 처분(출석정지, 학급교체, 전학, 퇴학)을 가중할 수 있도록 명시(가중 조치), 심의회의 **조치사항 결정** 시 가해자의 심판·소송 등 **불복** 시에도 **조치사항 신속이행 원칙**이 준수되도록 **매뉴얼 개정**(신속 조치)의 사항들은 매우 강력하여 우려가 되는 부분이 있습니다. 먼저, 가해자와 피해자가 명확하지 않은 상태에 접촉 금지라는 포괄적 조항을 근거로 6회 처분 이상, 즉 출석정지와 학급교체, 전학, 퇴학 등의 조치가 가중되는 것은 조금 과할 수 있다는 우려가 있습니다. 특히 가해자가 인정하지 않은 불복 시에도 조치사항 신속이행 원칙이 준수된다는 것은 매우 우려스럽습니다. 많은 경우, 가해자와 피해자가 바뀌기도 하고 먼저 신고하는 쪽이 피해자처럼 보이지만, 쌍방일 경우가 많은 현실에서 가해학생이라고 짐작되는 학생 측에 교육적 해결 방안이 아닌 행정적 조치들이 너무 강력하여 우려가 되는 것입니다.

특히 학교폭력 사안 발생 시 초기 보호 체계 강화에서는 분리 기간을 연장함에 있어 사안 발생 즉시, **학교장의** 피·가해 학생 **즉시 분리 기간을 현행 '3일 이내'**에서 **'7일 이내'**로 연장하는 것에 대해 우려가 있습니다. 특히 신규 긴급조치 강화에서 제안된 즉시분리 이후 심의위원회 결정 시까지 **학교장의 긴급조치 종류**와 **기간**을 **확대**하고 **병과**가 **가능**하도록 **법령 개정** 가해학생 대상 긴급조치에 **학급교체**(7호)를 추가하고 **출석정지 기간**도 **'심의 결정 시'까지** 가능하도록 「**학교폭력예방법**」 개정하는 것입니다. 피해학생에게 가해학생과의 분리요청권을 부여하는 것은 필요합니다. 아울러 피해학생 요청 시 학교장이 긴급조치로 '출석정지(6호) 또는 학급교체(7호)'를 할 수 있도록 개선하였습니다.

문제는 가해학생의 경우, 자신이 가해한 구체적인 내용을 심의위원회 개최 10일 전에 확인할 수 있다는 사실입니다. 실질적인 방어권이 제한되어 있고 사안 보고서의 진술 사항에 대해서도 접근이 어렵습니다. 피해학생의 진술권을 보장하고 피해입증을 지원하며 피해학생 전담지원관 제도를 신설하여 피해학생을 최대한 지원하려는 모든 노력에 동의합니다. 다만 피해와 가해가 분명하지 않은 초기 단계에 가해학생 역시 자신의 행위에 대해 충분히 설명하고 확인할 수 있는 장치가 없이 피해학생의 진술에만 의지하여 강력한 처분을 가중하여 부담하는 것이 교육적으로나 형평성 차원에서 우려가 된다는 점을 지적합니다.

질문 46 장난과 폭력 사이

'학교폭력' 사안을 처리하다 보면 '장난'과 '폭력' 사이의 경계가 매우 모호하다는 점입니다. 어디까지가 장난으로 이해되고 수용될 수 있는 수준인지, 숨바꼭질을 하던 초등학생 1학년도 학교폭력으로 재판을 받았다는 사례를 보면 참 암담합니다. 친구끼리의 모든 장난을 금지해야 할까요?

인간은 놀이하는 존재입니다. 호모 루덴스(homo ludens)[4]는 유희(놀이)의 인간을 뜻하는 용어입니다. 인간의 본질을 유희(놀이)라는 관점에서 파악하는 인간관입니다. 놀이는 청소년들의 성장 과정에서 경기의 규칙을 만들고 운영하는 경험을 제공합니다. 아이들은 주변의 모든 것을 활용하여 놀이를 만들고 그 과정을 통해 배움을 얻습니다. 청소년들의 놀이에는 몸을 사용하는 놀이와 도구를 사용하는 놀이가 있습니다. 하지만 요즘의 청소년들은 컴퓨터나 스마트폰 게임 등의 놀이를 주로 합니다.

놀이는 아이들의 신체발달과 언어발달을 촉진시키고 사회성 향상에 기여합니다. 놀이는 지적 발달을 돕기도 하며 놀이를 통해 창의성이 길러지고 친구들과 어울리며 재미와 흥미를 주는 좋은 도구입니다. 놀이가 수업 속에 들어와서 아이들이 즐거운 배움의 과정을 경험하도록 하는 것은 큰 선물이 될 수 있습니다. 놀이도 넓은 의미에서 교육의 일부분일 수 있습니다. 하지만 요즘 우리 아이들은 놀이를 할 시간도 공간도 매우 부족합니다. 이러한 까닭으로 안전한 놀이를 제공하는 장난감으로 가득 찬 키즈 카페에서 노는 경우가 늘어납니다. 키즈 카페는 국가나 지방자치단체가 운영하는 경우는 가격이 비교적 저렴하지만 사립은 비용이 매우 다양합니다.

한편, 놀이와 장난은 어디까지가 경계일까요? 보통 장난은 순수한 우리말처럼 생각하지만, 한자어 '작난(作亂)'에서 온 말입니다. 즉, 어지럽게 만드는 것을 의미합니다(조현용, 2017. 10. 26.).[5] 그래서 장난은 때로 피해를 주는 경우가 있습니다.

학교에서 친구들끼리 하는 놀이와 장난은 경계가 모호합니다. 장난이 폭력이 되기도

4) 호모 루덴스, 위키백과 (https://ko.wikipedia.org/wiki/%ED%98%B8%EB%AA%A8_%EB%A3%A8%EB%8D%B4%EC%8A%A4,).

5) 조현용(2017. 10. 26). 재외동포신문(https://www.dongponews.net/news/articleView.html?idxno=35367).

하고 조금 전까지 장난이었지만 이를 수용하는 사람이 마음이 상하여 장난이 아니라고 표현하는 순간 장난은 종료됩니다. 장난은 농담처럼 받아들이는 사람이 기준이 되지만 누가 보아도 장난으로 보일 경우의 말과 행동을 폭력이라고 주장하기는 어렵습니다. 그래서 짓궂은 장난이나 다른 이에게 피해를 주는 장난을 하지 않아야 합니다. 친구 혹은 아무리 가까운 사이라고 하더라도 다른 사람의 신체나 재산 등에 심각한 피해를 초래하는 경우에는 장난이라고 부를 수 없습니다.

장난은 모든 당사자에게 즐거움을 주면서도 한 사람을 모욕하거나 고통을 주는 방식이 아니어야 합니다. 이른바 좋은 장난도 있습니다. 친구에게 깜짝 선물을 하거나 웃음을 주기 위한 재미있는 표정 짓기 등이 그것입니다. 이 경우에도 친구의 기분이나 상태에 따라서 장난을 받아들이기 어려운 상황이라면 시도를 하지 않는 것이 좋겠습니다.

문제는 자신은 재미있는 장난이라고 생각하지만, 당하는 사람 입장에서는 매우 불쾌하고 감당하기 어려운 모욕감과 수치심을 느끼도록 한다면 이는 장난이 아닌 폭력이 됩니다. 장난과 폭력의 경계가 모호하다면 시도하지 않는 것이 좋습니다.

질문 47 성폭력과 사이버 폭력 사안

학교폭력 사안을 해결하면서 가장 어려운 영역 중 하나가 성폭력 사안입니다. 요즘은 폭력의 양상이 예전과 달리 사이버 공간에서 일어나는 폭력이 많아졌습니다. 특히 최근에는 딥페이크에 의한 성범죄(폭력) 사안도 심각한 문제입니다. 어떻게 이해해야 할까요?

학교폭력 중 신체 폭력은 10년 전인 2013년의 경우 66.9%로 거의 2/3를 차지하였습니다. 2021년에는 35.9%로 그 비중이 절반 가까이 감소하였습니다. 이에 비해 사이버 폭력은 2013년 5.4%에서 2021년 11.8%로 2배 이상 증가하였습니다.[6] 특히 학교폭력이 성폭력 사안이 되면 특별히 조심스럽게 접근해야 합니다. 성폭력 사안에서도 사이버 세계, 즉 SNS상에서 일어나는 사안들은 사이버 폭력과 성폭력 모두에 해당됩니다. 최근에

6) 관계부처합동(2023).

는 딥페이크 등의 형태로 나타나기도 합니다.

사이버 폭력은 "정보통신망을 이용하여 학생을 대상으로 발생한 따돌림과 신체·정신 또는 재산상의 피해를 수반하는 행위를 말한다."[7]라고 정의합니다. 사이버 폭력의 구체적인 내용으로는 사이버 언어폭력, 사이버 명예훼손, 사이버 갈취, 사이버 스토킹, 사이버 따돌림, 사이버 영상 유포 등 정보통신기기를 이용하여 괴롭히는 모든 행위가 해당됩니다. 특히 특정인에 대한 모욕적 언어나 욕설 등을 인터넷 게시판, 채팅, 카페 등에 올리는 행위도 해당됩니다. 특정인에 대한 허위 글이나 개인의 사생활에 관한 사실을 인터넷이나 SNS 등에 불특정 다수를 대상으로 공개하는 행위도 포함됩니다. 공포심이나 불안감을 유발하는 문자나 음향, 영상 등을 휴대폰 등의 정보통신망을 통해 보내는 행위와 성적 수치심을 주거나 위협하거나 조롱하는 글과 그림, 동영상 등을 유포하는 경우도 포함됩니다.[8]

성폭력은 상대방에게 폭행과 협박을 하면서 성적 모멸감을 느끼도록 신체를 접촉하거나 성적인 말과 행동을 함으로써 성적 굴욕감, 수치심을 느끼도록 하는 행위 등을 말합니다.[9]

최근 문제가 되는 딥페이크는 디지털 환경에서 발생하는 성폭력입니다. 딥페이크(인공지능 기반 이미지 합성)에 의한 성범죄가 온라인을 넘어서 학교에서 일어나고 있습니다. 고등학생 2명이 딥페이크 합성 영상을 악용하여 같은 학교 학생을 협박하고 왕따를 시켰다는 내용입니다. 딥페이크 범죄의 전 세계 피해자 절반 이상이 한국인이라는 보도는 매우 심각한 상황을 알려 줍니다(동아일보, 2024. 8. 29.).[10] 다른 학교폭력과는 달리 딥페이크 학교폭력의 경우, 대부분의 지자체에서 학폭 사건과 동시에 수사기관 접수도 병행하여 「성폭력처벌법」 등으로 처벌할 수 있습니다. 아울러 학교폭력신고 대표 전화번호인 117 신고에 따라 영상물 삭제도 일괄 처리하고 있습니다(시사오늘, 2024. 10. 3.).[11]

---

7) 「학교폭력예방법」 제2조(정의) 1의 3. '사이버폭력'이란 정보통신망(「정보통신망 이용촉진 및 정보보호 등에 관한 법률」 제2조 제1항 제1호의 정보통신망을 말함)을 이용하여 학생을 대상으로 발생한 따돌림과 그 밖에 신체·정신 또는 재산상의 피해를 수반하는 행위를 말한다.

8) 교육부, 이화여자대학교(2024).

9) 각주 8과 같음.

10) 이채완, 이수연, 박성민(2024. 10. 3.). 시사오늘 시사ON(https://www.donga.com/news/Society/article/all/20240829/126736310/2).

11) 정재준(2024. 8. 29.). 동아일보(https://www.sisaon.co.kr/news/articleView.html?idxno=164393).

문제는 딥페이크 피해를 증명하는 것은 오로지 피해자의 몫이 되는 경우가 많다는 것입니다. 교육부는 2024년 1월부터 9월 6일까지 피해신고가 434건, 피해자는 모두 617명에 이른다고 발표하였습니다. 특히 이는 비대면에 의한 범죄(폭력)이므로 처벌이 낮은 수준에서 이루어지는 경우가 많습니다(최민지, 서지원, 2024. 9. 10.).[12] 딥페이크는 학교폭력이라기보다는 범죄입니다. 딥페이크 범죄에 대한 학급교체나 전학, 퇴학 등도 오히려 처벌 수위가 약해 보인다는 지적이 많습니다. 딥페이크는 성폭력이므로 「성폭력처벌법」 제14조의 2(허위영상물 등의 반포 등)에 해당됩니다. 이는 「학교폭력예방법」에서 다른 법률의 규정이 있는 경우에 해당되므로 「학교폭력예방법」을 적용하지 않는 것이 필요합니다.[13]

2. 학교폭력 관련 체제 이해

질문 48 학교폭력 관련 체제 이해

'학교폭력' 관련 체제(system)란 무엇을 말하는 것인지요? 학교와 교육(지원)청은 알겠는데, '학교폭력 조사관'이나 '학교폭력심의위원회' 등의 용어들이 낯설고 얼른 와닿지 않습니다. 학교폭력 관련법이나 기구 등 모든 용어가 어렵습니다. 설명이 필요합니다.

"학교폭력 체제, 즉 시스템은 학교폭력을 구성하는 모든 법과 제도 및 기구들을 합하여 말한다."[14]라고 정의하고자 합니다. '학교폭력'이라는 말의 정의는 2004년 제정된 「학교폭력예방 및 대책에 관한 법률(약칭: 학교폭력예방법)」에 근거를 둡니다. 「학교폭력예방법」은 제정 이후 2024년 10월 현재 30차례에 걸쳐 개정을 하였으며 현행 법률은 [법률 제19942호]로 2024년 1월 9일 일부 개정된 법률입니다. 「학교폭력예방법」의 시행은 시행 2024년 3월 1일부터 시행되었습니다. 「학교폭력예방법 시행령」은 2004년 7월 30일

12) 최민지, 서지원(2024. 9. 10.). 중앙일보(https://news.nate.com/view/20240910n01111).

13) 「학교폭력예방법」 제2조 제1호 중 성폭력은 다른 법률에 규정이 있는 경우에는 「학교폭력예방법」을 적용하지 아니한다.

14) 저자의 조작적 정의임.

제정된 이후 25차례 개정되었으며 현행 법령은 [대통령령 제34233호]로 2024. 2. 27. 일부개정 되었고[시행 2024. 3. 1.] 현재 시행된 법령이 적용되고 있습니다.

법률에 의하면 「학교폭력예방법」을 실행할 기본계획을 수립하는 주체는 교육부 장관입니다. 교육부 장관은 「학교폭력예방법」의 효율적 달성을 위해 정책목표와 방향을 설정하고 기본계획을 수립하여 합니다(제6조 기본계획의 수립). 교육부 장관은 학교폭력 대응 전문교육기관 및 센터를 운영하여야 합니다(제6조의 2). 하지만 현재 학교폭력 대응을 위한 전문교육기관은 부재합니다.[15] 특히 법령에 의해 설치된 '학교폭력대책위원회'(제7조)와 '학교폭력대책지역위원회'(제9조)는 이름만 존재할 뿐 실질적인 역할을 거의 하지 못하는 상태입니다. 「학교폭력예방법」 제11조 교육감의 임무 중 제1항은 "교육감은 시·도 교육청에 학교폭력의 예방·대책 및 법률지원을 포함한 통합지원을 담당하는 전담부서를 설치·운영하여야 한다. [개정 2023. 10. 24.]"라고 규정합니다. 하지만 대부분의 교육청에서 학교폭력 업무는 독립된 전담부서가 아닌 다른 명칭의 부서(예: 학교자치과, 인성시민과 등) 중 한 팀으로 운영되고 있습니다. 다행히 교육부의 직제 안에서는 학생건강 정책관 산하 '학교폭력대책과'가 2024년 1월부터 신설되었습니다. 하지만 과장 포함 9명의 구성원들이 대한민국 모든 학교의 학교폭력 업무를 감당하기에는 턱없이 부족해 보입니다.

시·도교육청에 따라 학교폭력 예방 업무의 중요도가 다르게 취급되고 있는 실정입니다. 교육감의 관심과 투자가 있으면 전문상담인력 배치와 역량 강화 및 관계회복 프로그램 등을 위한 예산과 인력을 배치하지만 교육감이 관심이 없으면 학교폭력 관련 업무는 3D 업무로 취급됩니다.

따라서 시·도교육청 단위의 학교폭력 관련 업무 담당자에 대한 연수도 상·하반기 몇 시간씩의 형식적 연수에 그치는 경우가 많습니다. 교육지원청별 연수도 비슷한 실정입니다. 교육지원청에 설립된 '학교폭력제로센터'에 대한 지원도 차이가 많습니다. 전문가들로 하여금 불필요한 업무 부담을 덜어 주면서 보람을 느낄 수 있도록 집중적인 지원을 하여야 함에도 불구하고 과중한 업무와 예산 및 인력의 부족으로 어려움을 겪는 곳이 많습니다. 사정이 이러하니 '학교폭력심의위원회'와 '학교폭력 조사관 제도'의 운영

15) 저자는 장기적으로 학교폭력대학원 석·박사과정의 개설이 필요하다고 봄. 하지만 상담대학원 안에 학교폭력 예방상담 전공을 설치하는 것도 가능할 것임. 비학위과정으로 6개월 혹은 1년 과정도 가능함.

과정에서도 민원이 야기되고 만족스러운 대응을 하는 것에 어려움을 호소합니다.

일선의 단위학교에서는 학교폭력 사안에 대한 조사와 심의 업무(예전의 학교폭력대책조사위원회)가 교육지원청으로 이관(학교폭력심의위원회)되었습니다. 얼핏 보면 업무 부담이 줄어든 것처럼 보이지만, 전담기구의 업무는 크게 줄어들지 않았고(사안초기 보고서 작성과 학부모 통보 등) 학교폭력 조사관과 협의를 하는 과정이라는 업무가 하나 더 늘어난 것 같다는 목소리도 들립니다. 단위학교의 전담기구 구성원을 위한 학교폭력 관련 전문성 향상을 위한 교육 실시 권장 조항[16]이 「학교폭력예방법」에 포함되었지만 이를 제대로 이행하는 교육지원청은 매우 드물기만 합니다. 적어도 최소한 50시간 내외 혹은 100시간 이상의 전문교육을 실시하는 교육(지원)청을 찾아보기는 어렵습니다. 학교폭력 관련 체계(시스템)의 총체적 점검이 필요합니다.

질문 49 학교폭력 전담기구 이해

'전담기구'는 어디에 있으며 무엇을 하는 곳인가요? 일선 단위학교마다 학교폭력 전담기구가 있으나 이 기구에 대한 신뢰가 부족하여 교육지원청으로 학교폭력심의 기능이 이관된 것이 아닌가요?

'학교폭력' 관련 업무를 신뢰할 수 없다는 말은 무엇보다 전담기구에 대한 신뢰의 문제로부터 출발하는 경우가 많았습니다. 특히 전담기구에 속한 학부모들 중 일부가 가해자 혹은 피해자와 가까운 관계이거나 그들로부터 사안처리 과정에서 개인정보 및 당사자의 말과 행동에 대한 정보들이 누설되는 것으로 인해 갈등이 많았습니다. 또한 학교운영위원회의 추천을 받는 학부모 위원들 중에는 학교폭력에 대한 전문성이 부족하다는 평가를 받는 이들도 있다는 지적을 받았습니다. 이러한 논란들은 마침내 단위학교에 존재하던 '학교폭력대책조사위원회'를 교육지원청으로 이관하여 '학교폭력심의위원회'로 바뀌게 하는 중대한 변화를 불러왔습니다.

16) 「학교폭력예방법」 제11조(교육감의 임무) ⑩ 교육감은 제14조 제3항에 따른 전담기구 구성원의 학교폭력 관련 전문성 향상을 위한 교육 등을 실시할 수 있다. [신설 2023. 10. 24.]

전담기구에 관한 법률적 근거는 「학교폭력예방법」 제14조(전문상담교사 배치 및 전담기구 구성)입니다. 이 기구는 모든 학교에 구성되어야 하는 의무적 기구입니다. 이 기구의 구성원은 다음과 같습니다.

> ③ 학교의 장은 교감, 전문상담교사, 보건교사 및 책임교사(학교폭력문제를 담당하는 교사를 말한다), 학부모 등으로 학교폭력문제를 담당하는 전담기구(이하 '전담기구'라 한다)를 구성한다. 이 경우, 학부모는 전담기구 구성원의 3분의 1 이상이어야 한다. [개정 2012. 3. 21., 2019. 8. 20.]

전담기구의 위원장은 교감이 되고 관련 교사들과 학부모로 구성됩니다. 여기에서 학부모가 1/3이상이라는 말은 전담기구 구성원이 5~6명일 경우 학부모가 2명 이상, 7명일 경우는 3명 이상을 의미합니다. 「학교폭력예방법 시행령」 제16조는 "전담기구 운영에 대해 구성원이 되는 학부모는 학교운영위원회에서 추천한 사람 중에서 학교의 장이 위촉한다."라고 규정합니다. 전담기구는 지체 없이 보고받는 사안에 대해 학교의 장의 자체 해결 부의 여부를 심의합니다.

전담기구의 각 구성원들이 하는 일은 다음과 같습니다. 위원장인 교감은 전체적인 상황을 파악하고 관련 업무를 지시하고 총괄합니다. 책임교사는 업무 담당자를 말하는데, 학생들의 안정과 질서유지 및 사안 보고를 위한 기록을 담당합니다. 보건교사는 응급조치와 병원 이송 시 동승 및 차량 내에서 요원의 응급처치를 돕고 병원에서 피해학생의 상태를 설명합니다. 전문상담교사는 피해학생의 심리적 안정과 지원 또는 가해학생을 대상으로 하는 초기 상담을 맡게 됩니다. 전담기구의 구성원이 아니지만 담임교사는 보호자에게 연락하여 피해학생의 상태와 병원 등에 대한 안내와 함께 사안조사 과정에서 협조를 하여야 합니다. 학교행정가이자 책임자인 교장은 전반적인 상황을 파악하고 원인을 분석하며 재발 방지 노력을 하는 등 총괄적인 지휘를 하게 됩니다.

학교폭력 전담기구의 역할은 학교폭력 사안 접수와 함께 보호자에 대한 통보 및 학교폭력 사실 확인이 시작입니다. 학교폭력 사안은 발생 후 48시간 안에 교육지원청으로 사안보고를 하는 것이 원칙이며 아동·청소년의 성범죄 사실은 수사기관에도 신고하여야 합니다. 특히 전담기구에서는 학교장 자체 해결 여부와 학교장 긴급조치에 대해서도 여부를 심의합니다. 또한 학교폭력 실태조사와 졸업 전 가해학생 조치사항 중 4호, 5호, 6호, 7호 처분에 대한 삭제를 심의합니다. 심의대상자의 조건을 만족할 경우 졸업과 동시에 삭제 가능 여부를 심의합니다. 하지만 2023년 학교폭력근절종합대책에서는 6호부터 7호 처분에 대한 원칙을 졸업 후 '2년 보존'을 '4년 보존'으로 강화하였습니다. 예외는 졸업 직접 심의를 통해 졸업과 동시에 삭제가 가능합니다. 하지만 8호 처분의 경우, 졸업 후 2년 보존을 예외 없이 4년 보존으로 강화하였으며 예외 조항이 없습니다. 특히 기록삭제 요건을 강화하여 심의 시 피해학생의 동의와 가해학생의 반성 정도를 반드시 고려하도록 하고 있습니다. 이토록 전담기구의 심의기능은 학교폭력 관련 학생들에게 큰 영향을 끼친다고 할 수 있습니다. 특히 가해학생이 학교폭력 조치 사항의 기재회피를 목적으로 심의 전 자퇴를 할 수 없도록 하였습니다.

질문 50 학교폭력대책심의위원회 이해

단위학교에 있던 '학교폭력대책조사위원회'의 전문성이 의심받으면서 그 기능이 교육지원청으로 이관되었습니다. 이 기관의 이름이 '학교폭력심의위원회(이하 심의위원회)'입니다. 하지만 여전히 전문성에 대한 논란이 있습니다. 그 이유는 무엇인가요?

단위학교에 있던 학교폭력대책자치위원회가 그 전문성에 대한 논란을 겪으면서 교육지원청으로 이관되었습니다. 심의위원회는 10명 이상 50명 이내의 위원으로 구성하되 전체 위원의 1/3 이상을 해당 교육지원청 관할 구역 내 학교에 소속된 학생의 학부모로 위촉하여야 합니다(「학교폭력예방법」 제13조 제1항). 문제는 여전히 전문적 역량에 대한 논란에서 벗어날 수 없다는 점입니다.

심의위원회 구성과 운영에 대한 규정은 시행령 제14조에 나타납니다. 심의위원으로 추천할 수 있는 대상은 판사·검사·변호사 및 의사와 청소년 관련 전문가들을 포함합니다. 문제는 이들이 자신의 생업을 포기하고 회의에 참석할 수 있는지 여부입니다. 1/3 이상이어야 하는 학부모는 관할 구역 초·중등학교에 자녀가 재학하고 있는 것이 전부입니다. 학부모들의 전문성은 어떻게 담보할 수 있을까요? 특히 학교전담경찰관이 반드시 포함되어야 한다는 규정에 대해 우려가 있습니다. 학교전담경찰관은 현직에 있는 경찰관입니다. 이들이 사안을 심의하면서 이를 범죄로 인식하며 심의과정에서 교육적 접근과 충돌하지 않을까 하는 우려입니다. 현직 경찰관을 심의위원회에 반드시 포함하는 것은 매우 우려스럽습니다.

10명에서 50명의 규모가 된 심의위원회는 몇 개의 소위원회로 나누어질 수 있습니다. 초등과 중등 혹은 특수 등의 위원회 형태로 운영될 수 있는데 교육지원청 소속 지원들이 각 위원회별로 중복하여 참석할 수 있습니다. 위원회는 재적위원의 과반수 참석에 출석위원의 과반수 찬성으로 의결됩니다. 이 경우, 외부 전문가들은 거의 참석하지 않은 채 교육지원청 소속의 공무원들과 소수의 위원들에 의해 수많은 사안이 기계적으로 심의될 수 있습니다. 관련 분야의 전문가 의견을 출석 혹은 서면으로 들을 수 있지만, 쉽지가 않습니다. 결국 여러 소위원회에 소속된 중복 위원들 중 공무원들이 지배하는 심의위원회가 될 수도 있습니다.

중요한 것은 이들의 전문성에 대해서는 아무도 의문을 제기하거나 교육과 연수를 요구하지 않습니다. 특히 학부모 위원들의 전문성은 자녀가 해당 학교급에 다닌다는 것 외에 무엇이 있을까요? 이토록 중요한 역할을 하는 심의위원회 구성원들에 대한 교육과 연수 의무가 부족하다는 점은 놀랍기만 합니다. 단위학교의 전담기구 구성원들에 대한 연수가 「학교폭력예방법」 제11조(교육감의 임무) 제10항에 제안된 것처럼 "교육감은 제14조 제3항에 따른 전담기구 구성원의 학교폭력 관련 전문성 향상을 위한 교육 등을 실시할 수 있다. [신설 2023. 10. 24.]"라는 내용에 대해 "교육감은 제12조 제1항에 따른 학교폭력대책심의위원회 구성원의 학교폭력 관련 전문성 향상을 위한 교육 등을 실시할 수 있다."라고 추가하여야 합니다.

현재 교육지원청에 소속된 학교폭력대책심의위원회 구성원들에 대한 학교폭력 관련 전문성에 대해 어떤 자격과 교육, 연수가 바탕이 되었는지 살펴보고 지원해야 할 부분이 있다면 지금이라도 자세한 지원 계획을 수립하여 전문역량을 함양하려는 노력이 필요합니다. 최근 심의위원회 운영이 활성화된 지역에서는 심의위원회 참석이 하나의 직업이 될 수도 있어 출석률이 매우 높은 경우도 있습니다. 문제는 출석률만큼 전문성이 따르지 못한다는 점입니다. 이들 스스로 자신의 전문성 향상을 위한 연수가 필요하다고 느껴서 연수를 하면 좋겠지만, 교육(지원)청 차원에서 적극적인 관여와 지원이 요구됩니다.

질문 51 학교폭력 전담조사관 이해

'학교폭력' 업무는 대부분의 교사가 민원 등을 이유로 꺼리는 업무입니다. 이에 대한 부담을 덜어 주기 위해 퇴직 경찰관과 교원 및 청소년 전문가들을 대상으로 학교폭력 전담조사관을 선발하여 이들을 일선 교육지원청에 배치하였습니다. 현재 이들의 활동 상황은 어떠한지요?

학교폭력 사안처리 과정에서 가장 민감하고 어려운 부분이 사안을 정확하게 파악하는 일입니다. 이 과정에서 관련 학생들은 정직하게 자신이 잘못한 부분에 대해 말하기보다는 상대방에게 책임을 전가하고 자신은 억울하다는 취지의 내용을 진술합니다. 많은 부모가 "아이들이 거짓말을 하겠느냐?" 혹은 "우리 아이는 거짓말을 하지 않는다."라고 말하지만, 아이들은 '진정성이 가득한 거짓말'을 합니다. 그 이유는 자신도 모르는 사이에 기억이 소용돌이치고 왜곡되기 때문입니다. 인간은 본능적으로 생존을 위해 자신을 방어하고자 합니다. 이 욕구는 자신의 기억을 편집하고 뒤틀리게 하며 왜곡합니다.

학교폭력 사안을 조사하는 과정은 상당 부분이 전문적인 영역이라고 할 수 있습니다. 하지만 학교는 경찰서가 아닙니다. 더욱이 학생들은 가해자나 피의자가 아닌 교육의 대상입니다. 학교폭력 사안을 조사하는 근본 이유는 피해학생을 보호하고 가해학생으로 하여금 진심 어린 사과와 용서 구하기를 통해 관계를 회복하는 것이 목표가 되어야 합니다. 이것을 교육적 해결이라고 부릅니다. 하지만 학교폭력을 범죄라는 관점에서 접근하면 그 출발부터가 달라집니다.

학교폭력 사안이 교육지원청의 학교폭력제로센터에 접수되면 조사관이 해당 학교를 방문하여 조사를 실시합니다. 조사관의 조사 결과를 토대로 학교에서는 학교장 자체 해결 요건을 충족하는지를 협의하고 피해학생 측의 동의 여부를 확인하여 요건을 충족한다면 피·가해 학생 간 관계회복 프로그램 운영에 집중하도록 안내합니다. 자체 해결 요건을 충족하지 못하거나 피해학생 측이 동의하지 않으면 교육지원청의 학교폭력제로센터에서 '학교폭력 사례회의'(이하 사례회의)를 통해 조사관의 조사 결과를 검토한 뒤 학교폭력대책심의위원회에 직접 심의를 요청하게 됩니다. 사례회의는 조사관의 조사 결과를

검토·보완해 조사의 객관성을 제고하기 위해 신설되었습니다(박고은, 2023. 12. 7.).[17)]

2023년 12월 교육부와 행정안전부 및 경찰청은 학교폭력 사안처리제도를 개선하기 위해 학교폭력 전담조사관 제도를 도입하였으며 약 2천 9백명을 선발하였습니다. 개정된 법률의 가장 큰 변화 중의 하나입니다. 법적 근거는 「학교폭력예방법」 제11조의 2(학교폭력 조사·상담 등)와 「학교폭력예방법 시행령」 제8조(전담부서의 구성 등)에 제시하였습니다.[18)] 조사관 임무의 핵심은 판단이 아니라 조사를 담당하고 의견을 제출하는 것입니다.

학교폭력 전담조사관 제도의 도입과 함께 눈에 띄는 것은 학교전담경찰관의 역할이 강화되는 부분입니다. 이를 위해 학교전담경찰관 수를 현재 정원 1천 22명(1인당 12개교)에서 1천 127명(1인당 10개교)으로 늘리게 되었습니다. 특히 이들은 기존에 수행하던 학교폭력 예방 활동, 학생 보호 선도 등의 업무에 더해 학교폭력 전담조사관과 관내 학교폭력 사건에 관한 정보를 공유하고, 학교폭력 사례회의에 참석해 조사관의 조사 결과에 대해 보완할 부분이 없는지 자문하는 일도 맡게 됩니다. 학교폭력대책심의위원회에도 의무 위촉돼 심의의 전문성과 객관성을 높이는 역할을 담당하게 되었습니다. 학교전담경찰관이 '학교폭력 전담조사관–학교폭력 사례회의–학교폭력대책심의위원회'를 매개하는 역할을 하게 되는 것입니다(박고은, 2023. 12. 7.).[19)]

학교폭력 사안조사에서 퇴직 경찰(학교폭력 전담조사관)과 현직 경찰관(학교 전담경찰관)이 협업을 하여 주도적으로 사안을 처리하는 모양이 되었습니다. 경찰관들에게는 퇴직 후 취업을 위한 새로운 블루오션이 만들어진 것입니다. 평생을 경찰관으로 살아오던 분들이 학교폭력 사안을 조사하면서 교육적인 접근을 하는 것은 쉽지 않을 것으로 짐작됩니다. 특히 학교폭력 사안에 대한 정보공유는 개인정보 보호와 낙인효과 등의 관점에서 우려되는 바가 있습니다. 학교폭력대책심의위원회에 현직 경찰관이 참가하는 것, 그것도 의무 위촉되는 것은 매우 위험한 발상이 될 수 있다는 우려가 제기되고 있습니다.

---

17) 박고은(2023. 12. 7.). 한겨레(https://www.hani.co.kr/arti/society/society_general/1119433.html).

18) 「학교폭력예방법 시행령」 ② 교육감은 법 제11조의2에 따른 학교폭력 조사·상담 업무의 효율적인 수행을 위하여 필요한 경우에는 제1항에 따른 전담부서에서 학교폭력 조사·상담 관련 전문가를 활용하도록 할 수 있다. [신설 2024. 2. 27.]

19) 박고은(2023. 12. 7.). 한겨레(https://www.hani.co.kr/arti/society/society_general/1119433.html).

질문 52 담임교사와 학교폭력과의 관계 이해

'학교폭력' 사안이 발생하면 담임교사의 역할은 어디까지인가요? 최근 교직에 입직하는 젊은 교사들 사이에서는 학교폭력 업무가 담임교사의 업무가 아닌 담당(책임)교사의 업무이며, 조사는 학교폭력 전담조사관의 일이므로 자신은 신고하는 일에 충실하는 것이 민원의 대상이 되지 않는 것이라는 의견이 있습니다.

최근 우리 사회는 2023년 7월 18일에 일어난 이른바 '서이초 교사 사망사건'을 경험하면서 큰 충격을 받았습니다. 이 사건의 배경은 고인의 학급 학생이 연필로 뒷자리에 앉은 학생의 이마를 긋는 사건, 즉 '학교폭력' 사안처리와 관련이 있다고 알려져 있습니다. 그 일로 가·피해자 학생의 부모가 고인의 개인 휴대전화로 수십 통의 전화와 민원을 제기하였다고 합니다. 특히 가해학생의 부모는 교무실로 찾아와 고인에게 "아이들 케어를 어떻게 하는거냐. 당신은 교사자격이 없다."라고 발언하였다고 합니다. 고인은 학교행정가뿐만 아니라 선배와 동료 교사에게도 실질적인 도움을 받지 못하고 극단적인 선택을 하고 말았습니다. 경찰은 공식적인 학교폭력 신고사안이 없었으며 학부모의 갑질이 확인되지 않는다는 조사결과를 발표하였습니다. 다행히 2024년 2월 27일 인사혁신처는 서이초 교사의 유족에게 순직 인정사실을 통보함으로써 교육계는 이 사건이 교권보호의 계기가 될 수 있음을 희망하며 환영하였습니다.[20]

2023년 8월 28일 더불어민주당 강득구 의원은 교육 관계자 13만 2천 359명을 대상으로 실시한 온라인 설문조사(8월 24~26일에 실시)에서 전체 응답자의 97.6%가 서이초 사건과 유사한 사례가 다른 학교에서도 발생할 가능성이 있다고 예상하였습니다(각주 20 참고). 대한민국 모든 학교에서 일어날 수 있는 사안입니다. 고인이 된 선생님의 학급에는 해당 학생을 포함하여 4명이 학생이 지속적으로 문제를 일으켰으며 거의 교사의 통제가 불가능할 정도였습니다. 학부모들은 자녀의 문제행동을 지적하여 개선을 요구하는 담

20) 서울 서이초등학교 교사 사망사건/전개, 나무위키(https://namu.wiki/w/%EC%84%9C%EC%9A%B8%EC%84%9C%EC%9D%B4%EC%B4%88%EB%93%B1%ED%95%99%EA%B5%90%20%EA%B5%90%EC%82%AC%20%EC%82%AC%EB%A7%9D%20%EC%82%AC%EA%B1%B4/%EC%A0%84%EA%B0%9C).

임교사에게 "교사 자격이 없다." "자질이 부족하다."라는 등의 민원을 지속적으로 제기하였습니다.

1학년 담임은 대부분의 교사에게 기피학년이 되었습니다. 특히 대도시 강남구 서초구 등의 학교에서는 학부모들의 크고 작은 민원으로 인해 학교가 마비될 지경에 이르기도 합니다. 담임교사가 할 수 있는 일은 무엇인가요? 이것이 어찌 담임교사 개인의 기질이나 역량의 문제일 수 있나요? 학교행정가인 교장과 교감은 담임교사를 보호하기 위해 무엇을 해야 하나요? 학부모의 민원을 일선의 담임교사에게 전적으로 맡기는 이 시스템은 반드시 바뀌어야 할 것입니다.

이 사건을 계기로 교육부는 2023년 8월 23일 '교원회복 및 보호 강화 종합방안'을 발표하였습니다. 교사가 직접 민원을 받지 않도록 학교별로 '민원대응팀'을 추진해 창구를 일원화하며 통화 녹음 전화기를 설치하였습니다. 하지만 1년이 지난 2024년 10월 현재도 일선 교사들은 "달라진 환경을 거의 느낄 수 없다."라고 말합니다. 다만, 교사들의 교권침해에 대한 인식이 공론화되었고 단위학교에서도 학교행정가들이 어려움을 호소하는 교사들의 목소리를 외면하지 못하도록 압박하는 분위기가 형성되었습니다. 교권침해에 대한 경각심이 높아지고, 교권보호를 위한 우호적 의식과 공감대는 형성되었으나 이를 뒷받침할 제도적·재정적 지원이 뒷받침된 실질적 정책과 학교 구조개선은 여전히 요원한 상태입니다(김동혁, 2024. 7. 18.).[21]

일선의 담임교사들은 각자도생(各自圖生)[22]의 상황에 내몰리거나 교직 탈출은 지능순이라는 자조적 언어로 자신을 위로합니다. 젊은 교사들 사이에서 교직 탈출을 위한 '스터디'가 유행이라는 것입니다. 젊은 교사 10명 중 9명이 사직을 고민하고 있다고 합니다. 학생들의 문제행동을 지적하면 '아동학대'로 신고를 당하는 현실에서 열정을 가지고 지도를 할 수 있는 교사가 얼마나 될까요? 휴대폰 사용을 과하게 하지 말고 수면을 충분히 하라는 교사에게는 '사생활 침해'라고 항의를 합니다. 수업시간에 난동을 부리고 소리를 지르는 학생을 제지하고자 할 때 '아동학대' 신고를 고려해야 하는 실정입니다(YTN, 2023. 5. 15.).[23]

---

21) 김동혁(2024. 7. 18.). 교육희망(https://news.eduhope.net/26283).
22) 각자가 스스로 제 살길을 찾는다는 뜻의 한자성어.
23) 뉴스라이터(2023. 5. 15.). YTN(https://www.ytn.co.kr/_ln/0103_202305150859111734).

질문 53 학교행정가(교감·교장)와 민원전담팀 이해

'학교폭력' 사안처리 과정에서 가장 중요한 역할을 하는 것이 담임교사나 생활부장 못지않게 학교행정가[24]인 교장, 교감의 역할입니다. 이와 관련해 최근 교육부는 '학교 내 민원전담팀'을 만들었습니다. 자세한 설명이 필요합니다.

'학교폭력' 사안처리 과정에서 담임교사의 역할이 가장 맨 앞자리에 있고 또 중요합니다. 하지만 못지않게 중요한 역할을 하는 사람이 학교행정가, 즉 교장과 교감입니다. 서이초 사건 이후 교육부가 발표한 '교권회복종합대책'에 따르면 학부모의 민원은 교장 직속의 민원대응팀에서 전담하게 되었습니다. 민원전담팀은 교감과 행정실장, 교육공무직 등 5명 내외로 구성됩니다.

민원대응팀의 역할은 교(원)장의 책임하에 교직원 개인이 해결하기 어려운 민원을 공동으로 처리하는 것을 말합니다. 이를 위해 「초·중등교육법」 제20조(교직원의 임무) 제1항에서 "교장은 교무를 총괄하고, **민원처리를 책임지며**, 소속 교직원을 지도·감독하고 학생을 교육한다."라고 명시하였습니다. 학교에 접수되는 민원을 교직원 개인이 아닌 기관, 즉 '학교 민원대응팀'에서 대응하는 체제입니다. 학교 민원대응팀의 민원처리 과정은 민원을 받은 교직원이 간단한 사안의 경우, 학교행정가나 동료 교사와의 상담을 거쳐 처리하지만, 개인이 해결하기 어려운 민원에 대해서는 학교 민원대응팀에서 처리할 수 있도록 하였습니다. 단위학교에서 처리하기 어려운 민원은 교육(지원)청의 통합민원팀에 이관하여 처리하게 됩니다.

"정부가 악성 민원으로부터 교원들을 보호하기 위해 설치한 교내 '민원대응팀'이 사실상 유명무실한 것으로 드러났으며, 교육 당국의 조사 결과, 전국 유·초·중·고교 대부분이 교내 민원대응팀을 운영 중이지만 일선 교원들은 교내에 존재하는지조차 모르는 경우도 많았다."라는 보도를 만날 수 있습니다. 하지만 교육부의 조사 내용은 교원단체

---

24) 학교관리자라는 명칭 대신 학교행정가라는 명칭을 사용하자는 제안은 2019년 한국교육행정학회에서 이루어졌으며 저자는 적극적으로 동의를 하는 입장에 있음. 학교관리자라는 표현은 일제 잔재처럼 와닿고 학교에서 관리하는 것이 교사나 사람은 아니어야 함.

의 조사와도 차이가 많습니다. 교육부가 17개 시·도교육청의 학교 민원 응대 조성 현황을 조사한 결과 1만 3,952개교 중 98.9%가 학교 민원대응팀을 구성했다고 하였지만, 전교조는 2024년 4월 30일부터 5월 8일까지 교사 1,471명을 대상으로 한 조사에서 학교에 민원대응팀이 '구성됐다'는 응답은 38.8%, '구성되지 않았다'는 22.1%, 구성 여부를 '모른다'는 응답은 39%였습니다. 일선 학교에서의 체감이 뚜렷하지 못한 것은 분명해 보입니다(김영원, 2024. 5. 24.).[25] 하지만 한국노총소속의 교육청노동조합연맹은 "'학교 내 민원전담팀 운영 계획'을 당장 멈춰."라고 목소리를 높였습니다. 교육청노조는 2023년 8월 11일 성명을 발표하고 "교육공동체 모두 죽으라는 학교 내 민원전담팀 계획을 당장 멈추라."라고 촉구하였습니다. 또 "교육부의 악성 학부모 민원전담팀 계획에 '행정실장'이 난데없이 등장했다."라며 "교직원 모두가 악성 민원과 칼부림 살인자의 피해자인데 강력한 법적 시스템을 구축하는 것이 중요하다."라고 강조하였습니다(지성배, 2023. 8. 11.).[26] 학교 구성원 모두가 책임을 지는 일에 대한 두려움을 호소하고 있는 것입니다.

학교행정가들의 민원에 대한 직접적인 대처는 당사자들에게 많은 어려움과 스트레스를 부여하는 것으로 보입니다. 최근 교직사회에서 눈에 띄는 변화 중 하나는 교사들의 명예퇴직이 급증하였다는 것입니다. 그중에서 특히 학교행정가인 교장과 교감의 명예퇴직도 급격하게 증가하였습니다. 이는 잇따른 교권추락 사건과 함께 권한은 줄고 의무는 늘어나는 교육 현실과 연금에 대한 불안까지 더해지면서 차라리 교단을 떠나는 것을 선택하는 경우가 많다고 합니다(장재훈, 2024. 1. 23.).[27] 정년을 다 채우지 않고 교단을 떠나는 교사들이 점차 증가하면서 2024년 2월 명예퇴직하는 서울의 공립 유·초등교사가 최근 3년 중 가장 많은 것으로 나타났습니다. 학교행정가인 교장의 명예퇴직은 5년 사이 7배로 크게 늘어났습니다(동아일보, 2024. 1. 24.).[28]

25) 김영원(2024. 5. 24.). 아시아경제(https://www.asiae.co.kr/article/2024052308341072754).
26) 지성배(2023. 8. 11.). 교육플러스(https://www.edpl.co.kr/news/articleView.html?idxno=10026).
27) 장재훈(2024. 1. 23.). 에듀프레스(http://www.edupress.kr/news/articleView.html?idxno=11288).
28) 뉴스1(2024. 1. 24.). 동아일보(https://www.donga.com/news/Society/article/all/20240124/123200953/1).

질문 54 교육청과 교육지원청의 역할 이해

'학교폭력' 사안처리 과정에서 교육(지원)청이 적극적으로 관여하고 주관한다는 것은 어떤 의미인가요? 일선 학교의 업무 부담을 덜어 주고 전문성을 발휘할 수 있다는 평가와 함께 일선 학교의 교육 포기가 아니냐는 목소리도 있습니다.

먼저, 교육청은 광역자치단체 수와 같은 17개 시·도에 있습니다. 하지만 교육지원청의 수는 규모에 따라 다릅니다. 전국 교육지원청의 수는 176개입니다. 전국의 기초자치단체의 수가 226개인데 비해 조금 적은 수입니다.[29] 현재 전국의 모든 교육지원청에는 '학교폭력제로센터'가 구축되어 있습니다. 세종특별자치시는 교육청 본청과 교육지원청이 동일합니다.

학교폭력은 사안처리보다 예방이 더 중요합니다. 학교폭력 사안처리는 최소한으로 이루어지는 것이 바람직합니다. 교육(지원)청은 일선 학교가 감당할 수 없는 수준의 폭력이나 민원 등에 적극적으로 대처하는 것이 중요합니다. 그러나 학교에서 일어나는 크고 작은 모든 갈등을 폭력으로 신고하고 이를 교육지원청에서 처리하도록 하는 것은 논란의 여지가 있어 보입니다.

단위학교에 존재하던 「학교폭력대책조사위원회(약칭: 학폭위)」가 교육지원청의 '학교폭력심의위원회(약칭: 심의위원회)'로 이관된 것은 얼핏 보면 일선 학교의 부담을 덜어 주는 것처럼 보이지만, 꼭 그렇지는 않습니다. 기본적인 사안조사는 여전히 일선 학교의 몫입니다. 문제는 이로 인해 학교교육에 대한 불신 문제가 발생할 수 있습니다. 자신의 반에서 가르치던 학생들을 담임교사 혹은 교과 교사가 학교폭력으로 신고하고 교육지원청 소속 전담조사관이 학교를 방문하여 사안을 조사하는 것은 학생들에게 어떤 의미일 것인지 고려가 필요합니다. 자녀의 학교폭력 관련 사안에 대해 해당 학교가 아닌 교육청에서 파견된 퇴직 경찰관(혹은 퇴직 교사 등)의 조사를 받도록 하여야 하는 것은 학부모

29) 전국에 17개의 교육청이 설치되어 있으며, 세종특별자치시를 제외한 각 광역자치단체의 교육청은 소속기관으로서 교육지원청을 두고 있다. 교육청은 독임제 집행기관인 교육감의 보조기관이다. 교육청, 나무위키(https://namu.wiki/w/%EA%B5%90%EC%9C%A1%EC%B2%AD).

에게 어떤 의미를 부여할까요?

교육(지원)청에서 학교폭력 업무를 담당하는 인력은 자신이 희망하여 그 업무를 담당하고 있는지 의문이 듭니다. 왜냐하면 학교폭력 담당자가 너무 자주 바뀌기 때문입니다. 많은 교육청에는 학교폭력 전담부서가 없습니다. 「학교폭력예방법」 제11조에서는 학교폭력 전담부서를 운영[30]하도록 하고 있습니다. 하지만 시행령 제8조는 "전담부서 운영 조항에서 과·담당관 또는 팀을 둔다."[31]라고 규정합니다. 이 조항은 "시·도교육청에는 과를, 교육지원청에는 담당관 또는 팀을 둔다."라고 해석되어야 합니다. 하지만 시·도교육청에 담당관 혹은 팀을 두는 것은 학교폭력 업무에 대한 관심의 부족을 웅변합니다. 학교폭력 업무를 담당하는 전문직(장학사, 장학관) 역시 신규 혹은 인턴들이 맡기도 합니다. 할 수만 있으면 빨리 후임자에게 인계하고 다른 업무를 맡고 싶어 합니다. 몇 교육(지원)청의 예외적인 관심을 제외하면 전반적인 현상으로 보입니다. 이러한 가운데 최근에는 모든 교육지원청에 '학교폭력제로센터'가 설치되었습니다. 변호사를 포함하여 전문직과 행정지원 인력 및 파견교사들이 팀을 이루었습니다.

'학교폭력제로센터'는 관내 모든 학교에 대한 학교폭력 사안처리와 심의조치를 결정합니다. 또한 학교폭력 조사관들을 선발·교육하고 운영합니다. 특히 '학교폭력심의위원회'를 구성하고 운영합니다. 이들의 전문적 역량 강화를 위한 법적인 교육과 연수에 대한 규정이 없는 가운데 실질적으로 자질 향상을 위한 다양한 기회가 주어지지 못하고 있습니다.

---

30) 「학교폭력예방법」 제11조(교육감의 의무) ① 교육감은 시·도교육청에 학교폭력의 예방·대책 및 법률지원을 포함한 통합지원을 담당하는 전담부서를 설치·운영하여야 한다. [개정 2023. 10. 24.]

31) 「학교폭력예방법 시행령」 제8조(전담부서의 구성 등) ① 법 제11조 제1항에 따라 다음 각 호의 업무를 수행하기 위하여 시·도교육청 및 교육지원청에 과·담당관 또는 팀을 둔다. [개정 2014. 6. 11., 2020. 2. 25., 2024. 2. 27.]

3. 학교폭력 관련 기구의 의사결정과정

질문 55 학교폭력 전담기구의 의사결정과정

모든 학교에는 학교폭력 전담기구가 있습니다. 학교폭력 전담기구의 정확한 역할과 문제점 그리고 한계점은 무엇인지요? 특히 학교폭력 전담기구의 전문성에 대한 논란이 있습니다.

학교폭력 전담기구는 법적 기구입니다. 모든 학교에는 전담기구가 있어야 합니다. 이에 대한 법적 근거와 구성원에 대한 안내는 「학교폭력예방법」 제14조 제3항[32]에 의하면 교감, 전문상담교사, 보건교사 및 책임교사(학교폭력문제를 담당하는 교사), 학부모 등입니다. 전담기구의 구성원 중 학부모 위원의 경우 학교운영위원회의 추천을 받은 사람 중에서 학교장이 위촉합니다.[33] 따라서 일부 학교폭력에 대한 관심과 전문성을 갖춘 전문가들이 전담기구에 참석하고자 하여도 학교운영위원회의 추천이라는 문턱을 넘지 못하면 해당 학교의 학교폭력 전담기구 구성원이 될 수 없습니다. 1/3 이상을 차지하는 학부모 위원의 학교폭력 관련 전문성은 의무적인 검증 대상은 아닙니다. 학교운영위원회 운영위원들 중에서 자원하거나 동료 위원 혹은 학교 측에 의해 전담기구 구성에 참가하도록 권유받습니다.

전담기구가 하는 일은 가해 및 피해 사실 여부에 관하여 확인한 사항을 학교장에게 보고하는 것입니다. 특히 학교의 장의 자체 해결에 해당하는지 여부를 심의합니다. 또한 학교폭력에 대한 실태조사를 할 수 있습니다. 피해학생과 그 보호자는 피해 사실 확인을 위해 전담기구에 실태조사를 요구할 수 있습니다. 전담기구 안에서 그 일을 감당

32) 「학교폭력예방법」 제14조 ③ 교감, 전문상담교사, 보건교사 및 책임교사(학교폭력문제를 담당하는 교사를 말한다), 학부모 등으로 학교폭력문제를 담당하는 전담기구(이하 '전담기구'라 한다)를 구성한다. 이 경우 학부모는 전담기구 구성원의 3분의 1 이상이어야 한다. [개정 2012. 3. 21., 2019. 8. 20.]

33) 「학교폭력예방법 시행령」 제16조(전담기구 운영 등) ① 법 제14조 제3항에 따른 학교폭력문제를 담당하는 전담기구(이하 '전담기구'라 한다)의 구성원이 되는 학부모는 「초·중등교육법」 제31조에 따른 학교운영위원회에서 추천한 사람 중에서 학교의 장이 위촉한다. 다만, 학교운영위원회가 설치되지 않은 학교의 경우에는 학교의 장이 위촉한다.

하기 어려운 경우(성폭력 등 특수한 학교폭력), 전문성 확보를 위해 실태조사를 전문기관에 의뢰할 수 있습니다.[34]

문제는 학교폭력 사안의 가해와 피해 사실 여부를 확인하는 사람은 전담기구 구성원 중 학교폭력 업무 담당교사, 즉 책임교사라는 점입니다. 학교폭력 담당업무를 맡은 책임교사는 해당 학교에서 가장 경륜이 있는 중견교사로서 적절한 의사소통 역량을 가지고 있는 사람으로 임명되어야 할 것입니다. 하지만 대부분의 교사가 기피하는 업무여서 담당자가 되었을 경우 문제가 발생할 여지가 큽니다. 특히 담당자가 6학년 등의 고학년이나 다른 업무도 많은 가운데 학교폭력 업무를 추가로 맡았을 경우, 초기 사안처리 과정에서 중요한 문제를 놓치거나 미숙한 업무 처리로 심각한 갈등의 원인이 되기도 합니다. 이 과정에서 책임교사는 학생의 신체적·심리적 안전을 확보하기 위해 보건교사와 전문상담교사 등과 협업하게 됩니다.

학교폭력 사안처리 과정에서 전담기구의 역할을 매우 중요합니다. 이 까닭으로 "전담기구 구성원의 학교폭력 관련 전문성 향상을 위한 교육 등을 실시할 수 있다."[35]라는 조항은 「학교폭력예방법」에 포함되었으나 의무적인 연수가 아니기에 전문성이 축적되지 못하는 실정입니다.

질문 56 학교폭력 조사관의 역할과 심의과정 참여

'학교폭력' 사안을 조사하는 임무가 학교폭력 조사관(이하 조사관)에게 맡겨진 것은 매우 큰 변화입니다. 이는 담당(책임)교사의 업무 부담을 줄이려는 취지입니다. 학교폭력 조사관의 역할과 심의과정 참여에 대해 설명해 주세요.

학교폭력 조사와 상담 업무의 효율적 수행을 위해 전문가를 활용하는 것의 법적 근거

34) 「학교폭력예방법」 제14조 ⑧ 전담기구는 성폭력 등 특수한 학교폭력사건에 대한 실태조사의 전문성을 확보하기 위하여 필요한 경우 전문기관에 그 실태조사를 의뢰할 수 있다. 이 경우, 그 의뢰는 심의위원회 위원장의 심의를 거쳐 학교의 장 명의로 하여야 한다. [신설 2012. 1. 26., 2012. 3. 21., 2019. 8. 20.]

35) 「학교폭력예방법」 제11조(교육감의 임무) ⑩ 교육감은 제14조 제3항에 따른 전담기구 구성원의 학교폭력 관련 전문성 향상을 위한 교육 등을 실시할 수 있다. [신설 2023. 10. 24.]

가 마련되었습니다.[36] 이 시행령은 2024년 2월 27일 시행이 되어 학교폭력 전담조사관의 선발을 위한 법적 근거가 되었습니다. 조사관의 위촉(임명)과 해촉은 교육감 혹은 교육장의 권한입니다. 조사관은 교원 혹은 경찰관으로 재직했던 사람으로서 학교폭력 관련 업무 2년 이상의 경력자 및 청소년 보호 등의 영역 전문가들입니다(교육부, 학교폭력예방연구소, 2024).

이들의 경험은 소중하고 존중되어야 합니다. 하지만 이들이 현역이 아니라 퇴직자들로서 현재 일어나는 다양한 학교폭력 양상에 대한 전문성에 대해서는 등가될 수 없는 부분이 있습니다. 즉, 사이버 폭력과 성폭력, 특수아에 대한 폭력 및 딥페이크 등의 폭력에 대한 감수성과 문해력이 충분히 준비되었는지 살펴보아야 합니다. 조사관의 사안조사 양식은 매우 간결하고 육하원칙에 의한 보고서 작성이 기본입니다. 사안조사 과정에서 관련 학생들의 심리적 안정과 상담적 대화 기법 등의 활용도 요구됩니다.

특히 새로 도입된 학교폭력 전담조사관 제도가 충분한 준비 없이 도입되어 시행착오가 이어지고 있다고 지적됩니다. 특히 조사관은 학교폭력 조사 1건당 수당을 지급받는 구조로 신속한 업무 종결을 위해 무리하게 사안을 마무리 지을 수 있다는 우려도 제기됩니다. 아울러 학생들 간의 작은 갈등은 충분히 교내에서 중재가 가능한 사안임에도 학교폭력으로 분류되어 조사관이 학교를 방문하는 것에 대해 효율성 및 실효성 논란도 있습니다. 일선 교사들의 고충은 오히려 더 늘었다는 보고마저 들립니다(김희연, 2024. 5. 2.).[37]

이러한 우려에 근거하여 일부 교육(지원)청에서는 전문성 강화를 위한 연수를 실시하고 있습니다. 문제는 그 연수의 양과 질이 전문성을 담보하기에는 너무나 빈약하다는 점입니다. 2박 3일 혹은 몇 시간의 (행정 서류 처리 중심) 연수로 과연 전문성이 확보될 수 있느냐는 문제가 제기됩니다.

이들은 학교폭력제로센터로부터 사안을 배정받은 후 학교폭력 가·피해 사실에 대한 조사를 실시합니다. 사안조사 보고서를 작성하고 조사 결과를 보고서로 작성하여 전담

36) 「학교폭력예방법 시행령」 제8조 ② 교육감은 법 제11조의 2에 따른 학교폭력 조사·상담 업무의 효율적인 수행을 위하여 필요한 경우에는 제1항에 따른 전담부서에서 학교폭력 조사·상담 관련 전문가를 활용하도록 할 수 있다. [신설 2024. 2. 27.]

37) 김희연(2024. 5. 2.). 경인일보(http://m.kyeongin.com/view.php?key=20240503010000265).

기구(학교장 요청 시)와 제로센터에 보고합니다. 또한 학교전담경찰관과 정보를 공유하며 학교전담경찰관의 자문 요청에 응합니다. 아울러 필요시 학교폭력 사례회의 및 심의위원회에 참석하게 됩니다(교육부, 학교폭력예방연구소, 2024).

이들이 학교에 방문하여 관련 학부모 등을 상담하고자 할 때 학교 측은 면담 장소를 제공하고 전담기구에서 작성한 학생 확인서 원본과 증빙자료들의 사본 및 스캔본을 요구할 수 있습니다. 특히 조사관들의 원활한 업무 수행을 위해 학교는 독립적이고 안전한 공간과 시간을 확보하며 조사관의 자료 요청이 있을 경우 전담기구를 통해 적극적으로 협조를 하도록 명시합니다(교육부, 학교폭력예방연구소, 2024). 이러한 협조 과정들은 학교 측의 입장에서 또 다른 상급기관을 만든 것은 아닌가 하는 불만으로 나타나기도 합니다.

특히 전담조사관의 역할과 처우가 시·도교육감의 권한과 판단에 일임되어 있어 국가제도임에도 지역 간 편차가 큰 상황이 되었습니다. 조사관들의 역할과 권한이 모호하기 때문에 당분간 혼란이 지속될 것이라고 우려합니다. 이 뉴스는 학교전담경찰관을 확대하는 것이 바람직하다는 결론을 내립니다(EBS 뉴스, 2024. 2. 19.). 학교폭력을 수사와 경찰의 업무로 유도하는 것이 우려됩니다. 윤석열 대통령은 후보 시절 2개 학교당 학교폭력 전담경찰관 1명이 배치되도록 하겠다는 공약을 한 바 있습니다. 학교에서 일어나는 갈등을 경찰이 해결하겠다는 발상 자체가 위험합니다.

질문 57 학교폭력심의위원회의 의사결정과 심의과정

'학교폭력심의위원회(이하 심의위원회)'는 학교폭력 사안을 심의하여 청소년의 신상에 직접적인 영향을 끼치는 결정을 하게 됩니다. 심의위원회의 의사결정과 정과 심의과정에 대해 자세히 알고 싶습니다.

학생들의 신상과 관련하여 가장 중요하고도 큰 결정을 내리는 곳이 교육지원청의 심의위원회입니다. 이곳에서 학급을 바꾸거나 전학 및 퇴학 결정까지 가능하게 되었습니다. 물론 초등학교와 중학교의 경우에는 의무교육이라 퇴학에 관한 규정이 없습니다. 따라서 최고의 결정이 전학이 됩니다.

학생들의 삶에서 가장 중요한 결정이 자신에 대해 잘 알지 못하는 상급기관에 의해 결정된다는 것은 어떤 의미일까요? 학생들은 날마다 친구들과 어울리며 학교생활을 하는 동안 사이가 좋을 때도 있지만 갈등과 오해도 있을 수 있습니다. 이 과정에서 험한 말과 사나운 행동을 하게 되기도 합니다. 대부분의 학생은 이를 후회하고 사과와 용서를 통해 관계를 회복합니다. 이 과정은 교사나 친구들의 중재를 통해 이루어지기도 하지만 흥분했던 감정이 가라앉으면 자연스럽게 스스로 사과하고 화해를 하게 되는 경우가 대부분입니다.

하지만 현행「학교폭력예방법」은 친구들 사이에서 일어나는 크고 작은 갈등을 대화와 화해를 통한 교육적 해결이 아니라 신고와 조사를 통해 행정적·사법적 해결을 종용하는 듯한 느낌을 가지게 합니다. 이는 문제 해결의 시작이 학교 안에서 담임교사의 의한 화해와 대화가 아닌 교육지원청의 학교폭력 조사관에 의한 조사가 이루어지기 때문입니다. 이 조사의 결과, 학교폭력 사안이라고 판단되면 심의위원회에 회부됩니다.

일단 사안이 심의위원회에 회부되고 나면 피해학생과 가해학생 및 그 부모들이 화해를 하고 대화를 할 가능성은 멀어집니다. 오히려 분리를 통해 소통 자체가 차단됩니다.

문제는 이들에 대한 정보가 전혀 없는 심의위원들이 서류에 근거하여 몇 호 처분인지 여부를 결정한다는 점입니다. 물론 이 자리에 피해학생 측과 가해학생 측이 참여하여 자신의 입장을 설명할 수 있습니다. 이때 보호자는 자신의 직장에서 조퇴나 연가 등을 얻어야 합니다. 자영업을 하는 사람이라면 잠시 가게를 닫거나 다른 사람에게 맡기게 됩니다. 이러한 여유조차 없는 사람은 위원회 참석 자체가 어렵게 됩니다. 한편, 경제적 여력이 있는 측에서는 변호인의 조력을 받을 수 있고, 필요하다면 심의에 참관하는 것을 요구할 수도 있습니다. 이러한 과정은 사회적 지위가 낮거나 경제적 여력이 없는 당사자들에게 절망감과 모멸감을 얻게 합니다.

교육지원청의 심의위원회는 2~3개의 소위원회로 구성되며 대부분 교육지원청 담당자들이 중복하여 참여하게 됩니다. 물론 교육지원청 소속 변호인력도 참석할 수 있습니다. 여기에 SPO(학교경찰관)가 참석합니다. 하지만 상담 및 심리 전문가와 사회·복지 및 의료인력, 다양한 청소년 전문가들의 참석은 제한적일 수밖에 없습니다. 대부분 생계를 위한 직장에 종사하는 이들은 특별한 경우가 아니라면 평상시의 회의에 참석하는 것이 거의 어렵습니다. 필요하다면 서면으로 참석을 위임할 수도 있을 것입니다. 그러나 의

사결정과정에서 전문가들의 도움이 원천적으로 배척된 상태에서 행정적인 결정들이 내려질 가능성이 많습니다.

특히 심의위원회 구성원들의 전문성에 대해서도 많은 우려가 있습니다. 지역의 학부모 1/3 이상이 참석하도록 하고 있지만 이들의 전문성도 의문의 대상이 되고 있습니다. 이들의 전문역량 강화를 위한 연수는 대부분의 교육지원청에서 한 학기당 한 나절 혹은 하루의 교육을 하는 것으로 가름하고 있는 실정입니다. 심의 과정에 대한 신뢰가 부족하면 행정심판이나 행정소송 등으로 억울함을 호소하게 됩니다. 최근 몇 년 사이 행정심판과 행정소송이 급격히 늘어난 것과 무관하지 않습니다. 심의위원회 구성원들의 자질 함양과 역량 강화를 위한 연수 등은「학교폭력예방법」에 의해 의무화될 필요가 있습니다.

질문 58 행정심판과 행정소송 이해

최근 학교폭력 사안처리 과정에서 교육(지원) 당국의 조치에 대한 불복사례가 증가하고 있다고 합니다. 즉, 행정심판과 행정소송이 크게 증가하였다고 하는데, 그 실태와 함께 문제점은 무엇인가요?

학교폭력 사안을 해결하는 과정에서 관련 학생들과 보호자는 학교와 교육 당국(지원청)의 해결과정(조치 포함)에 불만족할 수 있습니다. 이로 인해 의견 차이가 있을 경우 행정심판(「학교폭력예방법」 제17조의 2)과 행정소송(「학교폭력예방법」 제17조의 3)에 의해 구제를 요청할 수 있습니다.

행정심판을 청구하거나 행정소송을 제기한 건수가 최근 3년간 크게 증가하였습니다. 행정심판 건수는 2020년 480건에서 2021에는 751건, 2022년에는 889건입니다. 행정소송은 2020년 111건에서 2021년 211건, 2022년 265건으로 증가하였습니다. 특히 가해학생이 제기한 행정심판·소송의 집행정지 인용률은 본안심판·소송의 최종 인용률을 훨씬 상회하여 학교폭력 조치의 실효성을 저하시키고 있습니다.[38]

38) 관계부처합동(2023).

가해학생의 행정심판소송 및 집행정지 인용률(2020~2022년)

(단위: %)

	행정심판			행정소송		
	2020	2021	2022	2020	2021	2022
집행정지 인용률	59.3	49.9	52.4	67.1	61.6	60.0
본안 인용률	17.7	14.5	11.7	11.7	12.8	4.9

[그림 3-2] 학교폭력근절종합대책

출처: 관계부처합동(2023).

행정심판이란 교육장이 내린 피해학생 및 가해학생에 대한 조치(「학교폭력예방법」 제16조 제1항 및 제17조 제1항)에 대해 이의가 있는 피·가해 학생 및 그 보호자가 「행정심판법」에 따라 청구하는 것[39]을 말합니다. 행정심판이란 행정청의 위법·부당한 처분이나 부작위로 권리 또는 이익을 침해받은 국민이 이를 회복하기 위하여 행정기관에 제기하는 권리구제제도입니다. 행정심판은 해당 교육청 행정심판위원회에 청구합니다. 행정심판위원회는 피해학생의 진술권을 보장하여야 합니다.[40]

행정소송은 교육장이 내린 피해학생 및 가해학생에 대한 조치(「학교폭력예방법」 제17조 제

39) 「학교폭력예방법」 제17조의 2(행정심판) ① 교육장이 제16조 제1항 및 제17조 제1항에 따라 내린 조치에 대하여 이의가 있는 피해학생 또는 그 보호자는 「행정심판법」에 따른 행정심판을 청구할 수 있다. [신설 2012. 3. 21., 2017. 11. 28., 2019. 8. 20.]

② 교육장이 제17조 제1항에 따라 내린 조치에 대하여 이의가 있는 가해학생 또는 그 보호자는 「행정심판법」에 따른 행정심판을 청구할 수 있다. [개정 2012. 3. 21., 2017. 11. 28., 2019. 8. 20.]

③ 행정심판위원회는 피해학생 또는 그 보호자 및 피·가해 학생의 소속 학교에 제2항에 따른 행정심판의 청구 사실을 통지하고 「행정심판법」 제20조에 따른 심판참가에 관한 사항을 문서로 안내하여야 한다. [신설 2023. 10. 24.]

40) 「학교폭력예방법 시행령」 제24조(피해학생 진술권 보장) ① 행정심판위원회가 법 제17조의 4 제1항 단서에 따라 의견청취를 하지 않을 수 있는 경우는 다음 각 호와 같다.

1. 피해학생 또는 그 보호자가 의견진술의 기회를 포기한다는 뜻을 명백히 표시한 경우
2. 피해학생 또는 그 보호자가 이미 해당 사건에 관하여 충분히 의견을 진술하여 다시 진술할 필요가 없다고 인정되는 경우
3. 그 밖에 행정심판위원회가 피해학생 또는 그 보호자의 의견청취가 현저히 곤란하다고 인정하는 경우

② 행정심판위원회는 법 제17조의 4 제1항 본문에 따라 피해학생 또는 그 보호자의 의견을 청취하는 경우에는 피해의 정도 및 결과, 가해학생에 대한 조치에 관한 의견, 그 밖에 해당 사건에 관한 의견을 진술할 기회를 주어야 한다.

③ 행정심판위원회는 피해학생 또는 그 보호자가 가해학생 또는 그 보호자를 대면하여 진술할 경우 충분히 진술할 수 없다고 인정하는 경우에는 가해학생 또는 그 보호자를 퇴장하게 한 후 진술하게 하거나 피해학생 또는 그 보호자에게 서면으로 의견을 제출하게 할 수 있다.

1항)에 대해 이의가 있는 피·가해 학생 및 그 보호자가 「행정소송법」에 따라 청구하는 것[41]을 말합니다. 행정소송이란 행정청의 부당 위법한 처분, 그 밖에 공권력의 행사·불행사 등으로 인한 국민의 권리 또는 이익의 침해를 구제하고 공법상의 권리관계 또는 법 적용에 관한 다툼을 적정하게 해결하기 위하여 법원이 행하는 재판 절차입니다. 교육장의 조치에 대해 이의가 있는 당사자는 행정심판을 거치지 않고 바로 행정소송을 제기할 수 있습니다(「형사소송법」 제18조 제1항). 행정소송은 1심이 90일 이내, 2심과 3심은 전 재판이 열린 날로부터 60일 이내에 개최하도록 개정되었습니다.

질문 59 사과하지 않겠다는 가해자 만나기

'학교폭력' 사안 해결과정에서 가장 심각한 문제의 하나는 가해자가 잘못이 분명함에도 불구하고 자신의 가해 사실을 부인하거나, 사과를 하지 않겠다는 경우입니다. 이 경우, 그 부모 역시 자식의 사과를 동의하지 않는 경우가 많습니다.

인간은 누구나 잘못을 저지르는 존재입니다. 하루 일과 속에서도 크고 작은 수많은 실수를 하기도 합니다. 그 실수가 자신이 의도하지 않았다 하더라도 타인에게 피해를 끼쳤다면 당연히 사과를 하는 것이 상식입니다. 그러나 드물게 자신의 잘못이 분명함에도 불구하고 잘못을 인정하지 않거나 사과를 하지 않겠다고 고집하는 사람을 만나게 됩니다.

사람들 중에는 이른바 도덕 감각 혹은 양심이 지나치게 예민하거나 무딘 사람이 있습니다. 이들은 보통 사람이면 가볍게 지나갈 일도 지나치게 미안해하거나 용서를 구하기

---

41) 「학교폭력예방법」 제17조의 2(행정심판) ① 교육장이 제16조 제1항 및 제17조 제1항에 따라 내린 조치에 대하여 이의가 있는 피해학생 또는 그 보호자는 「행정심판법」에 따른 행정심판을 청구할 수 있다. [신설 2012. 3. 21., 2017. 11. 28., 2019. 8. 20.]
② 교육장이 제17조 제1항에 따라 내린 조치에 대하여 이의가 있는 가해학생 또는 그 보호자는 「행정심판법」에 따른 행정심판을 청구할 수 있다. [개정 2012. 3. 21., 2017. 11. 28., 2019. 8. 20.]
③ 행정심판위원회는 피해학생 또는 그 보호자 및 피·가해 학생의 소속 학교에 제2항에 따른 행정심판의 청구 사실을 통지하고 「행정심판법」 제20조에 따른 심판참가에 관한 사항을 문서로 안내하여야 한다. [신설 2023. 10. 24.]

도 합니다. 그 반대편에는 자신의 잘못이 분명함에도 불구하고 의도가 없었기 때문에 사과를 할 수 없다고 주장하는 사람이 있습니다. 이러한 가해자를 만나는 것은 피해자에게는 큰 고통과 상처를 줍니다.

살면서 잘못을 저지르지 않는 사람은 없습니다. 인간이라면 누구나 크고 작은 잘못을 합니다. 인간이라는 존재는 잘못을 하고 실수하고 실패를 하는 존재입니다. 사람들 중에는 잘못은 인정하기 싫은 사람, 잘못을 인정하지 못하는 사람, 잘못을 인정하고 반성하는 사람, 잘못을 통해 오히려 건강한 성장으로 나아가는 사람이 있습니다.

일반적으로, 인간이 잘못을 인정하는 경우 그 잘못에 대한 대가가 내가 저지른 잘못과 균형을 이룰 때 사과하고 반성하는 일이 그리 어렵지 않습니다. 하지만 잘못과 처벌이 균형을 이루지 못할 때 당사자는 반성을 하는 일에 갈등을 겪게 됩니다. 잘못과 벌의 불균형이 심할 경우, 사람들은 잘못을 인정하기보다는 처음부터 부인하거나 거짓을 선택하는 유혹을 받게 됩니다.

마찬가지로 학교폭력 사안을 해결하는 과정에서 잘못에 대한 균형 있는 회복의 기회 제공이 필요합니다. 학교폭력 사안이 교육적으로 해결되는 과정이라면 처벌보다는 교육 기회의 제공이 기본이어야 합니다. 교육적 해결과정에서는 가해를 한 사람은 자신의 잘못을 진심으로 고백하고 뉘우치며 용서를 구할 수 있습니다. 회복의 기회가 가까이 있기 때문입니다. 하지만 교육의 과정이 아닌 징계와 벌을 주는 과정만이라면 잘못을 인정하기보다는 부인하고 외면하는 선택을 할 경우가 발생합니다.

자신의 잘못을 인정하는 순간 낙인(labelling)이 되고 정상적인 학교생활이 어려울 정도라면, 최대한 부인하고 버티는 전술을 사용할 가능성이 많습니다. 너무 빨리, 쉽게 자신의 잘못을 인정하는 것은 상대방에게 전략을 노출하는 것이 되고, 사안 해결과정에서 자신이 덤터기를 쓸 수도 있기 때문입니다. 무엇이 자신의 잘못을 인정하지 못하게 하는 것일까요?

무엇보다 먼저, 잘못을 인정하는 과정을 경험하지 못한 학생은 쉽게 자신의 잘못을 인정하지 않습니다. 이는 가정교육의 문제에서 시작합니다. 아이가 대·소변을 가리는 영·유아 단계에서부터 시작합니다. 아이가 자라면서 크고 작은 잘못을 하였을 때 그것을 회복하는 과정을 정확하게 배워야 합니다. 누가 가르쳐야 합니까? 아이의 첫 번째 학교는 가정이며 부모는 아이에게 교사가 됩니다. 부모의 양육 과정이야말로 아이가 도덕적이고 건강한 인격체로 성장하는 기둥이 됩니다. 양육의 과정에서 아이는 저지른 잘못을 인정하고 잘못으로부터 용서받고 회복되는 과정을 경험하여야 합니다. 이 경험이 없이 학교에 진학하여 학교폭력 사안이 발생되면 가해자가 되기 싫고 사과하지 않는 가해자가 되는 길에도 서슴지 않게 됩니다. 특히 아이의 부모가 심리적으로 건강하지 않고 도덕적으로 왜곡된 가치관을 가지고 있을 경우, 자녀가 사과하고 용서를 구하여 관계를 회복하기보다는 현재의 순간을 모면하기 위해 거짓과 진실에 대한 외면을 선택하게 됩니다.

질문 60 피해학생의 소외와 고통 만나기

'학교폭력' 사안 해결과정에서 피해학생이 사라지고 피해학생의 회복에 주목하기 보다는 가해자에 대한 처벌과 행정적인 절차 위주의 사안처리 과정이 전개되는 것을 보게 됩니다. 정작 피해자의 고통과 의견은 거의 반영되지 않습니다. 무엇이 문제인가요?

현행 제도는 학교폭력 사안을 교육의 대상이 아니라 해결해야 할 사안으로 보고 행정적으로 처리한다는 느낌이 강하게 듭니다. 학교폭력 문제는 사람과 사람 사이에서 일어나는 일이기에 사람을 중심에 놓고 접근해야 합니다. 특히 피해자에게 주목해야 합니다. 피해자에게 주목한다는 것은 피해자의 고통을 이해할 뿐만 아니라 공감하고 함께 고통을 나누며 회복을 위한 노력을 병행하여야 한다는 것을 의미합니다. 피해자에게 자신의 피해에 대해 충분히 설명하고 원하는 바를 이야기할 수 있는 기회를 제공하여야 합니다.

학교폭력 피해자의 고통은 무엇보다 먼저, 내가 원하지 않는 신체적·심리적·사회적 폭력에 노출되는 일입니다. 이 일을 겪으면 피해자는 깊은 분노와 당황스러움, 슬픔과 수치심, 두려움에 노출됩니다. 인간은 누구나 타인에 의해 자신의 신체 혹은 마음에 상처를 받는 것을 원하지 않습니다. 자신이 받아들일 수 없는 합리적인 설명 없이 주어지는 고통은 당사자에게 준비되지 못한 통증으로 몇 배의 고통을 안겨 줍니다.

누군가에 의해 나의 몸에 주먹이 와 닿았을 때, 내 뺨에 손바닥 혹은 주먹이 날아왔을 때 그때 느끼게 되는 당황스러움과 무기력함은 인간의 존재 가치를 땅바닥에 던져 버립니다. 상대방의 손이나 주먹질 혹은 발길질을 보고도 피할 수 없는 무력함에 노출되어 자신의 존재 자체를 원망하고 비참하게 만드는 모멸감에 빠져듭니다. 날아오는 주먹과 발길질을 당하면서도 피할 수도 없고 피해서도 안 되는 상황을 마주한다는 것은 어떤 의미인가요? 주먹이 아니라 도구를 통해 통증이 다가올 때 그 무기의 질감과 모양과 형태에 대한 두려움이 온몸 구석구석 세포마다 새겨집니다. 뼛속을 파고드는 통증 앞에서 반항은커녕 오히려 두려움의 늪에서 이 상황이 빨리 지나가기를 기다리는 그 시간은 영원처럼 길고 고통스럽습니다. 가해하는 이들의 웃음소리와 비아냥과 욕설들은 옷 속을 뚫고 피부층을 지나 뼛속에 와닿습니다.

육체적인 폭력이 아니어도 그 고통은 결코 작지 않습니다. 나를 투명인간 취급하고 못 들은 체하고 못 본 체하며 없는 사람처럼 취급하는 이들의 행동 속에서 나의 존재는 작아지다 못해 땅속으로 꺼져 버리고 맙니다. 청소년 시절 아이들이 겪는 폭력의 피해 중 관계에서 오는 심리적 폭력은 육체적 폭력 못지않게 더욱더 아프고 심각합니다. 육체적 폭력은 통증을 느끼며 외양이 회복되는 것이 보이지만, 심리적 폭력, 특히 관계적 폭력인 따돌림과 투명인간 취급은 어찌할 바를 모르고 도움을 호소하는 것조차 망설이게 합니다. 눈에 보이는 폭력의 증거가 없기 때문이고 이를 부인하면 문제를 제기하는 사람의 쪼잔함과 비루함으로 치환되기 때문입니다.

모든 폭력은 해롭습니다. 어떠한 폭력도 교육의 방법이 될 수 없습니다. 폭력은 인간의 몸과 마음뿐만 아니라 영혼과 자아를 파괴하기 때문입니다. 청소년 시절 지속적인 폭력에 노출되면 이는 사라지지 않고 내면의 무의식으로 가라앉게 됩니다. 삶의 힘겨운 순간 다른 모습, 다른 얼굴로 다가와 내 삶을 흔들어 놓을 수 있습니다. 따라서 모든 폭력은 정확한 치유 과정을 거쳐야 다음 단계로 나아갈 수 있습니다. 무엇보다 먼저, 폭력에 노출된 것에 대해 자신이 자신의 방식으로 이해하고 공감하며 용서와 회복을 거쳐 성장으로 나아갈 수 있도록 정산해야 합니다. 오늘날 한국의 학교폭력 과정에서 가장 소홀히 취급되는 것이 피해자의 몸과 마음과 영혼, 즉 자아에게 일어나는 고통과 통증입니다. 이 치유 과정에 특별한 관심과 지원이 요구됩니다.

제4장

학교폭력 조치

1. 학교폭력 가해학생(교사) 관련 조치

질문 61 학교폭력 가해학생 관련 조치

'학교폭력' 가해학생에 대한 조치들은 어떤 것들이 있으며 무엇이 달라졌는지요? 이러한 강화된 조치들은 학교폭력 예방에 실질적인 기여를 할 수 있을까요? 오히려 가해 자체를 부인하고 방어하는 데 힘을 쓰지 않을지 염려됩니다.

교육부와 관계부처들은 학교폭력 피해응답률이 2017년 이후 다시 증가하는 것에 대해 '무관용 원칙'의 지속 완화로 학교폭력에 대한 경감심이 둔화되었다고 파악합니다. 구체적으로, 2012년 학교폭력근절종합대책에서 수립한 초·중학교의 경우 생활기록부 졸업 후 5년 보존, 고등학교는 졸업 후 10년 보존 사항이 2013년 이후 단축됨으로 인해 학교폭력에 대한 경각심이 약화되었다고 파악합니다(학교폭력근절종합대책, 2013, p. 4).

학생들의 폭력에 대한 대책으로 국가가 대신하여 징벌하는 더 큰 폭력으로는 근본적 해결이 될 수 없습니다. 학교폭력에 대해 가해자가 해야 할 가장 핵심적인 역할은 자신의 잘못을 진심으로 뉘우치고 반성하여 피해자에게 용서를 구하는 일입니다. 피해자로부터 용서를 받은 가해자는 비로소 학교폭력의 가해로부터 심리적인 자유를 만날 수 있습니다. 하지만 현행 제도는 가해학생이 피해학생에게 잘못을 인정하고 사과하는 일을 국가가 대신하여 조사하고 결정합니다. 그리고 그 벌을 엄하게 함으로써 예방을 유도할 수 있다고 기대합니다.

정부가 말하는 대책은 중대한 학교폭력에 대해 엄정하게 대치하여 "학교폭력 시 불이익을 받는다."라는 인식을 확립하는 것입니다. 대표적인 조치는 학교폭력 조치사항의 기록 보존기간을 연장하겠다는 것입니다. 6호(출석정지)와 7호(학급교체) 처분에 대해 원칙적으로 2년 보존기간을 4년으로 늘리고, 8호(전학)는 예외 없이 2년 보존을 4년으로 연장하는 것입니다. 특히 졸업 후 기록삭제 요건을 강화하여 피해학생의 동의 확인서와 가·피해자 간 행정심판 소송 진행 상황을 고려하도록 하였습니다. 특히 현행 학교폭력 조치사항의 기재가 행동특성 및 종합의견, 출결상황, 인적·학적 사항으로 흩어져 있던 것을 (가치) '학교폭력 조치 상황란'에 기재하도록 개선하였습니다. 특히 가해학생에 대한 조치사항이 대입의 수시와 정시에 반영될 수 있도록 하였습니다. 즉, 2025년까지는 대학이 자율적으로 반영하였지만, 2026학년도부터는 전체 대학이 학교폭력 조치사항을 필수적으로 반영하도록 하였습니다. 특히 자퇴한 학생들의 학교폭력 조치사항도 학생부에 기록하도록 하여 대입에 반영하고자 합니다(학교폭력근절종합대책, 2013, p. 4).

무엇보다 학교폭력 사안이 발생하면 학교장은 인지와 함께 지체 없이 「학교폭력예방법」 제17조(가해학생에 대한 조치)의 2, 피해학생 및 신고·고발 학생에 대한 접촉, 협박 및 보복행위(정보통신망을 이용한 행위를 포함한다)의 금지를 실행합니다.[1] 문제는 가해자와 피해자가 분명하지 않은 상태에서 긴급조치가 시행될 경우, 가해자로 분류된 학생이 겪는 트라우마가 매우 클 수도 있다는 점입니다. 특히 가해자는 자신의 가해 사실에 대한 정보를 교육지원청의 '학교폭력심의위원회' 개최에 따른 통보에서 알 수 있다는 점도 지적됩니다.

피해자를 보호하고 가해자에게 엄정한 대처를 하는 것은 중요한 일이지만, 아직 가해와 피해가 분명하지 않은 상태에서 분리는 하되 교육적 프로그램 이수를 통해 가해자로 낙인되는 것을 잠시 유보하는 것이 필요합니다.

질문 62 가해자로 낙인찍히기

'학교폭력' 가해학생으로 분류되는 경험은 어른들이 이른바 '전과자'라고 낙인찍히는 경험과 비슷한 정도의 트라우마를 경험하게 할 것으로 보입니다. 나중에 '학교폭력 아님' 혹은 '학교의 장에 의한 자체 해결'을 처분받은 경우에도 관계를 회복하고 다시 일상으로 돌아가는 것이 가능할까요?

흔히들 "열 사람의 범인을 놓치는 일이 있다 하더라도 한 사람의 억울한 사람을 만들어서는 안 된다."라는 수사 속언이 있습니다. 학교폭력 사안은 더욱더 그러한 관점에 적

1) 「학교폭력예방법」 제17조(가해학생에 대한 조치) ④ 학교의 장은 학교폭력을 인지한 경우 지체 없이 제1항 제2호의 조치를 하여야 한다. [신설 2023. 10. 24.]

용되어야 합니다. 학교폭력을 한 학생 혹은 그 부모라고 낙인되면 지역사회와 직장 혹은 이웃들에게 따가운 눈초리를 받게 되며 부모들 사이에서는 "○○와는 놀아서는 안 된다." 혹은 "말도 걸지 말고 가까이하지 말라."라는 분위기가 형성됩니다.

일상생활은 완전히 무너져 내립니다. 관계가 깨어지고 부서져서 학교에서도 격리되고 분리됩니다. 해당 학생은 학급 구성원뿐만 아니라 학원이나 교회 등의 2차적 공동체에서도 '학교폭력 가해학생'이라는 주홍글씨를 이마에, 가슴에 새기며 생활하게 됩니다.

폭력은 어떠한 경우에도 정당화될 수 없습니다. 상대방 학생이 잘못을 제공하였다고 하더라도 그것을 폭력이라는 행동으로 사적인 보복을 해서는 안 될 일입니다. 하지만 미성년자이고 아직은 교육의 과정에 있는 학생이 자신의 감정을 조절하지 못하고 분노를 올바른 방식으로 표출하지 못하여 상대방에게 피해를 입혔다면, 무엇보다 먼저 해야 할 일은 자신의 잘못을 돌이켜 보고 진심으로 뉘우치는 기회를 주어야 한다는 것입니다. 이 과정에서 반성과 함께 사과와 용서를 구함으로써 관계가 회복되는 경험을 제공하는 곳이 학교입니다. 학교가 수사기관이 아닌 교육기관이기 때문입니다.

하지만 현행의 제도하에서는 학교폭력 사안을 해결하는 과정에서 가해자가 할 수 있는 일이 많지 않습니다. 평소처럼 장난치고 함께 놀던 친구가 어느날 나를 학교폭력으로 신고하면 지체 없이 격리되고 학교폭력 조사관에 의해 조사를 받게 됩니다. 내가 무슨 일로 조사를 받는지 그 내용은 심의위원회의에서 통지서를 받고 나서야 알 수 있습니다. 사과를 하고 용서를 빌고자 하여도 엄격한 분리조치로 인해 혹은 2차 가해로 오해를 받을 수 있어 대면하여 관계를 회복하는 기회는 원천적으로 주어지기 어렵습니다.

이런 상황에서 일부는 이른바 맞신고, 즉 "나도 피해자다."라고 신고를 합니다. 심지어 1~2년 전에 있었던 학교폭력 사안에 대해서도 신고합니다. 그때는 내가 피해자였고 상대방이 가해자였는데, 학교 당국이 이를 은폐, 축소하여 제대로 처리하지 않았다고 주장합니다. 이 과정에서 부모들의 감정이 격화되고 학교 당국에 대한 신뢰도 땅바닥에 내팽개쳐집니다. 그럴 때 일부 부모는 법의 도움을 호소합니다.

사실상 '학교폭력 아님' 혹은 '학교의 장에 의한 해결'로 결론이 날 수 있는 사안들에 대해 피해자와 가해자 양쪽 부모의 감정이 격해지면서 행정심판과 행정소송 혹은 법적 다툼까지 벌어지게 되고 가정도 학교도 교육도 철저하게 무너지고 황폐화되는 일이 벌어집니다. 아직 미성년자이고 교육의 대상인 학생에게 가해자라는 주홍글씨를 이마에 새기는 것이 얼마나 심각한 일인지 돌이켜 생각해 보아야 합니다. 모든 교사와 부모, 어른들에게 묻습니다. "당신들은 과연 타인에게 폭력 행위를 한 적이 없습니까?" "돌을 던질 자격이 누구에게 있습니까?"

질문 63 분리조치와 관계회복 프로그램

학교폭력 사안 발생 시 학교장은 긴급조치로 가해자에게 「학교폭력예방법」 제17조 2, 접촉·협박·보복 금지를 의무화하고 즉시 분리 기간을 현행 '3일 이내'에서 '7일 이내'로 연장합니다. 문제는 이 기간 중에 마땅한 특별교육 이수 프로그램이나 교육 담당 전문가가 있는지요?

즉시 분리 이후 학교폭력심의위원회의 결정 시까지 학교장은 가해학생에 대한 긴급조치 7호 처분인 학급교체를 추가하고 출석정지 기간도 '심의 결정 시'까지 가능하도록 하였습니다.

모든 잘못에는 이른바 상응하는 벌이 있어야 잘못을 한 사람도 수용할 수 있습니다. 무단횡단을 하거나 신호위반을 한 사람에게 차량을 압수하거나 면허증을 빼앗지는 않습니다. 반대로, 음주사망사고를 일으킨 사람에게 벌점을 부과하고 범칙금을 납부하는 것만으로 잘못의 대가를 치르게 할 수도 없습니다. 아직 '학교폭력'에 해당하는지 분명하지 않고, 가해자와 피해자도 모호하며, 그 잘못의 정도가 대화와 교육을 통해 회복 가능한 것임에도 학교장이 긴급조치를 통해 분리하고 출석을 정지하며 심지어 학급을 교체하는 결정을 하게 된다면 이것은 학생들의 작은 폭력에 대한 국가의 더 큰 폭력이 아닐까 하는 염려의 목소리가 있습니다.

물론 고의적이고 지속적이며 심각한 학교폭력을 훈육하고 용서하고 화해를 시키자고 하는 것이 아닙니다. 범죄에 해당할 만큼 심각한 폭력에 대해서는 당연히 엄정한 처리를 통해 피해자의 억울함을 살피고 정의를 실현하는 것을 보여 주어야 합니다. 하지만 이러한 일은 이미 다른 법률에서 다루고 있는 사안입니다. 학교에서는 친구들과의 갈등과 다툼이 그러한 폭력으로까지 번지지 않도록 예방하고 작은 폭력이 있을 때 초기에 적극적으로 개입하여 교육적인 해결을 추구하는 것이 핵심이 되어야 합니다.

개정 법률[2)]에서는 피해학생과 그 보호자가 심의위원회의 개최를 원하는 경우에도 피해학생과 가해학생 사이에 '관계회복을 위한 프로그램'을 권유할 수 있도록 하였습니다. 문제는 '관계회복 프로그램'이 어디에 있으며 누가 교육할 것인가입니다. 이 프로그램의 개발과 보급을 위해 예산과 인력을 배치하여야 할 것입니다.[3)]

지금까지는 경미한 사안에 대해서 피해학생과 그 보호자가 심의위원회의 개최를 원하지 않는 경우, 학교의 장에 의한 자체 해결이 가능함에도 불구하고 학교장은 이를 지체 없이 심의위원회에 보고하여야 합니다.[4)] 이로 인해 학교장은 어차피 심의위원회에 보고할 것을 굳이 효과도 불분명하고 예산과 인력도 없는 관계회복 프로그램 권유를 선택하는 것에 갈등이 생길 것입니다. 이런 이유로 관계회복 프로그램에 동의할 경우, 심의위원회 보고를 잠시 유보하는 것이 필요합니다. 이것을 결정하는 일은 전담기구가 할 수 있을 것입니다. 즉, 전담기구에 의해 학교 자체 해결 사안으로 분류하고 관계회복 프로그램을 운영하고 그 결과를 보고하는 것으로 사안을 종결하는 것입니다.

2) 「학교폭력예방법」 제13조의 2 ③ 학교의 장은 제1항에 따른 경미한 학교폭력에 대하여 피해학생 및 그 보호자가 심의위원회의 개최를 원하는 경우 피해학생과 가해학생 사이의 관계회복을 위한 프로그램(이하 '관계회복 프로그램'이라 한다)을 권유할 수 있다. [신설 2023. 10. 24.]

3) 「학교폭력예방법」 제13조의 2 ④ 국가 및 지방자치단체는 관계회복 프로그램의 개발·보급 및 운영을 위하여 필요한 경우 행정적·재정적 지원을 할 수 있다. [신설 2023. 10. 24.]

4) 하지만 학교폭력 사안처리 가이드북에서 관계회복 프로그램은 사안처리를 대신할 수 없으며 프로그램 참여 여부와 상관없이 학교폭력대책심의위원회 진행이 이루어질 수 있다(교육부, 이화여자대학교, 2024, p. 66).

질문 64 특별교육과 가해자 부모

자녀의 '학교폭력' 사안으로 부모가 특별교육을 받게 되는 일은 얼핏 보면 연좌제나 반헌법적 인권침해처럼 보이기도 합니다. 문제는 많은 부모가 억울해한다는 것입니다. 교육의 내용에 대해서도 폭력의 형태가 다 다른데, 같은 교육을 실시하는 것이 합당한지요?

흔히들 배우는 것은 도둑질을 제외하고는 다 도움이 된다고 합니다. 하지만 세상에서 굳이 배우고 싶지 않은 교육이 몇 있습니다. 예를 들면, 음주운전을 하거나 성희롱·성폭력으로 인해 법원의 명령으로 교육을 받아야 하는 경우입니다. 이들에게는 정말 필요한 것이 이 교육임에도 당사자는 너무나 불편해합니다. 이 교육들은 잘못의 종류와 개선 방안이 너무나 선명한 교육입니다. 하지만 또 하나 자신의 잘못이 아님에도 보호자라는 관계 때문에 받아야 하는 교육이 있습니다. 학교폭력 가해자 보호자 교육이 그것입니다. 학부모의 입장에서 가장 참석하고 싶지 않은 교육이 바로 자녀의 '학교폭력' 처분에 대한 벌로서 부모가 받아야 하는 의무적 특별교육입니다.

「학교폭력예방법」 제17조[5]와 제23조[6]는 가해학생과 그 보호자에 대한 특별교육 이수 및 특별교육 미이수에 대한 벌칙조항을 제시합니다. 저자는 교육지원청의 학교폭력 사안을 보고받고 처분을 결정하는 일을 담당하였으며,[7] 학교폭력 피해자 상담기관에서 피해자와 그 보호자를 상담하고 있습니다. 아울러 학교폭력 가해자에 대한 특별교육을 실시하는 강사입니다. 특히 학교폭력 가해학생 학부모를 강의하면서 그들과 나눈 대화는 그들의 심정을 생생하게 이해하도록 이끕니다.

가해자 학부모들은 세상에서 가장 오고 싶지 않은 교육에 참석하였다고 생각합니다. 그들 중 일부는 너무나 억울해합니다. 교육지원청으로부터 학교폭력 가해자 보호자로서 특별교육을 이수한다는 공문서류를 받게 되는 것은 경(검)찰이나 법원의 소환장을 받

---

5) 「학교폭력예방법」 제17조(가해학생에 대한 조치) ⑬ 심의위원회는 가해학생이 특별교육을 이수할 경우 해당 학생의 보호자도 함께 교육을 받게 하여야 하며, 피해학생이 장애학생일 경우 장애인식개선 교육내용을 포함하여야 한다. [개정 2012. 3. 21., 2019. 8. 20., 2023. 10. 24.]

6) 「학교폭력예방법」 제23조(과태료) ① 제17조 제13항에 따른 심의위원회의 교육 이수 조치를 따르지 아니한 보호자에게는 300만 원 이하의 과태료를 부과한다. [개정 2019. 8. 20., 2023. 10. 24.]

7) A교육지원청 학생특수교육지원센터장(2017. 9.~2018. 8.).

는 것만큼이나 끔찍한 일입니다. 무슨 교육을 어디에서 어떻게 받으라는 것인지 확인하면서 화가 납니다.

교육 당국의 입장에서는 가해학생의 보호자를 교육하고자 할 때 교육의 내용과 강사진 구성 및 시설 환경을 확보하는 것이 중요한지만 대부분 위탁을 통해 해결합니다. 법령에 따라 학교폭력 가해자 교육을 위탁할 기관을 선정하고 공문을 통해 통보를 하는 것으로 교육(지원)청의 역할이 끝납니다. 교육의 효과성과 효율성, 적절성과 성과 등에 대해서는 설문을 통해 적절하게 관리하는 행정사항이 됩니다. 학교폭력 피해자 교육기관은 참 많습니다. 문제는 가해자(보호자 포함) 특별교육 기관은 매우 드뭅니다.

지역마다 차이가 있을 수 있습니다만 현재 전국의 17개 시·도교육청에서 학교폭력 피해학생의 치유와 회복을 위한 지원기관은 303개가 운영되고 있습니다(남지원, 2023. 6. 29.).[8] 하지만 가해학생 특별교육기관의 수는 매우 적습니다. 가해학생 학부모를 교육할 수 있는 기관은 더욱더 만나기 힘듭니다. B교육청의 경우에도 가해학생 특별교육이수기관은 9곳이지만 가해학생과 학부모를 함께 교육하는 특별교육 이수 위탁교육기관은 1곳에 불과합니다.[9] 교육청마다 사정이 다르지만 가해학생에 대한 특별교육은 교육지원청의 위(Wee)센터를 제외하면 가해자와 그 학부모의 교육 수요에 비해 위탁 기관이 수가 매우 적습니다.

문제는 가해학생과 학부모 모두 초등학교와 중·고등학교가 다르고, 폭력의 종류와 양상이 다릅니다. 특히 교사와의 폭력과 관련하여 교육을 받는 학생과 부모가 있습니다. 또한 딥페이크 등의 사이버 폭력, 집단 따돌림과 성폭력 등 사안의 성격이 매우 다른 집단들이 함께 교육을 받는 경우도 있습니다. 특별교육기관은 폭력의 성격과 학교 급별에 따라 전문성을 가지고 운영되는 것이 바람직합니다. 하지만 관내에서 일어나는 폭력의 숫자와 특별교육 수용 발생은 수시로 불특정하게 일어나기에 특성화하기가 매우 어렵습니다. 교육기관에서 적절하게 교육내용을 재구성하는 것이 현재로서는 가장 합리적

---

8) 남지원(2023. 6. 29.). 경향신문(https://www.google.com/search?q=%ED%95%99%EA%B5%90%ED%8F%AD%EB%A0%A5+%EC%9D%B4%ED%95%B4%EC%9E%90+%EC%A7%80%EC%9B%90+%EA%B8%B0%EA%B4%80+%EC%88%98&oq=%ED%95%99%EA%B5%90%ED%8F%AD%EB%A0%A5+%EC%9D%B4%ED%95%B4%EC%9E%90+%EC%A7%80%EC%9B%90+%EA%B8%B0%EA%B4%80+%EC%88%98&gs_lcrp=EgZjaHJvbWUyBggAEEUYOTIJCAEQIRgKGKABMggIAhAhGAoYFdIBCTEyMTYyajBqOagCALACAQ&sourceid=chrome&ie=UTF-8).

9) 행정사 사무소 담은(2017. 6. 8.). 네이버 블로그(https://blog.naver.com/sik8722/221023739228).

인 방안입니다.

피해자와 그 부모 못지않게 가해자의 부모도 상처를 받습니다. 그래서 정확한 교육과 치료가 필요합니다. 가해학생들의 잘못된 행동의 고리를 끊고 진정한 사과와 용서 구하기를 위해서는 그 부모의 참여와 동행이 매우 중요합니다. 가해자 부모를 위한 제대로 된 특별교육과 전문가에 의한 상담 등이 요구됩니다.

질문 65 사이버 폭력 가해자 되기

요즘 학교폭력의 양상으로 대면 관계의 폭력보다는 사이버 공간에서 일어나는 폭력이 많아졌습니다. 그래서 사이버 폭력이 학교폭력의 영역 안으로 정식으로 포함되었습니다. 누가 사이버 폭력의 가해자가 되는지요? 그 이유는 무엇일까요?

『국부론』의 저자 애덤 스미스(Adam Smith)는 인간의 타고난 본성을 『도덕감정론』이라는 책에서 "우리는 서로에게 공감하고 그 사람의 입장이 되어 본다. 그러면 그와 어느 정도 같은 사람이 되고 그때부터 그와 비슷한 감각을 형성하며 비록 정도는 약해도 그와 다르지 않는 뭔가를 느끼기도 한다."라고 말합니다. 하지만 인간의 본성이 악한 것이라는 주장도 많이 있습니다. 토머스 홉스(Thomas Hobbes)는 "자연 상태에서 인간은 사악하며 이기적이다."라고 주장합니다. 19세기 어린아이들의 '타고난 패악'을 언급하였던 토머스 마틴(Thomas Martin) 목사는 "우리는 악한 근성으로 가득한 본성을 가지고 세상에 태어났다."라고 말합니다. 하지만 "기본적으로는 도덕적 감각 혹은 양심은 사람의 한 부분임은 분명하지만 사람에 따라 더 강하기도 하고 약하기도 하며, 이 감각은 훈련에 의해 강화할 수 있다."라는 토머스 제퍼슨(Thomas Jefferson)의 말에 귀를 기울이게 됩니다(Paul Bloom, 2024에서 재인용).

문제는 지금 우리가 살고 있는 시대는 누구나 클릭 몇 번만으로도 중대범죄를 저지를 수 있는 세상이라는 점입니다. 특히 스마트폰이 장기의 일부처럼 되어 버린 포노사피엔스, 즉 Z세대(1996년 이후에 태어난 세대)는 주변 사람들로부터 관심을 돌려 흥미진진하고 중독성이 강하고 불안정하며, 아동과 청소년에게 부적절한 대체 우주로 오라고 유혹

하는 '포털'을 주머니 속에 넣고 다니면서 사춘기를 보내는 역사상 최초의 세대입니다(Jonathan Haidt, 2024).

Z세대 아이들은 친구와 가족과 함께 놀고 대화하는 시간이 점점 줄어들고 심지어 시선을 마주치는 시간마저 줄어들었습니다. 사회적 행동에 참여하는 정도가 크게 줄어들었습니다. 이들은 인류가 진화한 소규모 공동체의 현실 세계 상호작용에서 벗어난 상태에서 성장한 '아동기 대재편'을 경험한 세대입니다. 이들은 '놀이 기반 아동기'에서 '스마트폰 기반 아동기'로 전환된 시대를 살아갑니다. 현실 세계에서는 과잉 보호되지만 가상 세계에서는 과소 보호됩니다. 이들은 쉽게 주의를 집중할 수 없고 전두피질이 미처 성숙하기도 전에 스마트폰에 중독되어 있습니다(Jonathan Haidt, 2024).

Z세대는 손바닥 위에서 하루에도 몇 시간씩 폭력과 선정적인 화면에 노출됩니다. 미국 청소년들은 하루 평균 4시간 정도 스마트폰을 본다는 보고도 있습니다. 휴대폰 없는 학교 정책을 시행하기도 합니다. 호주머니 속의 휴대폰이 학습을 방해한다는 증거는 너무나 차고 넘칩니다. 2023년 8월 유엔교육과학문화기구(UNESCO)는 디지털 기술, 그중에서 특히 휴대폰이 전 세계 각지의 교육에 미치는 역효과를 다룬 보고서를 내놓았습니다. 우리 아이들을 휴대폰으로부터 멀어지도록 교육하여야 합니다.

아이들은 왜 친구들과 재미있게 지내면서 양보하고 친절하게 지내지 못할까요? 아이들에게 자유롭게 놀 수 있는 놀이를 돌려주고 경쟁이 아닌 협업을 통해 성취와 보람을 누릴 수 있는 교육 기회를 제공한다면, 아이들은 당연히 배려하고 공감하는 근육을 기르게 될 것입니다. 과도한 입시경쟁으로 초등학교 학생부터 의대 선행반을 공부하도록 압력을 행사하는 부모와 교육제도 속에서 아이들의 행복한 유년시절은 고사하고 바람직한 민주적 시민의식마저도 기를 수 없는 상황이 아닐까요?

아이들이 과도하게 스트레스에 노출되고 매우 위험한 스마트폰이라는 환경에 대해 적절하게 제지하고 통제하지 않으면 아이들의 자제력은 줄어들고 중독을 심각해질 것입니다. 부모로부터 휴대폰 사용에 적절한 제지를 받지 않는 아이들은 잘못된 사용에 대한 유혹을 받기 쉽습니다. 잠재적인 사이버 폭력의 피해자 혹은 가해자가 될 가능성이 많아집니다. 우리 아이들을 사이버 폭력으로부터 보호하고자 한다면 디지털 기기를 올바르게 다루고 중독을 예방하는 교육을 더욱더 강화하여야 합니다.

질문 66 교사가 학교폭력 가해자인 경우

'학교폭력'이 학생들을 대상으로 하는 폭력이므로 종종 교사가 학교폭력의 가해자가 되는 경우가 있습니다. 어떤 교사가 가해자가 되는지요? 가해자가 되지 않기 위한 예방은 무엇입니까?

흔히 교육의 3주체라고 하면 학생과 교사 그리고 학부모를 말합니다. 교사는 학생들을 대상으로 교과교육과 생활교육을 가르칩니다. 이 과정에서 학생들 중 일부는 문제행동을 하고 수업을 방해하며 교권을 침해하기도 합니다. 이러한 문제행동에 대처하는 과정에서 교사가 학교폭력의 가해자가 될 수 있습니다.

교사가 학교폭력의 가해자가 되는 일이 하루에도 몇 번씩 일어날 수 있는 곳이 교실이며 수업이고 학교입니다. 교사의 가르치는 행위, 즉 수업 시간에 일부 학생들의 수업 방해 혹은 교육활동에 대한 침해는 제지되어야 하고 적절한 꾸중을 통해 잘못된 행동에 대한 벌, 즉 대가를 치루어야 합니다. 하지만 일부 학생들은 자신의 잘못을 인정하지 않거나 교사의 지도력 부족으로 문제를 호도하기도 합니다. 교사에게 직간접적인 모욕을 주거나 버릇없는 행동과 시비를 거는 방식으로 교사의 감정을 자극하고 부적절한 반응을 유도합니다.

일반적인 학생들의 네 가지 문제행동, 즉 '관심 끌기' '힘겨루기' '보복하기' '무능감 보이기'는 효과적으로 대처하는 상담적 기법이 있습니다. 하지만 교사에 대한 폭언과 욕설, 모욕 주기와 난동, 비아냥거리기와 소리 지르기 등은 상담적 기법 혹은 대화를 통한 교육으로 제지하기 어렵습니다. 이때 교사는 단호하게 학생들의 잘못된 행동에 대해 적절한 벌점 혹은 꾸중을 통하여 잘못을 지적합니다. 그럼에도 불구하고 잘못을 저지른 학생이 이를 수용하지 않을 때 교사는 폭력적인 언어나 태도로 화를 낼 수도 있습니다. 직간접적으로 학생들을 제지하고 신체를 접촉할 수도 있습니다. 이 경우, 학교폭력으로 오해를 받을 수 있습니다.

기본적으로 교사는 학생들의 잘못된 말이나 행동에 대해 제때 정확하게 지적하여 꾸중을 통해 잘못된 행동이 용납되지 않는다는 것을 보여 줌으로써 더 큰 잘못된 행동을 예방하게 됩니다. 아이들에게 잘못을 지적할 때 중요한 것은 단호하되 친절한 태도를 잃지 않아야 한다는 것입니다. 이를 알프레드 아들러(Alfred Adler)는 "KIND AND FIRM"이라고 말합니다. 잘못을 지적하되 친절하게 지적한다는 것은 마치 뜨거운 아이스크림처럼 형용모순으로 들릴 수 있지만, 학교에서 교사가 체득해야 할 가장 핵심적인 생존기술입니다.

교사의 정당한 지도에 대해 학생이나 학부모가 문제를 제기하고 민원을 제기할 때 교사는 당당하게 맞서는 것이 중요합니다. 상대방의 마음을 공감해 줄 수는 있지만, 모든 것이 나의 잘못이고 부족함 탓이라는 형태의 모호한 사과는 위험합니다. 구체적으로 자신이 잘못한 일에 대해 정확하게 사과를 할 수는 있지만, 법적인 문제로 갈 수도 있다는 점을 염두에 두고 말과 감정을 관리하여야 합니다. 특히 어떠한 경우에도 흥분하거나 싸우려는 태도는 위험합니다. 상대가 학생이든 학부모이든 교육청이든 대결과 싸움으로는 얻는 것보다 잃는 것이 훨씬 큽니다. 싸우지 않고 이기는 방법을 찾아야 합니다. 그러기 위해서는 일단 가해자의 자리에 서지 않도록 예방하는 것이 첫 번째입니다. 그 다음 불가피하게 가해자의 자리에 서게 되었다면 주변의 전문가에게 도움을 청하고 심신의 안정 위에서 차분하게 대응하여야 합니다. 필요하다면 교사가 먼저 사과를 할 수도 있습니다. 자신의 잘못된 말이나 행동이 학생이나 학부모에게 빌미를 제공했다면 그 부분에 대해 정확하게 인정하고 사과할 수 있습니다. 이때 자신의 감정을 중심으로 사과를 하는 것이 좋겠습니다.

2. 학교폭력 피해학생(교사) 관련 조치

질문 67 학교폭력 피해학생 관련 조치

개정된 법률은 피해학생에 대한 보호를 두텁게 하고 지원을 강화하였다고 합니다. 구체적으로 어떤 관련 조치들이 있는지요?

학교폭력 사안에서 가장 중요한 것은 피해학생에 대한 보호와 안정을 확보하는 것입니다. 개정된 법률[10)]은 2024년 3월 1일부터 시행이 되었습니다. 법에 따르면, 피해학생에 대한 보호 조치로 먼저, 가해학생을 피해학생으로부터 분리하는 즉시 분리 제도가 이전 3일 이내에서 7일 이내로 연장되었습니다. 피해자가 자신을 가해한 학생과 같은 공간에 머무르지 않도록 보호하려는 노력입니다. 이는 학교폭력 발생 시 초기 보호체계 강화에 따른 조치입니다. 즉시 분리 기간에는 수업자료를 제공하여 학습 결손이 쌓이지 않도록 지원합니다. 원격수업 등도 가능한 지원의 방법 중 하나입니다. 특히 피해학생에게 분리요청권을 부여하도록 하였습니다. 피해학생이 요청 시 학교장이 긴급조치로 가해학생에 대한 '출석정지(6호)' 또는 '학급교체(7호)'를 할 수 있도록 개선하였습니다.[11)] 출석정지의 경우, 심의위원회의 결정 시까지 가능합니다. 이를 '분리요청권'이라고 합니다.

피해학생의 보호와 관련된 조치[12)]들은 학내외 전문가에 의한 심리상담 및 조언을 비

10) [법률 제19741호, 2023. 10. 24. 일부개정.]

11) 「학교폭력예방법」 제17조(가해학생에 대한 조치) ⑤ 학교의 장은 피해학생의 보호와 가해학생의 선도·교육이 긴급하다고 인정할 경우, 우선 제1항 제1호, 제3호, 제5호부터 제7호까지의 조치를 각각 또는 동시에 부과할 수 있다. 이 경우, 심의위원회에 즉시 보고하여 추인을 받아야 한다. [개정 2012. 1. 26., 2012. 3. 21., 2019. 8. 20., 2021. 3. 23., 2023. 10. 24.]

12) 「학교폭력예방법」 제16조(피해학생의 보호) ① 심의위원회는 피해학생의 보호를 위하여 필요하다고 인정하는 때에는 피해학생에 대하여 다음 각 호의 어느 하나에 해당하는 조치(수 개의 조치를 동시에 부과하는 경우를 포함한다)를 할 것을 교육장(교육장이 없는 경우 제12조 제1항에 따라 조례로 정한 기관의 장으로 한다. 이하 같다)에게 요청할 수 있다. 다만, 학교의 장은 학교폭력사건을 인지한 경우 피해학생의 반대의사 등 대통령령으로 정하는 특별한 사정이 없으면 지체 없이 가해자(교사를 포함한다)와 피해학생을 분리하여야 하며, 피해학생이 긴급보호를 요청하는 경우에는 제1호부터 제3호까지 및 제6호의 조치를 할 수 있다. 이 경우 학교의 장은 심의위원회에 즉시 보고하여야 한다.

록하여 치료와 치료를 위한 요양이 강화되었습니다. 특히 피해학생 지원을 위한 조력인을 지정하여 행정적·재정적 지원[13]을 할 수 있도록 조치하였습니다. 아울러 사이버 폭력의 피해자일 경우 촬영물의 삭제를 요청[14]할 수 있도록 하였습니다.

피해학생이 전문가에 의해 전문적 조력(상담, 치료 등)을 받을 때 피해학생 및 보호자가 학교안전공제회 또는 시·도교육청에 비용을 청구하는 절차는 「학교안전사고 예방 및 보상에 관한 법률」[15] 제41조[16]를 준용하게 됩니다. 이미 지급된 비용을 가해자에게 구상권을 청구하여 받을 수 있도록 하는 방침은 가해학생과의 또 다른 갈등을 야기하여 피해학생 측에서는 부담이 되는 일입니다. 따라서 학교폭력심의위원회에서 구상권 청구와 관련된 사안의 비용 부담 비율을 포함하여 결정하는 것이 필요합니다.

특히 피해학생 지원을 위한 조력인 지정과 운영[17]은 구체적인 조력인의 전문적 조력

[개정 2012. 3. 21., 2017. 4. 18., 2019. 8. 20., 2020. 12. 22., 2021. 3. 23., 2023. 10. 24.]

1. 학내외 전문가에 의한 심리상담 및 조언
2. 일시보호
3. 치료 및 치료를 위한 요양
4. 학급교체
5. 삭제 [2012. 3. 21.]
6. 그 밖에 피해학생의 보호를 위하여 필요한 조치

13) 「학교폭력예방법」 제16조의 3(피해학생 지원 조력인) ① 교육감 또는 교육장은 피해학생 지원을 위하여 피해학생이 필요로 하는 법률, 상담, 보호 등을 위한 서비스 및 지원기관을 연계하는 조력인(이하 "피해학생 지원 조력인"이라 한다)을 지정할 수 있다.
② 교육감 또는 교육장은 피해학생 지원 조력인의 운영을 위한 행정적·재정적 지원을 하여야 한다.

14) 「학교폭력예방법」 제16조의 4(사이버폭력의 피해자 지원) ① 국가는 사이버폭력에 해당하는 촬영물, 음성물, 복제물, 편집물, 개인정보, 허위사실 등(이하 이 조에서 "촬영물등"이라 한다)이 정보통신망에 유포되어 피해(촬영물등의 대상자가 되어 입은 피해를 말한다)를 입은 학생에 대하여 촬영물등의 삭제를 위한 지원을 할 수 있다.
② 제1항에 따른 피해학생, 그 보호자 또는 피해학생이나 보호자가 지정하는 대리인은 국가에 촬영물등의 삭제를 위한 지원을 요청할 수 있다. 이 경우 피해학생이나 그 보호자가 지정하는 대리인은 대통령령으로 정하는 요건을 갖추어 삭제지원을 요청하여야 한다.

15) 「학교안전사고 예방 및 보상에 관한 법률(약칭: 학교안전법)」[시행 2022. 3. 25.] [법률 제18463호, 2021. 9. 24., 일부개정]

16) 「학교폭력예방법 시행령」 제18조 ② 제1항의 비용을 지원받으려는 피해학생 및 보호자가 학교안전공제회 또는 시·도교육청에 비용을 청구하는 절차와 학교안전공제회 또는 시·도교육청이 비용을 지급하는 절차는 「학교안전사고 예방 및 보상에 관한 법률」 제41조를 준용한다.
③ 학교안전공제회 또는 시·도교육청 「학교폭력예방법」 제16조 제6항에 따라 가해학생의 보호자에게 상환청구를 하는 범위는 제2항에 따라 피해학생에게 지급하는 모든 비용으로 한다. [개정 2021. 9. 29.]

17) 「학교폭력예방법 시행령」 제18조의 2(피해학생 지원 조력인의 지정·운영) ① 교육감 또는 교육장은 법 제16조의 3에 따라 다음 각 호의 요건을 모두 갖춘 사람으로서 청소년 보호 및 정서 지원에 대한 지식과 경험이 풍부한 사람을 피해학생이 필요로 하는 법률, 상담, 보호 등을 위한 서비스 및 지원기관을 연계하는 조력인(이하 "피해학생 지원 조력인"이라 한다)으로 지정할 수 있다.

행위에 대한 수당 등의 규정이 없어 자원봉사자가 아니라면 실제 실행에 한계가 있을 수 있습니다. 조력 인력풀의 구성 단계에서 전문적 지식 제공에 대한 예산이 배치되어야 할 것입니다. 아울러 이들 인력 자원에 대해 교육지원청의 선발·운영 및 역량 강화를 위한 노력이 필요합니다.

질문 68 피해자에게 가해지는 2차 폭력

'학교폭력'은 1차 피해보다 2차, 3차 피해가 더 나쁜 영향을 끼친다고 합니다. 구체적으로, 2차 가해 혹은 3차 가해란 무엇이며 어떻게 예방할 수 있을까요?

학교폭력 사안 해결과정에서 2차 피해는 주로 '낙인'찍기와 피해자에게 잘못의 일부를 전가하는 경우입니다. 아울러 가해자의 처분에 대해 피해자에게 "너 때문에 친구가 함께 교실에서 생활할 수 없다."와 같은 형태의 비난입니다. 학급교체와 전학, 퇴학 등의 조치에서 이런 현상들이 많이 일어납니다. 이때 피해자에 대한 비난이 2차 가해입니다. 피해자는 자신을 보호하고 지키기 위해 정당한 신고를 한 것인데, 이로 인해 가해자가 학교폭력심의위원회의 결정으로 1~2호 처분이 아닌 3호 이상의 처분을 받게 되면 다른 친구로부터 비난을 받는 경우입니다.

학교폭력 사안에서 일방적인 폭력이라면 모두가 가해자를 비난하고 피해자에 대해 연민과 공감을 하게 될 것입니다. 하지만 일방적인 가해의 경우에도 가해자와 가까운 친구들은 가해자에게 내린 처벌에 대해 피해자가 신고를 하였기 때문이라는 식의 비난을 하게 되는 경우가 있습니다. 이 경우에는 이러한 가해 역시 처벌을 받아야 마땅합니다. 가해자의 동조자, 즉 협력자가 되어 피해자를 심리적으로 폭행하는 것이기 때문입니다.

또 다른 2차 가해는 쌍방 폭력의 경우, 한쪽 당사자는 1호 서면사과와 2호 접근금지 정도의 처분을 받은 것에 비해, 다른 당사자가 4호 사회봉사 및 5호 특별교육이수 등과 함께 출석이 정지되는 처분(6호) 이상을 받을 경우 비난을 하는 것을 말합니다. 이 경우는 쌍방 폭력이라고 하지만, 방어적 폭력일 경우마저도 참아야 한다고 강요하는 것은 어렵습니다. 거의 피해자 측에 가까운 학생이 최소한의 자기 방어를 한 것에 대해 "쌍방

폭력이므로 너도 잘못이 있다."라고 강압해서는 안 됩니다. 학생들은 폭력 행위에 노출되면 일방적으로 폭력을 당하기보다 나름대로의 방어와 반격을 하게 됩니다. 이때 일어나는 언어적·물리적 폭력을 쌍방 폭력으로 몰아서 '너에게도 잘못의 일부가 있다'라는 식의 접근 자체가 2차 폭력에 해당합니다.

3차 폭력은 이미 지나간 폭력의 기억을 수시로 불러오고 문제를 제기하는 형태의 폭력입니다. 당사자가 다르고 해당 사안이 전혀 다른 사건에서 예전의 폭력 경험들을 불러오거나 그때의 잘못을 증언하는 등의 방식으로 문제를 제기하는 것은 2차 폭력이라기보다는 3차 폭력이라고 할 수 있습니다.

교사들의 경우에도 학교폭력의 경험이 있는 학생들을 잠재적인 문제아로 분류할 수 있습니다. 생활지도의 참고 자료로 삼고자 하지만 학교폭력으로 처분을 받은 경험이 있는 학생이 우리 학급에 있다면 교사는 늘 경계하고 우려할 수 있습니다. 하지만 이는 선입견이 되어 편견을 제공할 수 있음에 주의하여야 할 것입니다. 학교폭력의 피·가해자 경험이 있는 학생들을 주목하여 '도움이 필요할 때 언제든지 도움의 손길을 내밀겠다'는 신호를 주고받는 것으로 예방효과와 관리의 효과를 함께 거둘 수 있습니다.

무엇보다 심각한 학교폭력의 2차 가해는 학교에서 일어난 1차 사건이 가정으로 불길이 옮겨 붙어 부모 사이의 갈등을 증폭하는 것입니다. 특히 안타까운 것은 이 갈등이 어른들의 싸움이 되어 교육적 해결을 너무 빨리 포기하고 감정적 싸움으로 사법적 해결을 선택하게 되는 것입니다. 이럴 때는 가정마저 정상적인 기능을 감당하기 어렵습니다. 대부분의 일상생활이 무너지고 가정에서는 자녀의 학교폭력 사안으로 인해 부모가 갈등이 생깁니다. 서로에게 책임을 전가하며 형제·자매 사이도 서먹해지는 결과를 가져오게 됩니다. 이것이 2차, 3차 피해입니다. 뿐만 아니라 이로 인해 관련자들이 자신을 스스로 비난하고 고통스럽게 하며 부정적인 모습으로 정체성을 형성하는 것 역시 2차 가해라고 할 수 있습니다.

질문 69 피해학생 진술 보장권과 피해학생 지원체제

피해자의 '진술보장권'이란 무엇이며 지원체제에는 어떤 것들이 있을까요? '진술보장권'이라고 하면 지금까지는 피해자가 자신의 피해를 제대로 진술하지 못했다는 뜻인가요? 학교폭력의 피해자들은 구체적으로 어떤 지원을 받게 되나요?

'학교폭력' 피해학생에 대한 보호 조치 중 개정된 법률에 따르면 대표적인 조치가 가해학생이 행정심판과 행정소송 등으로 조치에 불복할 경우, 이를 피해학생 측에게 알리는 것입니다. 즉, 가해학생 측의 불복 사실과 함께 행정심판과 행정소송 참가가 가능함을 통지하는 것으로, 이를 진술보장권[18]이라고 하며 이 조항은 2024년 2월 27일 신설된 것입니다.

이 조항이 신설된 이유는, 지금까지 가해학생 측에서 심의위원회의 조치에 불복하여 행정심판이나 행정소송을 하게 될 경우 피해학생에게 알려야 할 의무가 없었다는 점입니다. 이에 정작 피해자는 가해자가 심의위원회의 조치를 충실하게 이행하고 있는지 확인이 어려웠습니다. 특히 가해학생이 제기한 행정심판과 행정소송에 의해 집행정지 결정이 되었을 때 피해학생 측은 매우 혼란스러울 수밖에 없습니다. 이에 피해학생 측의 진술권이 보장되도록 하였다는 것에 의미가 있습니다.

피해학생 전담 지원관 제도가 신설된 것은 매우 중요한 의미가 있습니다. 하지만 이 제도는 학교폭력 조사관과는 달리 실제 선발이나 자격과 역량에 대한 기준이 없어 실효성이 의문입니다. 피해학생 전문지원기관을 확대하고 유관기관의 협력을 지원하겠다는

18) 「학교폭력예방법 시행령」 제24조(피해학생 진술권 보장) ① 행정심판위원회가 법 제17조의 4 제1항 단서에 따라 의견청취를 하지 않을 수 있는 경우는 다음 각 호와 같다.
1. 피해학생 또는 그 보호자가 의견진술의 기회를 포기한다는 뜻을 명백히 표시한 경우
2. 피해학생 또는 그 보호자가 이미 해당 사건에 관하여 충분히 의견을 진술하여 다시 진술할 필요가 없다고 인정되는 경우
3. 그 밖에 행정심판위원회가 피해학생 또는 그 보호자의 의견청취가 현저히 곤란하다고 인정하는 경우
② 행정심판위원회는 법 제17조의 4 제1항 본문에 따라 피해학생 또는 그 보호자의 의견을 청취하는 경우에는 피해의 정도 및 결과, 가해학생에 대한 조치에 관한 의견, 그 밖에 해당 사건에 관한 의견을 진술할 기회를 주어야 한다.
③ 행정심판위원회는 피해학생 또는 그 보호자가 가해학생 또는 그 보호자를 대면하여 진술할 경우 충분히 진술할 수 없다고 인정하는 경우에는 가해학생 또는 그 보호자를 퇴장하게 한 후 진술하게 하거나 피해학생 또는 그 보호자에게 서면으로 의견을 제출하게 할 수 있다. [본조신설 2024. 2. 27.]

방안은 새로운 제도는 아닙니다. 2023년 피해학생에 대한 심리상담 및 치료 등을 지원하는 전문기관을 303곳에서 2024년에는 400곳으로 확대하여 운영하겠다[19]고 발표하였습니다(관계부처합동, 2023).

피해학생에 대한 전담 기숙형 지원기관을 확대하고 및 양질의 치유·회복 프로그램 운영으로 집중 치유와 함께 회복과 학업 복귀를 지원하는 일은 매우 중요합니다. 2024년 현재 전국적으로 19개의 '가정형 위(Wee)센터'를 통해 피해학생에 대한 집중적인 치유·회복지원 기능을 강화하고 있습니다. 하지만 수용 인원이 적어서 좀 더 확대할 필요가 있습니다. 아울러 '가정형 위(Wee) 센터' 근무자의 열악한 근무조건을 개선하고 우수한 인력이 상주할 수 있는 제도적 지원이 필요합니다.

유관기관인 상담·치료기관, 사이버폭력·성폭력 피해지원, 복지·정신건강 관련기관 연계를 통해 피해학생 맞춤형 통합지원이 절실합니다. 이를 위해 '피해학생 전담지원관'이 피해학생 여건에 맞는 기관을 소개하고 연결할 수 있도록, 유형별 치유와 보호 기관을 확장하고 이를 주기적으로 안내하는 것이 필요합니다(관계부처합동, 2023). 중요한 것은 피해학생 전담 지원관의 자격요건과 전문성 관리 및 지원방안의 확보가 전제되어야 한다는 것입니다. 예산과 인력 확보가 없이 계획만 있어서는 실효성이 없을 것이기 때문입니다.

19) 「학교폭력예방법」 제10조 제3항에 따라 교육감이 지정한 학교폭력 피해학생 상담·치료 기관으로, 학년 기준 위(Wee)센터 72개, 심리·상담지원기관 114개, 병·의원 51개 등 303곳이 지정되어 있습니다(학교폭력근절종합대책, 2023).

질문 70 피해학생 보호자에 대한 지원

'학교폭력' 사안이 발생하여 학부모들을 면담하다 보면 학생의 문제상황 대부분이 가정, 즉 부모님과 연관이 있다는 것을 알게 됩니다. 하지만 피해 부모의 경우, 교육연수를 받아야 하는 의무가 있는 것이 아니라 오히려 소외되는 측면이 크다고 봅니다. 어쩌면 가장 도움이 필요한 부분이라고 할 수 있지 않을까요?

학교폭력 사안 해결과정에서 당사자인 학생이 가장 큰 피해를 받는 것은 분명합니다. 하지만 이에 못지않게 피해학생의 부모도 큰 트라우마를 경험하게 됩니다. 즉, 자녀를 제대로 교육하지 못했다는 자책감과 함께 부모가 상대방 배우자에게 그 책임을 전가하게 되는 경우 이른바 2차 폭력이 가정 내에서 일어나게 됩니다.

학교폭력을 경험하는 자녀는 일반적인 경우 부모와 상의하거나 도움을 청합니다. 하지만 부모가 도움을 청하거나 상의할 대상이 아니라고 학생이 판단을 하는 경우, 이미 관계가 멀어져 있거나 실제적인 관계의 질적인 측면에서 대화가 되지 않는 상황일 가능성이 많습니다. 따라서 학교폭력 사안을 해결하기 위해서는 먼저, 피해학생과 그 부모 간의 관계가 제대로 정립되어야 합니다. 왜냐하면 피해학생의 회복을 위해서는 부모의 가정에서의 역할이 지속적으로 필요하기 때문입니다.

학교폭력 피해가 발생하면 피해학생은 사안확인서를 통해, 보호자는 보호자 확인서를 통해 학교폭력의 내용과 현재까지의 조치에 대해 확인하게 됩니다. 아울러 자기 자녀(피해자)를 가해자와 분리하기 위한 의사를 확인합니다. 이후 사안이 접수되어 전담조사관의 조사를 통해 학교장의 자체 해결 사안이라고 파악될 경우에도 피해학생의 보호자의 동의가 반드시 필요합니다. 즉, 피해학생의 보호자가 자기 자녀가 경험한 학교폭력 사안을 경미하다고 인식하지 않고 교육지원청의 학교폭력심의위원회에서 심의하여 주기를 주장하면 학교의 자체 해결은 불가능합니다.

이 경우, 가해자와 피해자는 화해의 가능성이 매우 희박하게 됩니다. 가해학생과 그 보호자는 사안 자체가 이미 교육지원청의 심의위원회에 회부된 상태에서 자신의 잘못을 인정하고 사과를 하는 것을 망설일 수 있습니다. 이는 심의위원회의 심의에서 고려

사항에 가해자의 반성 정도가 반영될 수 있어 사과를 하는 것이 어느 정도 유리할 수도 있을 것입니다. 하지만 오히려 쌍방 폭력으로 대처하려는 유혹을 받을 수도 있습니다. 사안이 교육지원청의 심의위원회의 심의사항으로 이관되면 진심 어린 사과를 받을 수 있는 가능성은 멀어집니다. 특히 교육적 해결을 위한 학교 자체의 노력 중 프로그램 이수나 관계회복을 위한 특별 프로그램 이수 등과 멀어질 수 있습니다.

학교폭력의 피해자 혹은 가해자 경험은 시간이 지나면서 가해자가 피해자가 되기도 하고 피해자가 가해자가 되기도 합니다. 특히 대부분의 학교폭력 사안은 일방적인 폭력이라기보다는 쌍방의 폭력이 많습니다. 따라서 학교폭력의 피해자와 가해자의 자리에서 어떻게 사안을 인식하고 해결하여야 하는지 정확하게 배우는 것이 필요합니다. 학교폭력 사안의 재발 방지를 위해서는 당사자인 학생 못지않게 그 부모도 초기부터 학교폭력 사안이 발생하였을 때 정확하게 대응하는 것을 배워야 합니다. 무엇보다 초기의 작은 갈등이 학교폭력으로 발전하지 않도록 예방하는 것을 연습해야 합니다. 많은 경우, 학생들 사이에서는 작은 갈등이었던 것이 가정에서 부모를 거치면서 큰 갈등으로 번져나가게 됩니다. 따라서 학교폭력의 초기 단계에서 부모 역시 교육적인 해결 방안에 대한 올바른 인식과 연습이 필요합니다.

피해학생의 부모가 교육적인 해결을 시도함에도 불구하고 가해학생과 그 보호자가 뉘우치지 않고 제대로 된 사과를 하지 않을 경우, 피해자 보호를 위한 강력한 조치들이 제공되고 있음을 기억하고 실천할 수 있습니다.

특별히 피해자 학부모를 돕기 위해 '가족돌봄휴가'[20]를 확대하는 것이 필요합니다. 학교폭력근절 종합대책에서 제안한 학부모 교육 참여도 제고를 위한 '가족돌봄휴가' 제도를 학교폭력 피해자 부모에게는 확대 적용하여 특별교육이나 상담 혹은 연수를 받는 기간 동안 돌봄휴가를 사용할 수 있도록 하는 것입니다.

---

20) 「남녀고용평등과 일·가정 양립 지원에 관한 법률」 제22조의 2에 근거한 가족의 질병, 사고, 자녀의 양육 등으로 인해 그 가족을 돌보기 위한 휴가로 통상 10일이 인정된다.

질문 71 장기적인 학교폭력 후유증에 대한 지원

가끔 뉴스를 보면 유명한 연예인이나 스포츠 스타의 학창 시절 학교폭력 이야기를 접할 수 있습니다. 피해자들은 가해자들을 TV 등에서 보는 것 자체가 힘겹고 학창 시절 폭력의 경험(트라우마)을 다시 상기시킨다고 합니다. 이처럼 학교폭력의 후유증이 장기적일 수도 있는지요?

학교폭력은 학생을 대상으로 하는 폭력이기에 관련 학생이 학교에 재학하고 있지 않는다면 학교폭력을 심의하거나 당사자를 출석하게 하는 것이 물리적으로 어렵습니다. 학교폭력의 공소시효는 주로 심리적인 측면에서 발생합니다. 피해자의 입장에서는 일정한 시간이 지나면 가해자에 대해 법적인 책임을 물을 수는 없는 딜레마가 있습니다. 하지만 마음속의 상처가 완전히 아물지 않았다면 그 상처는 평생에 걸쳐 고통과 후유증을 남깁니다. 그래서 어떤 상처는 long-term Trauma(Post-Traumatic Stress Disorder: PTSD)가 됩니다.

많은 폭력은 이른바 공소시효라는 것이 있습니다. 하지만 '학교폭력'은 공소시효가 없습니다. 왜 오랜 시간이 지난 후에도 학교폭력의 고통이 잊히지 않는 것일까요? 평소에는 그 상처를 잊고 살아가다가도 일정한 환경에서 그 상처가 되살아나 일상생활을 흔들어 놓을 수 있습니다. 가해자가 TV와 같은 매스미디어를 통해 자주 만날 수 있는 사람이라면 당사자에게는 큰 고통이 되고 실질적인 위협이 됩니다. 유명한 연예인이나 스포츠 스타 등이 가해자일 경우, 피해자들이 더 큰 트라우마를 호소하는 경우가 그것입니다.

학교폭력의 상처는 원폭에 노출된 것처럼 피부와 살 속에 파고들고 뼛속에 스며들어 기억의 돌판에 새겨집니다. 그래서 우연한 기회에 그 상처가 노출되었을 때 그때부터는 그 피폭 상황이 되풀이됩니다. 가해자로부터 받는 모멸감과 수치심이 되살아나고 적절하게 대응하지 못했던 자신의 못난 모습을 떠올리며 더욱더 자기 혐오와 자기 비난에 노출됩니다. 가해자에 대한 원망과 미움 못지않게 자신에 대한 실망과 증오, 비참함과 억울함으로 더욱 고통받게 됩니다.

자신의 삶은 이토록 고통스럽고 어렵고 비참한데, 가해를 한 사람은 저렇게 해맑고 행복하게 잘살고 있는 모습이 너무나 견디기 힘든 고통으로 다가옵니다. 이를 위해 자신이 현재 할 수 있는 일이 원망하고 미워하고 욕설을 하는 것밖에 없다는 것은 피해자를 더 힘들게 합니다. 우연한 기회에 나타난 학교폭력의 피해 기억은 이후로는 더 잦은 빈도로 찾아옵니다. 이것은 불규칙하고 예상할 수도 없고 특정할 수도 없어 피해자를 더욱더 두렵게 하고 비참하게 합니다.

문제는 가해자가 "장난이었거나 자신이 폭행한 수많은 사람 중에 너만 왜 유난히 힘들다고 하느냐?"라고 반문한다는 점입니다. 같은 방 안에 있어도 한 사람은 코로나에 걸리고 한 사람은 감기처럼 가볍게 지나가지만, 또 다른 사람은 목숨을 잃을 수도 있습니다. 폭력에 대한 면역체계가 다 다릅니다. 어떤 사람에게는 큰 고통이 아닐 수 있는 것도 다른 사람에게는 생명을 위협하는 커다란 고통이 될 수도 있다는 점입니다.

이러한 고통은 시효가 있는 것이 아니라 사람마다 고통의 정도와 기간이 다르다는 사실이 중요합니다. 삼풍 사고의 생존자는 그 사고로부터 10년이 지난 후 우연히 시작된 트라우마로 인해 일상생활을 전혀 할 수 없는 long-term PTSD의 희생자[21)]가 되었습니다. 따라서 학교폭력으로 인한 피해라고 확인(진단)될 경우, 국가와 교육 당국은 시효에 상관없이 심리적·사회적 회복을 위한 지원을 아끼지 않아야 합니다.

질문 72 피해자의 온전한 회복 지원하기

'학교폭력' 피해가 오랜 기간이 지난 뒤에도 나타날 수 있다면 어떤 것이 피해를 충분히 회복하는 것이라고 볼 수 있는지요? 그리고 그것을 어떤 방식으로 지원해야 하나요?

'학교폭력'의 피해 범위는 개인차가 큽니다. 사람에 따라서는 감기처럼 가볍게 앓고 지나가는 사람이 있는가 하면 심각한 폐질환이 되고 만성질환이 되어 평생 후유증을 안고 살아가기도 합니다. 가장 좋은 것은 맨 처음 학교폭력에 노출되었을 때 충분히 치유

21) 산만언니(2021), 저는 삼풍 생존자입니다. 푸른숲.

하는 것입니다. 저는 이를 온전한 회복이라고 부릅니다. 학교폭력의 피해자가 온전한 회복을 하기 위해서는 어떤 방법들이 필요할까요?

무엇보다 먼저, 학교폭력의 피해자에게 "네 잘못이 아니다."라는 점을 분명하게 하는 것입니다. 학교폭력의 가해자와 동조자 및 협력자들은 피해자가 그럴 만도 했다는 '원인 제공설'로 가해를 정당화합니다. 하지만 어떤 경우에도 폭력은 정당화될 수 없습니다. 폭력이 아닌 다른 방법을 찾아서 문제를 해결하는 것이 사회적인 공동체의 약속으로 정착되어야 합니다.

피해자의 온전한 회복을 위한 첫 번째 단계는 피해자에게 책임을 전가하지 않는 것입니다. 그다음은 가해자의 적절한 반성과 뉘우침, 그 결과로 사과(용서 구하기)가 이루어지는 것입니다. 가해자가 자신의 잘못을 인정하고 사과를 하는 행위가 선행되어야 피해자가 비로소 피해를 회복할 수 있는 전제조건이 성립되는 것입니다. 이를 위해 피해자를 보호할 수 있는 적절한 보호체제가 구축되어야 합니다. 하지만 현행 법의 피해자 보호체제는 '즉시 분리'와 2차 가해를 차단하기 위한 '접촉·협박·보복행위 금지'를 의무화하는 것입니다. 이를 위해 피해자는 가해자에 대한 분리요청권을 신청할 수 있습니다.

'즉시 분리' 조치는 피해자를 보호하는 것이 맞습니다. 동시에 가해자로 하여금 피해자에게 사과하고 용서를 구할 수 있는 기회를 차단하는 것이기도 합니다. 가해자가 피해자로부터 분리되어 자신의 잘못을 뉘우치고 반성하여 사과와 용서 구하기를 실천하는 것이 가능할까요? 가해자의 자기반성과 사과(용서 구하기)가 없다면 피해자의 온전한 회복은 가능할까요?

학교폭력 사안 해결과정에서 당사자들의 반성과 사과(용서 구하기) 및 용서 베풀기를 차단하는 현행 제도는 근본적인 학교폭력의 치유 혹은 회복에 얼마나 도움이 될 수 있을까요?

학교폭력 사안이 발생하였을 때 무엇보다 먼저, 당사자들이 마음을 가라 앉히고 상황을 천천히 되돌아보며 자신이 한 말과 행동에 대해 반성할 수 있도록 기회를 제공하여야 합니다. 가해자와 피해자 모두 이 과정에서 자신이 잘못한 부분과 역할에 대해 반성하고 필요한 사과를 주고받는 것이 중요합니다. 여기서는 피해자에게 "너도 잘못이 있다."라는 책임 전가와는 다른 개념입니다.

학교폭력 사안이 발생하였을 때 가장 먼저 해야 할 일은 '신고'가 아니라 '안전 확보와 치료' 후 회복을 위한 당사자들의 대화이어야 합니다. 이를 위해 모든 학교에는 학교폭력 사안이 발생하였을 경우, 이를 중재하고 대화와 상담을 통해 해결하도록 안내하는 '생활교육전문가' 혹은 '전문상담인력'이 있어야 합니다. 사안발생 초기 전문가들의 안내와 도움으로 관계회복을 위한 프로그램을 이수하도록 안내하는 것이 온전한 회복을 위한 첫걸음이기를 희망합니다.

질문 73 교사가 학교폭력 피해자인 경우

'학교폭력' 사안들이 학교 담장을 넘어서 여론이 되면 오래된 스포츠인 '학교 때리기'가 한바탕 벌어집니다. '학교 때리기'는 주로 우리 사회에서 가장 대응하기 어려운 교사들을 대상으로 이루어집니다. 학교폭력의 과정에서 교사가 피해자가 되는 것은 어떤 의미인가요?

학교폭력 사안을 처리하는 과정에서 교사가 학교폭력의 피해자가 되는 경우는 생각보다 많습니다. 하지만 「학교폭력예방법」의 기본값(default)은 학생에 대한 폭력일 뿐, 교사에 대한 공격과 폭력에 대해서는 처음부터 고려하지 않습니다. 그럼에도 불구하고 교사는 학교에서 일어나는 다양한 형태의 폭력에 대해 예방하고 지도하는 일에 직간접적으로 관련되고 노출되어 있습니다. 이 과정에서 교사는 쉬운 공격 대상이 되고 먹잇감이 됩니다. 교사만큼 만만하고 쉬운 사냥감이 존재하지 않기 때문입니다.

2023년 7월 아스팔트 열기보다 더 뜨겁게 온 나라를 달구었던, 이른바 '서이초 사건'에서 보았듯이 교사는 학부모에게 가장 쉬운 공격(민원)의 대상이었습니다. 학교행정가들과 교육 당국으로부터는 보호하지 않아도 되는 부작위와 무관심의 존재였습니다. 이를 참을 수 없었던 동료 교사들이 이제 만 스물네 살의 삶을 교실에서, 자신이 사랑한 학교에서 삶을 마감한 젊은 동료 교사의 죽음에 대해 함께 말하기 시작했습니다.

"모든 자살은 사회적 타살이다."라는 말처럼 젊은 교사가 교내의 교보재 준비실에서 스스로 목숨을 끊은 것은 학교와 학부모, 교육 당국에 대한 메시지이며 웅변입니다. 이

사건을 계기로 '교권회복 및 보호 강화 종합 방안'이 발표되기에 이르렀습니다.[22] 서이초 사건의 경찰 수사 결과 발표는 "일부에서 사망 동기로 제기된 학부모의 지속적 괴롭힘이나 폭행, 협박, 강요 등의 정황이나 범죄 혐의점으로 볼 수 있는 내용을 발견할 수 없어 오늘 입건 전 조사를 종결할 예정이다."라고 마무리되었습니다. 국과수에 의뢰한 심리 부검 결과에 대해 경찰은 "반 아이들 지도 문제, 학생들 간 발생한 사건 관련 학부모 간 중재, 나이스 업무 스트레스, 개인 신상 문제 등으로 인해 심리적 취약성이 극대화되면서 스스로 목숨을 끊은 것으로 사료된다는 내용을 회신받았다."라고 말했습니다.[23] 뉴스의 제목은 '학부모 폭언 등 혐의점 발견 안 돼'입니다. 한여름 땡볕 아래에서 수십만의 교사들이 자발적으로 외쳤던 교사의 억울한 죽음에 대한 진상 규명은 근본적인 해결책을 찾기보다 교사 개인의 심리적 취약성이라고 결론이 내려졌습니다.

교사는 수업 중에도 학생들 간의 다툼을 말리는 과정에서도 늘 폭력에 노출되어 있습니다. 교사를 대상으로 하는 학생들의 폭력은 너무나 노골적이고 모멸감을 주는 심각한 폭력임에도 교사는 용서를 강요받는 경우가 많습니다. 교사에 대한 폭력이 쉽게 용인되고 허락되는 공간에서 학생들 상호 간의 폭력은 또 얼마나 쉽고 가까울까요? 모든 폭력이 용납되어서는 안 되지만, 특히 교사와 부모, 양육자를 대상으로 하는 폭력은 가장 작은 폭력마저 엄정하게 처벌되고 합당한 교육을 통해 되풀이되지 않도록 하여야 할 것입니다.

---

22) 서울 서이초등학교 교사 사망사건. 나무위키. "2023년을 교권회복의 원년"으로 삼고 학생·교원·학부모가 상호 존중하는 '모두의 학교'를 목표로 불합리한 학생인권조례 개선 및 교원의 정당한 생활지도는 아동학대와 구분, 교육활동 침해학생 즉시 분리, 교육지원청으로 교권보호위원회 이관 등 추진, 교원과 학부모의 소통 강화 및 기관이 민원을 대응하는 시스템으로 개선을 주요 골자로 한다(https://namu.wiki/w/%EC%84%9C%EC%9A%B8%EC%84%9C%EC%9D%B4%EC%B4%88%EB%93%B1%ED%95%99%EA%B5%90%20%EA%B5%90%EC%82%AC%20%EC%82%AC%EB%A7%9D%20%EC%82%AC%EA%B1%B4).

23) 김화영(2023. 11. 14.). KBS 뉴스(https://news.kbs.co.kr/news/pc/view/view.do?ncd=7817282).

3. 생활기록부 기록과 학급(교)에 대한 조치

질문 74 학교폭력 생활기록부 기록과 한계

'학교폭력' 사안의 해결과정에서 가장 엄격한 처벌은 생활기록부에 기록하고 입시 등에 불이익을 실제적으로 적용한다는 점입니다. 과연 생활기록부의 기록이 실질적으로 학교폭력을 예방할 수 있을까요?

학교폭력 종합대책의 근간은 '무관용 원칙'을 통한 엄벌입니다. 이에 교육부 등은 2012년 학교폭력근절종합대책에서 학교폭력을 학생부에 기록하고 보존하기 시작한 제도가 2013년 학생생활기록부 보존기간의 단축으로 인해 경각심이 둔화되었다고 진단합니다. 이에 학교폭력에 대한 경각심을 강화하기 위해 학교생활기록부의 학교폭력 기록 보존기간을 연장하는 것을 대책으로 제안합니다. 다음은 학교폭력 생활기록부의 보존기간 변경 내용입니다.

	2012년	2013년	2014년	2023년
1·2·3호	•초·중학교 → 졸업 후 5년 보존 •고등학교 → 졸업 후 10년 보존	졸업과 동시 삭제		
4호(사회봉사) 5호(특별교육 또는 심리치료)		졸업 후 5년 보존	•원칙: 졸업 후 2년 보존 •예외: 졸업 직전 심의를 거쳐 졸업 시 삭제 가능	•원칙: 졸업 후 2년 보존 •예외: 졸업 직전 심의를 거쳐 졸업 시 삭제 가능
8호(전학)		졸업과 동시 삭제		예외 없이 졸업 후 2년 보존
9호(퇴학)		졸업 후 5년 보존	•원칙: 졸업 후 2년 보존 •예외: 졸업 직전 심의를 거쳐 졸업 시 삭제 가능	

[그림 4-1] 학교폭력근절 종합대책(안)

출처: 관계부처합동(2023).

학교폭력 사안에 대해 1~3호 조치들은 2013년 이후 졸업과 동시에 삭제하는 것을 유지하였지만 9호 조치인 퇴학에 대해서는 삭제 대상이 되지 않는 영구 보존이 유지되고 있습니다. 이에 퇴학이 예상되는 학생이 심의위원회의 결정이 나기 전에 자퇴를 하는 방식으로 퇴학 기록을 피하기도 하였습니다. 하지만 이번 조치에서는 학교폭력심의위원회의 심의 중인 학생에 대해서는 자퇴가 불가능하도록 하였습니다.

아울러 전체적인 보존기간이 2012년의 초등과 중등 모두 5년 보존이었던 것을 2013년에는 졸업 후 5년 보전으로, 2014년에는 2년 보존으로 약화되었던 것에 대해 8호 조치인 전학은 예외 없이 졸업 후 2년을 보존하는 등의 형식으로 강화되었습니다.

문제는 생활기록부에 학교폭력 조치를 기록하는 것이 오히려 '낙인'이 되지 않을까 하는 염려입니다. 과연 학교폭력 기록을 생활기록부에 기록하는 것이 교육적인 접근인지도 고려의 여지가 큽니다. 4호(사회봉사)부터 7호(학급교체)까지는 졸업 후 2년 보존을 원칙으로 하고 예외 조치에서 졸업 직전 심의를 거쳐 삭제가 가능하도록 하는 것에 대해 의문을 갖게 됩니다.

많은 학교가 졸업과 동시에 심의를 통해 7호 이하의 처분을 삭제해 주는 예외를 선택한다면 이에 대한 균형과 견제는 존재할 수 있을지, 과연 이것이 교육적인지 하는 생각입니다. 특히 심의위원회의 심의에 대해 1점 차이로 처분이 달라지는 상황에 대해 동의하고 수용하는 문제도 있습니다. 이는 다수의 학생이 자퇴를 하고 학교 밖으로 나가게 하는 또 다른 낙인이 될 우려가 있습니다.

질문 75 학급공동체를 위한 조치

'학교폭력'은 당사자들 간의 문제로 취급되어 학급공동체는 소외되는 경우가 많습니다. 학교폭력 사안의 전개와 심의 결과 역시 모두 개인정보에 속한 것이 되어 공유되지 못하여 학급은 마치 블랙박스 안에서 일어난 일들을 대하듯 소외됩니다. 이것이 바람직한 것일까요?

모든 폭력은 진공 상태에서 일어나지 않습니다. 학교폭력은 학교라는 공간에서 학생들이 공동생활을 하는 과정과 관련이 있습니다. 그중에서 학급은 매우 중요한 공동체입니다. 학교폭력의 희생자는 피해학생뿐만 아니라 학급공동체도 해당됩니다. 따라서 학급공동체가 학교폭력 사안처리 과정에서 소외되는 것은 큰 문제입니다.

학교폭력 관련 학생들은 사안이 해결된 후 결국에는 학급으로 돌아오게 됩니다. 이 과정은 남은 학생들에게도 많은 관심과 호기심, 두려움과 염려의 대상이 됩니다. 피해자와 가해자가 어떤 처분을 받았는지, 그 결과 어떠한 교육(특별연수)을 받게 되는지는 모두의 관심사입니다. 특히 그 처분 이후 학급에 복귀하였을 때 어떻게 대해 주어야 할지 혼란스럽습니다. 이들을 학급공동체가 어떤 방식으로 수용하고 받아들이는지에 대한 과정에 도움이 필요합니다.

하지만 이 과정은 의무적인 과정이 아니기에 관심의 영역에서 제외되는 경우가 많습니다. 특히 담임교사 혹은 학급 구성원인 친구들에 의해 신고된 학교폭력 관련자가 학급공동체 회복을 위한 프로그램에 긍정적인 마음으로 적극적으로 참여하는 것을 기대하는 것은 쉽지 않습니다.

무엇보다 학급공동체는 학교폭력 처분을 받고 분리 혹은 특별교육(연수)을 마치고 학급으로 복귀하는 구성원에 대해 2차 가해를 하지 않고 상처를 회복하여 사회적 관계망이 회복될 수 있도록 도와야 합니다. 이는 특정한 친구가 할 수 있는 일이 아니라 담임교사의 차원 혹은 학교 내 전문가의 개입이 필요합니다. 학교 내에 전문가가 없다면 외부 전문가의 도움을 받는 것도 필요합니다.

문제는 예산입니다. 학교행정가는 학교폭력 사안으로 인해 상처 입은 학급의 공동체 회복을 위해 전문가의 투입과 예산을 배정하는 것을 적극적으로 검토하고 실행하여야 합니다. 이러할 때 이 학급공동체는 하나의 면역체계를 형성하고 예방주사를 맞는 경험으로 전환할 수 있습니다. 하지만 담임교사나 교과교사의 의해 또는 친구들의 신고에 의해 접수된 학교폭력 사안을 학교폭력 조사관이 조사하고 교육지원청의 심의위원회에 심의를 의뢰하였다면 학급공동체는 모든 해결과정에서 철저히 소외됩니다. 그 결과, 해결과정에도 참여할 수 없습니다. 학교폭력 사안처리와 심의위원회의 심의과정이 모두 블랙박스 안에서 처리됩니다.

이에 학급공동체가 집단 면역을 형성하고 있다면 학급은 오히려 학교폭력의 예방 효과가 더 탄탄할 수 있습니다. 이는 마치 '자신은 백신을 맞았지만, 미접종자가 많은 동네에서 사는 사람이 자신은 맞지 않았지만, 접종자가 많은 동네에서 사는 사람보다 홍역에 걸릴 가능성이 더 높은 것'24)과 같습니다. 면역은 사적인 계좌인 동시에 공동의 신탁입니다.

> 우리는 제 살갗으로부터보다 그 너머에 있는 것들로부터 더 많이 보호받는다.[25]

학급공동체가 학교폭력의 집단 면역을 갖게 되면 폭력은 뿌리내리지 못합니다.

질문 76 방관자를 방어자로 만들기

'학교폭력'의 근본적인 해결 방안이 다수의 방관자가 방어자가 되는 것이라는 말에는 동의가 됩니다. 하지만 방어자가 되기 위해서는 큰 용기가 필요할 것 같습니다. 어떤 사람이 방어자가 되는지 혹은 방어자를 기르기 위해서는 어떤 교육이 필요한지 궁금합니다.

소설가 한강은 『소년이 온다』라는 소설에서 마지막까지 도청을 사수하던 사람들에 대해 말합니다. 이들도 물론 두려웠습니다. 하지만 이들마저 외면하면 계엄군의 그 총구가 일반 시민들을 향할 수도 있을 것이라는 두려움 때문에 죽을 수도 있다는 것을 알면서도 도청을 떠날 수 없었다고 말합니다.

사실 인간의 모든 선택에는 용기가 필요합니다. 가해자가 되는 것에도 용기가 필요하고 방관자가 되는 것에도 용기가 필요합니다. 모든 선택에는 책임이 따르기에 용기가 요구되는 것입니다. 그중 가장 큰 용기가 필요한 것은 다수의 방관자 사이에서 일어서서 목소리를 내는 방어자입니다. 이 방어자에게는 가장 큰 용기가 요구됩니다.

방어자는 보통 사람이 방관자가 됨으로써 얻을 수 있는 안전함과 평온함을 두려움으로 가득 찬 용기로 이겨 내야 합니다. 고통받는 사람에 대한 공감이 가해자에 대한 두려움보다 더 커질 때 비로소 방어자가 될 수 있습니다. 고통에 가득 찬 피해자의 통증이 내 것이 되고 내 문제가 되었을 때 방어자는 더 이상 숨지 못하고 참지 못하고 일어서게 됩

---

24) Eula Biss (2016). 면역에 관하여, p. 35.

25) 각주 24와 같음.

니다. 그 폭력을 멈추라고 말합니다. 이제 그만이라고 말하며 일어섭니다. 하지만 대부분의 사람은 이 마음을 억누를 수 있습니다. 이성으로 억누르고 비겁함으로 억누르고 다른 대부분의 사람이 그러하기에 다수의 비루함 뒤에 숨어 기꺼이 방관자가 되는 것을 선택합니다.

하지만 소수의 사람들은 그 비겁함을 용납할 수 없어 일어섭니다. 목소리를 냅니다. 이들의 목소리는 다수의 외면으로 인해 비현실적이고 세상 물정을 모르는 어리석은 행동이라고 폄하됩니다. 일제강점기, 철없이 독립운동을 하느라 자신과 가족 모두를 위험에 빠뜨린 사람들이 그러하였습니다. 더 거슬러 올라가면 임진왜란 때 의병으로 참가하여 총을 든 왜놈들을 낫으로 창으로 막아서는 이름 없는 의병들의 일어섬도 그러하였습니다.

6·25 전쟁 때 이름 없는 학도병으로 전쟁에 참가하여 나라를 지키려는 수많은 젊고 앳된 청년의 죽음이 그러하였습니다. 4·19 혁명과 5·18 민주화 운동에서 쓰러져 간 수많은 젊은 청년의 죽음이 그러하였습니다. 비겁함도 용기도 연습되고 훈련되고 근육으로 굳어집니다. 그래서 학교에서 배우는 비겁함의 연습들이 위험합니다. 불의를 보고 어려서부터 용감하게 피할 수 있는 능력을 가진 다수의 성인이 배출되는 현재의 교육제도가 위험하다는 것입니다.

이제 학교폭력이 일어날 때 다수의 학생이 피해자의 고통에 공감하여 "멈춰!"라고 외치며 "그만!"이라고 소리치는 방어자가 되는 연습을 하여야 합니다. 이들이 자라서 성인이 되었을 때 사회 곳곳에서 일어나는 불의와 폭력에 대해 방어자가 되는 건강한 사회가 만들어질 것입니다.

질문 77 학급 헌장 만들기

'학교폭력'의 문제 해결 방법의 하나로서 학급 헌장 만들기는 왜 필요하며 어떤 점에서 도움이 될 수 있을까요? 학급 헌장 만들기의 필요성과 방법에 대해 안내해 주시면 좋겠습니다.

한 국가의 최고의 법은 「헌법」입니다. 이처럼 학급에서도 학생 모두가 공유하는 약속이 필요합니다. 사실 학교마다 교칙이 있지만 금지조항과 딱딱한 문구로 가득한 교칙에 관심을 가질 여유가 없습니다. 무엇보다 이 교칙은 내가 참여하여 만든 것이 아니기 때문에 관심이 적을 수밖에 없습니다. 더욱이 교칙은 학년의 차이와 학생들의 일상의 관심을 반영하기 어렵습니다. 그래서 학급 단위의 약속, 즉 학급 헌장이 필요합니다.

학급 헌장은 흔히 어린이 헌장[26]처럼 법적인 구속력은 없습니다. 1988년 재개정된 '어린이 헌장'은 전문과 본문으로 구성되어 있는데 전문은 법의 성격, 본문은 구체적인 행동강령들입니다. 우리나라 「헌법」도 전문과 본문 130조로 구성되었습니다. 학급 헌장도 이와 같이 우리 학급의 가치와 지향을 전문에 싣고 이를 위한 구체적인 실천 방안들을 본문에서 제안하면 좋겠습니다.

학급 헌장의 본문은 조항이 많지 않아도 좋습니다. 초등학교 저학년은 3개 내외, 초등학교 고학년은 5개 내외, 중등학교에서도 많아야 7~10개를 넘지 않으면 좋겠습니다. 학급 구성원 모두가 지향하는 학급의 목표를 굳게 세우고 이를 실천하는 방법들을 우선순위에 따라 약속하면 됩니다.

평화롭고 행복하며 배려하는 학급을 만들고자 한다면 학급 헌장 전문에 평화, 행복, 배려라는 단어를 넣어서 전문을 만들면 좋겠습니다. 몇 사람이 만든 전문을 공개된 장소에 게시하고 가장 많은 표를 얻은 학생의 전문을 선택하거나 몇 사람의 전문을 편집하여 사용해도 좋겠습니다. 한번 결정된 전문은 특별한 사정이 없다면 바뀌지 않는 것이 바람직합니다. 본문의 경우, 전문에서 언급된 가치를 실천하기 위해 구체적인 실천 방안을 제안합니다.

평화롭고 배려하는 그리고 행복한 학급을 만들기 위해 학생들은 '폭력을 사용하지 않기' 혹은 '욕설하지 않기'라는 목표를 제안할 수 있습니다. 이 경우, 부정적인 목표 진술보다는 긍정적인 진술로 바꿀 필요가 있습니다. 즉, '폭력이 아닌 말로 의견을 전달하기' '바른 말 고운 말로 의견 전달하기' 등이 그것입니다. 설정된 목표가 학급 안에서 익숙하게 실현되고 있다면 학급 헌장 개정 작업을 통해 본문의 주요 내용을 추가하거나 편집할 수 있습니다.

---

26) 어린이 헌장은 한국동화작가협의회에서 제정, 1957년 5월 5일 보건사회부에서 선포한 헌장이다. 어린이를 위해 국가와 사회가 해야 할 일을 항목으로 남겨 놓은 것으로, 법적 효력은 없다. 1988년 한 차례 개정되었다. 어린이 헌장, 위키피디아(https://ko.wikipedia.org/wiki/%EC%96%B4%EB%A6%B0%EC%9D%B4_%ED%97%8C%EC%9E%A5).

이와 같이 학급공동체가 실현하고자 하는 방향과 구체적인 실천 방안들을 구성원 모두가 참석하는 학급회의 등을 통해 결정하면 이 헌장은 모두의 것이 됩니다. 나 자신이 직접 참여하여 함께 만든 학급 헌장이므로 애정을 가지고 지키려고 합니다. 무엇보다 이 헌장 안에는 '따돌림을 받는 친구를 도와주기' 혹은 '친구가 어려움을 겪을 때 함께 해결하기' 등을 통해 방관자가 아닌 방어자가 되겠다는 약속을 함께하면 좋습니다. 학급 헌장을 실천하는 것이 자랑스러운 학급이 되는 길입니다.

질문 78 학교폭력 예방을 위한 학교 단위의 노력

'학교폭력'이 유난히 많은 학교가 있습니다. 학생 수가 많아도 학교폭력이 거의 발생하지 않거나 발생하여도 초기에 '학교장 해결제' 등을 통해 자체 해결을 하는 학교가 있는 반면, 작은 학교에서 끊임없이 학교폭력이 일어나는 경우도 있습니다. 무엇이 문제인가요?

폭력은 하나의 문화가 됩니다. 폭력은 날씨라기보다는 기후에 가까워 보입니다. 아버지(어머니)가 폭력적인 가정에서는 폭력이 하나의 문화가 되는 것과 같습니다. 학교폭력은 좀 더 폭력적인 가해학생과 적절한 대처를 하지 못하는 피해학생들 간의 문제라기보다는 장마철의 먹구름처럼 폭력적인 분위기를 머리에 이고 생활하는 것입니다. 조금이라도 갈등 상황이 발생하면 폭력적인 방법으로 표출되는 것입니다.

학교폭력은 가해자와 피해자, 즉 관련 학생들 간의 문제를 넘어 학급의 문제이며 학년의 문제이자 학교 전체의 문제입니다. 유난히 폭력적인 학년이 있고 그 학년을 본받은 다른 학년들이 그다음 해 혹은 해갈이를 하면서 폭력을 대물림합니다. 학교 전체를 치유하지 않으면 폭력은 낙엽이 가득한 산에 난 산불처럼 바람만 불면 불씨가 되살아나곤 합니다. 그래서 학교 전체 차원에서 대처하여야 합니다. 학교 전체의 대처는 무엇입니까?

> 19세기에 우리는 청결한 식수 공급과 하수 체계가 이 세상에 있는 모든 의사, 약, 병원보다 죽음을 예방하는 데 훨씬 효과적임을 깨달았다. 20세기에 우리는 식중독에 걸

리고 나서 치료하는 것보다 식품이 오염되지 않도록 만전을 기하는 것이 훨씬 싸고 효과적이라는 사실을 배웠다(Gilligan, 2023).

"좋은 사람이 좋은 시스템을 만드는 것이 아니라 좋은 시스템이 좋은 사람을 만든다."라는 말처럼 학교폭력은 폭력이 뿌리내리지 않도록 만드는 문화가 중요합니다. 모든 학교에는 나름의 문화가 있습니다. 폭력적인 학교에는 폭력의 문화가 있고 평화로운 학교는 평화의 문화가 있습니다. 이러한 문화는 학교공동체 구성원 모두가 함께 만들어 가는 것입니다. 즉, 학생과 학부모, 교사들이 함께 만들어야 합니다.

평화로운 학교 문화를 만들기 위해서는 구성원 모두가 소외되지 않고 참여하는 문화가 필요합니다. 평화로운 학교는 단지 물리적인 폭력이 없는 학교를 넘어섭니다. 즉, 소극적인 폭력 없음이 아니라 평화를 추구하는 적극적인 생각과 행동이 동시에 실천되는 것을 말합니다. 폭력 없는 학교를 만들기 위해 각자가 자신이 해야 할 일을 알고 있고 실천하는 구성원들이 함께 살아가는 공간이어야 합니다.

평화로운 학교를 만들기 위해서는, 먼저 학기 초 모든 구성원이 '폭력 없는 학교 만들기'를 가치로 공유하고 실천하려는 약속이 필요합니다. 이를 위해 학기 초뿐만 아니라 학교폭력 예방을 위한 법적 의무교육[27]을 효율적으로 준비하고 실행하여야 합니다. 「학

27) 「학교폭력예방법」 제15조(학교폭력 예방교육 등) ① 학교의 장은 학생의 육체적·정신적 보호와 학교폭력의 예방을 위한 학생들에 대한 교육(학교폭력의 개념·실태 및 대처방안 등을 포함하여야 한다)을 학기별로 1회 이상 실시하여야 한다. [개정 2012. 1. 26.]

② 학교의 장은 학교폭력의 예방 및 대책 등을 위한 교직원 및 학부모에 대한 교육을 학기별로 1회 이상 실시하여야 한다. [개정 2012. 3. 21.]

③ 학교의 장은 학교폭력을 예방하기 위하여 교사·학생·학부모 등 학교구성원이 학교폭력에 대한 책임을 인식하고 실천할 수 있도록 필요한 사항을 정하여 운영할 수 있다. [신설 2023. 10. 24.]

④ 학교의 장은 제1항에 따른 학교폭력 예방교육 프로그램의 구성 및 그 운용 등을 전담기구와 협의하여 전문단체 또는 전문가에게 위탁할 수 있다. [개정 2023. 10. 24.]

⑤ 교육장은 제1항, 제2항 및 제4항에 따른 학교폭력 예방교육 프로그램의 구성과 운용계획을 학부모가 쉽게 확인할 수 있도록 휴대전화를 이용한 문자메시지 전송, 인터넷 홈페이지 게시 및 그 밖에 다양한 방법으로 학부모에게 홍보하여 참여가 활성화될 수 있도록 노력하여야 한다. [개정 2012. 1. 26., 2023. 10. 24.]

⑥ 교육부 장관은 학교폭력 예방 및 대책 등에 관한 홍보영상을 제작하여 「방송법」 제2조 제3호에 따른 방송사업자에게 배포하고 송출을 요청할 수 있다. [신설 2023. 10. 24.]

⑦ 그 밖에 학교폭력 예방교육의 실시와 관련한 사항은 대통령령으로 정한다. [개정 2011. 5. 19., 2023. 10. 24.] [제목개정 2011. 5. 19.]

교폭력예방법 시행령」 제17조[28]에서는 예방교육의 내용과 기준을 제안합니다. 하지만 제대로 된 강사와 교재 및 실천 방안을 공유하는 공동의 노력이 필요합니다. 학생들뿐만 아니라 학교폭력 예방을 위한 교사와 학부모에 대한 예방교육도 실질적이고 구체적으로 밀도 있게 이루어져야 합니다.

특히 학교폭력 가해자와 피해자 부모들이 예방교육에 참석할 수 있도록 노력하여야 합니다. 또한 이들을 위한 특별교육(연수)을 실시할 수 있으면 좋겠습니다. 학교폭력 예방교육의 특징 중 하나는 정작 필요한 학부모들은 오지 않고, 알아서 잘하고 있는 학부모들이 계속 참석하여 같은 강의를 되풀이 수강하고 있다는 점입니다.

---

28) 「학교폭력예방법 시행령」 제17조(학교폭력 예방교육) ① 법 제11조 제13항에 따른 교육에는 다음 각 호의 사항이 포함돼야 한다. [신설 2024. 2. 27.]

1. 법 제13조의 2에 따른 학교의 장의 자체 해결 요건 및 절차 등에 관한 사항
2. 법 제16조 제1항 각 호 외의 부분 단서에 따른 가해자(교사를 포함한다. 이하 제17조의 2에서 같다)와 피해학생의 분리 및 피해학생에 대한 긴급보호 조치에 관한 사항
3. 법 제17조 제5항 및 제6항에 따른 가해학생에 대한 조치에 관한 사항
4. 그 밖에 학교폭력 예방 및 대응에 필요한 학교의 장 및 교감의 역할에 관한 사항

② 학교의 장은 법 제15조 제7항에 따라 학생과 교직원 및 학부모에 대한 학교폭력 예방교육을 다음 각 호의 기준에 따라 실시한다. [개정 2024. 2. 27.]

1. 학기별로 1회 이상 실시하고, 교육 횟수·시간 및 강사 등 세부적인 사항은 학교 여건에 따라 학교의 장이 정한다.
2. 학생에 대한 학교폭력 예방교육은 학급 단위로 실시함을 원칙으로 하되, 학교 여건에 따라 전체 학생을 대상으로 한 장소에서 동시에 실시할 수 있다.
3. 학생과 교직원, 학부모를 따로 교육하는 것을 원칙으로 하되, 내용에 따라 함께 교육할 수 있다.
4. 강의, 토론 및 역할연기 등 다양한 방법으로 하고, 다양한 자료나 프로그램 등을 활용하여야 한다.
5. 교직원에 대한 학교폭력 예방교육은 학교폭력 관련 법령에 대한 내용, 학교폭력 발생 시 대응요령, 학생 대상 학교폭력 예방 프로그램 운영 방법 등을 포함하여야 한다.
6. 학부모에 대한 학교폭력 예방교육은 학교폭력 징후 판별, 학교폭력 발생 시 대응요령, 가정에서의 인성교육에 관한 사항을 포함하여야 한다.

질문 79 특별교육 이수와 관련한 문제점

'학교폭력' 사안 처분과정에서 특별교육 이수는 가해학생과 그 보호자들에게만 해당되는 처분입니다. 이는 징벌적 처분으로 보여서 반감을 얻을 수 있는 처벌이 되지 않을까요?

학교폭력 사안 처분 중 가해학생의 조치를 다룬 「학교폭력예방법」 제17조[29]는 5호 조치

---

29) 「학교폭력예방법」 제17조(가해학생에 대한 조치) ① 심의위원회는 피해학생의 보호와 가해학생의 선도·교육을 위하여 가해학생에 대하여 다음 각 호의 어느 하나에 해당하는 조치(수 개의 조치를 동시에 부과하는 경우를 포함한다)를 할 것을 교육장에게 요청하여야 하며, 각 조치별 적용 기준은 대통령령으로 정한다. 다만, 퇴학처분은 의무교육과정에 있는 가해학생에 대하여는 적용하지 아니한다. [개정 2009. 5. 8., 2012. 1. 26., 2012. 3. 21., 2019. 8. 20., 2021. 3. 23., 2023. 10. 24.]

1. 피해학생에 대한 서면사과
2. 피해학생 및 신고·고발 학생에 대한 접촉, 협박 및 보복행위(정보통신망을 이용한 행위를 포함한다)의 금지
3. 학교에서의 봉사
4. 사회봉사
5. 학내외 전문가, 교육감이 정한 기관에 의한 특별 교육이수 또는 심리치료
6. 출석정지
7. 학급교체
8. 전학
9. 퇴학처분

② 제1항에 따라 심의위원회가 교육장에게 가해학생에 대한 조치를 요청할 때 그 이유가 피해학생이나 신고·고발 학생에 대한 협박 또는 보복행위(정보통신망을 이용한 행위를 포함한다)일 경우에는 같은 항 제6호부터 제9호까지의 조치를 동시에 부과하거나 조치 내용을 가중할 수 있다. [신설 2012. 3. 21., 2019. 8. 20., 2021. 3. 23., 2023. 10. 24.]

③ 제1항 제2호부터 제4호까지 및 제6호부터 제8호까지의 처분을 받은 가해학생은 교육감이 정한 기관(대안교육기관을 포함한다)에서 특별교육을 이수하거나 심리치료를 받아야 하며, 그 기간은 심의위원회에서 정한다. [개정 2012. 1. 26., 2012. 3. 21., 2019. 8. 20., 2023. 10. 24.]

④ 학교의 장은 학교폭력을 인지한 경우 지체 없이 제1항 제2호의 조치를 하여야 한다. [신설 2023. 10. 24.]

⑤ 학교의 장은 피해학생의 보호와 가해학생의 선도·교육이 긴급하다고 인정할 경우 우선 제1항 제1호, 제3호, 제5호부터 제7호까지의 조치를 각각 또는 동시에 부과할 수 있다. 이 경우 심의위원회에 즉시 보고하여 추인을 받아야 한다. [개정 2012. 1. 26., 2012. 3. 21., 2019. 8. 20., 2021. 3. 23., 2023. 10. 24.]

⑥ 학교의 장은 피해학생 및 그 보호자가 요청할 경우 전담기구 심의를 거쳐 제1항 제6호 또는 제7호의 조치를 할 수 있다. 이 경우 심의위원회에 즉시 보고하여 추인을 받아야 한다. [신설 2023. 10. 24.]

⑦ 제5항 및 제6항에 따라 학교의 장이 부과하는 제1항제6호 조치의 기간은 심의위원회 조치결정 시까지로 정할 수 있다. [신설 2023. 10. 24.]

⑧ 심의위원회는 제1항 또는 제2항에 따른 조치를 요청하기 전에 가해학생 및 보호자에게 의견진술의 기회를 부여하는 등 적정한 절차를 거쳐야 한다. [개정 2012. 3. 21., 2019. 8. 20., 2023. 10. 24.]

⑨ 제1항에 따른 요청이 있는 때에는 교육장은 14일 이내에 해당 조치를 하여야 한다. [개정 2012. 1. 26., 2012. 3.

로 학내외 전문가, 교육감이 정한 기관에 의한 특별교육 이수 또는 심리치료가 요구됩니다. 특히 제13항은 가해학생이 특별교육을 받게 될 경우, 그 보호자도 함께 교육을 받아야 한다고 명시합니다. 이를 이행하지 않을 경우, 동법 제23조(과태료)에 의해 300만원 이하의 과태료를 부과하게 됩니다.

동법 제17조 제1항 제5호에서는 '5. 학내외 전문가, 교육감이 정한 기관에 의한 특별교육이수 또는 심리치료'를 제시합니다. 문제는 학교폭력 사안의 성격이 다 다르고 급별(초등과 중등)과 남녀 및 상황에 따라서 차이가 있다는 점입니다. 이들 부모가 한자리에서 교육을 받는 것의 효과에 대해 의문이 제기될 수밖에 없습니다. 무엇보다 이 부모들은 억울함과 처분이 과하거나 학교 당국에 대해 분노가 가득 차 있는 경우가 많습니다.

사실 가해학생들을 대상으로 하는 교육기관에 지원하는 기관(인력)은 매우 드뭅니다. 그 이유의 첫 번째는 학생들 관리가 매우 어렵다는 점입니다. 무단 이탈하거나 흡연 혹은 싸움 등의 문제를 일으키기도 합니다. 특히 교육시간에 집중하지 않고 잠을 자거나 강사를 대상으로 무례한 말과 행동을 하기도 합니다. 이 경우, 교육이 취소되어 재교육을 받아야 할 상황이 되기도 합니다. 이때 학생들이 항의하는 과정에서 선을 넘는 무례

21., 2019. 8. 20., 2023. 10. 24.]

⑩ 학교의 장이 제4항부터 제6항까지에 따른 조치를 한 때에는 가해학생과 그 보호자에게 이를 통지하여야 하며, 가해학생이 이를 거부하거나 회피하는 때에는 학교의 장은 「초·중등교육법」 제18조에 따라 징계하여야 한다. [개정 2012. 3. 21., 2019. 8. 20., 2023. 10. 24.]

⑪ 제1항 제2호의 처분을 받은 가해학생의 보호자는 가해학생이 해당 조치를 적절히 이행할 수 있도록 노력하여야 한다. [신설 2023. 10. 24.]

⑫ 가해학생이 제1항 제3호부터 제5호까지의 규정에 따른 조치를 받은 경우 이와 관련된 결석은 학교의 장이 인정하는 때에는 이를 출석일수에 포함하여 계산할 수 있다. [개정 2012. 1. 26., 2012. 3. 21., 2021. 3. 23., 2023. 10. 24.]

⑬ 심의위원회는 가해학생이 특별교육을 이수할 경우 해당 학생의 보호자도 함께 교육을 받게 하여야 하며, 피해학생이 장애학생일 경우 장애인식개선 교육내용을 포함하여야 한다. [개정 2012. 3. 21., 2019. 8. 20., 2023. 10. 24.]

⑭ 가해학생이 다른 학교로 전학을 간 이후에는 전학 전의 피해학생 소속 학교로 다시 전학올 수 없도록 하여야 한다. [신설 2012. 1. 26., 2012. 3. 21., 2023. 10. 24.]

⑮ 제1항 제2호부터 제9호까지의 처분을 받은 학생이 해당 조치를 거부하거나 기피하는 경우 심의위원회는 제7항에도 불구하고 대통령령으로 정하는 바에 따라 추가로 다른 조치를 할 것을 교육장에게 요청할 수 있다. [신설 2012. 3. 21., 2019. 8. 20., 2023. 10. 24.]

⑯ 피해학생 및 그 보호자는 제9항, 제10항 및 제15항에 따른 조치 또는 징계가 지연되거나 이행되지 아니할 경우 교육감에게 신고할 수 있으며, 신고하는 경우 교육감은 지체 없이 사실 여부를 확인하기 위하여 대통령령으로 정하는 바에 따라 교육장 또는 학교의 장을 조사하여야 한다. [신설 2024. 1. 9.]

⑰ 가해학생에 대한 조치 및 제11조 제6항에 따른 재입학 등에 관하여 필요한 사항은 대통령령으로 정한다. [신설 2012. 3. 21., 2023. 10. 24., 2024. 1. 9.]

함과 그 학부모들의 강력한 항의와 민원까지 감당해야 합니다.

가해학생들의 가해 원인이 다 다르고 특히 중학생과 고등학생의 학교폭력이 다름에도 동시에 교육을 받는 경우도 발생합니다. 가해학생과 학부모들 중에는 한국말을 이해하고 표현하는 데 어려움을 겪는 이들도 있습니다. 또한 교사를 대상으로 한 학교폭력 사안으로 특별교육을 받는 경우도 함께 교육을 받게 됩니다.

가해학생과 그 부모들이 받게 되는 특별교육은 재발 방지와 진정한 회복을 위해 중요한 과정임에도 불구하고 재교육에 투입되는 비용이 너무나 낮습니다. 특히 다양한 학교폭력 원인을 가진 학생들이 동시에 교육을 받는 등의 문제로 인해 교육의 집중도와 효율성, 적절성에도 문제가 있습니다. 개인상담 혹은 집단상담으로 밀도 있게 교육과정이 구성되어야 진심 가득한 후회와 뉘우침, 재발방지를 위한 결심, 사과할 수 있는 용기와 회복을 위한 구체적 노력 등이 담보될 수 있지만 지금의 가해학생과 그 부모를 위한 특별교육은 단순히 또 다른 형태의 교육벌(教育罰)이라는 느낌만 가득합니다.

가해학생과 그 부모들이야말로 개인적인 상담과 특별연수, 집단 워크숍 등이 필요합니다. 유관기관과 연계하여 이들에 대한 보다 적극적 교육 및 상담과 연수 지원이 있어야 합니다.

질문 80 생활기록부 기록: 교육과 낙인(烙印) 사이

교육부의 학교생활기록부 강화 조치는 교육적인 조치라기보다는 처벌에 더 무게를 실은 것 같습니다. 학교생활기록부를 '학교폭력'을 예방하는 교육적인 도구로 활용할 수 있는 방안은 없을까요?

생활기록부는 학생의 학교생활 전반에 걸친 총체적인 평가와 기록입니다. 인적사항과 학적사항을 기본으로 학생의 모든 정보가 입력됩니다. 특히 신체발달과 출결사항을 비롯하여 각종 수상경력과 자격증 취득 및 창의적 재량활동상황을 기록합니다. 독서와 행동특성에 대해 기록하고 종합의견을 기록합니다. 이러한 기록은 한 학생의 삶 그 자체이며 매우 소중하고 개인적인 정보들입니다.

교육부는 「초·중등교육법 시행규칙」 제21조(학생생활기록부 기재내용 등)에 근거하여 지금까지 학생부 내 3개 항목으로 분산되어 기재되던 방식을 '학교폭력 조치 상황란'을 신설하여 일원화하였습니다. 즉, 현재 조치사항에 따라 학생부의 '행동특성 및 종합의견' '출결사항' '인적·학적사항'에 기재되던 학교폭력 관련 기록은 학교생활 기록 및 관리지침을 교육부 훈령으로 개정하여 시행하게 된 것입니다. 이 조치는 가해학생이 학교폭력 심의위원회에 회부되었을 경우, 심의가 끝나기 전에 자퇴를 할 수 없도록 시행령에 명시하여 엄격하게 관리하도록 안내합니다.

이 조치의 실질적인 내용은 대학입시에서 학생부 위주 전형뿐만 아니라 수능과 논술, 실기와 실적 위주의 전형에서도 학교폭력 조치사항을 실질적으로 반영하도록 강제하는 것입니다. 즉, 2025학년도에는 대학이 자율적으로 반영할 수 있지만 2026학년도부터는 전체 대학에서 학교폭력 조치사항을 필수적으로 반영하도록 하였습니다. 자퇴생들의 경우에도 가해학생일 경우, 신설되는 학생부의 '학교폭력 조치 상황란'에 기록하여 대입에 반영하도록 하였습니다(관계부처합동, 2023).

생활기록부의 기록 중 9호 조치인 퇴학 조치는 영구 보존되어 삭제 자체가 불가능합니다. 음주운전이나 교통사고 혹은 경제사범의 범죄도 대통령이 국민화합 차원을 운운하며 사면을 하는 세상에서 삭제 불가한 영구 보존의 잘못이 학교폭력으로 인한 퇴학처분입니다. 8호 조치인 전학 처분도 졸업 후 예외 없이 4년이 보존됩니다. 출석정지(6호)와 학급교체(7호)도 졸업 후 4년 보존이 원칙이지만 예외적으로 졸업 직전 심의를 통해 삭제가 가능합니다.

잘못에 비해 처벌이 너무 무거울 경우, 가해자들은 자신의 잘못을 적극적으로 부인하거나 마지막 순간까지 인정하지 않는 선택을 할 수 있습니다. 부정과 불인정을 통해 얻을 수 있는 이익이 충분히 큰 경우에는 거짓말을 선택할 수 있다는 것입니다. 설령 그 거짓말과 변명이 채택되지 않은 경우에도 자신은 이미 그 벌을 충분히 받았기에 반성을 하는 것을 철회할 위험이 있습니다. 심의위원회 구성원들의 순간적인 판단과 가·감점 인정 요인들에 의해 처분 자체가 바뀔 수 있는 것 또한 중요한 영향을 끼칩니다. 이러한 이유로 경제적인 여유가 있는 이들은 변호인의 조력을 받기도 합니다.

학교폭력사항을 생활기록부에 기록하는 것 자체가 틀린 것은 아닙니다. 학교폭력의 가해자로 인정받은 것 역시 학교생활의 중요한 기록이기에 빠뜨릴 수 없습니다. 다만 그 기록이 처벌을 강화하기 위해서라면 동기가 잘못 설정되었습니다. 오히려 처분을 받은 뒤 어떤 교육을 몇 시간 이수하였는지 함께 기록하고 불이익의 범위를 대학입시가 아니라 폭력의 폐해를 직접 경험하고 고통을 공감할 수 있는 시설의 봉사 등 다른 교육적 접근을 하는 것이 바람직합니다. 지금은 피해자를 대신하여 국가가 대입이라는 무기로 보복을 하는 것처럼 보입니다. 과정도 결과도 교육적이지 않습니다. 패러다임의 전환이 요구됩니다.

회복적 사법에서 제안하였던 것처럼 피해자의 피해를 직접 체험하고 함께 회복하고 복구하는 일에 동참하는 방식이 관계를 회복하고 근본적인 상처를 치유하는 하나의 방법일 수 있습니다. 하지만 이를 한국적 학교 상황에 맞게 변형하여 적용하는 합리적 방법을 찾아보는 것이 필요합니다.

제 5 장

학교폭력 해결 방안

1. 사법적 해결이 아닌 교육적 해결

질문 81 신고하고 조사하고 심의하라

현재 학교폭력 사안을 대처하는 가장 주된 흐름은 '작은 폭력'이라도 신고하고 이를 조사하여 학교폭력심의위원회를 통해 심의하는 것으로 보입니다. 과연 이러한 방식의 학교폭력 대처 방안이 실질적으로 문제 해결에 도움을 줄 수 있을까요?

폭력을 더 큰 폭력으로 대처하는 것은 가장 쉽고 빠른 대처입니다. 하지만 이는 근본적인 해결이 되기보다는 신고의 악순환 고리를 확산하게 합니다. 너도 나도 크고 작은 갈등을 신고하는 것으로 해결하고자 할 때 학교의 교육적 기능은 자리를 잡을 수 없습니다. 학교가 경찰서처럼 신고하고 조사는 일로 넘쳐 나게 됩니다. 현재 「학교폭력예방법」과 시행령 및 사안처리 가이드북 등에는 대화와 화해, 용서와 관계회복을 강조하기보다는 신고와 조사 그리고 심의절차에 대한 안내로 가득합니다.

일단 학교폭력으로 신고가 되고 나면 중재를 위한 화해 안내나 교육적 개입 자체가 어려워집니다. 즉, 가해자와 피해자 한쪽에서 "왜 상대방 편을 드느냐?"라고 오해하거나 항의를 받을 수 있습니다. 이러한 이유로 학교폭력으로 신고되면 담임교사는 개입보다는 학교폭력 책임교사(담당교사)에게 사안을 접수하고 개입하지 않게 됩니다. 이때 가해자로 신고된 학생은 자신에 대해 변명하거나 상황을 설명할 기회조차 얻지 못하게 될 수 있습니다. 사안 자체가 대화와 화해를 통해 충분히 해결 가능한 정도의 사건이라면 이는 교육적 해결을 시도해야 합니다. 하지만 현행 제도에서는 내가 먼저 신고하면 피해자가 되지만, 상대방이 신고하면 가해자로 낙인찍힐 수 있기에 서둘러 신고를 선택하게 됩니다.

친구들 사이에서 일어나는 갈등이 학교폭력 사안으로 신고되면 조사를 하게 됩니다. 가장 간단한 조사는 학교폭력 담당교사에 의한 학생확인서입니다. 피해자 보호자의 확인서도 첨부됩니다. 학교폭력 피해자와 보호자의 확인서에는 가해자와 피해자의 분리 의사 확인서가 첨부됩니다. 물론 예외사항이 있습니다. 피해학생이 분리를 희망하지 않는 경우나 학교장이 긴급선도조치를 시행하여 이미 가해학생이 분리된 경우 및 소속학교가 다른 경우 등은 해당하지 않습니다. 신고가 접수되면 곧바로 긴급선도조치 2호 시행안내문을 발송하게 되는데, 이는 의도적인 피해학생에 대한 접근금지 조치를 말합니다. 이와 관련된 사안을 학교장은 48시간 이내 교육지원청에 보고합니다. 학교폭력 사안이 교육지원청에 접수되면 전담조사관이 배정되고 사안조사가 이루어집니다.

전담조사관의 사안조사를 위해 학교는 적절한 장소와 환경을 마련하여 협조합니다. 전담조사관은 조사 결과를 공유합니다. 전담조사관의 조사 결과는 학교의 전담기구에 의해 자체 해결을 할 것인지 심의하고 자체 해결 요건에 해당되지 않을 경우, 교육지원청의 학교폭력심의위원회 심의를 의뢰하게 됩니다.

전담기구의 심의는 사안 접수 후 14일 내에 개최하게 되지만, 부득이한 경우 1주일이 연장되어 3주간의 기간이 됩니다. 교육지원청의 심의위원회는 전담기구의 의뢰 후 다시 2주간이 소요됩니다. 그 사이 학교폭력의 가해학생은 분리된 공간에서 생활하게 됩니다. 과연 가해학생이 자신의 잘못을 반성하고 사과와 용서를 통해 관계를 회복할 수 있는 기회 자체가 박탈된 한 달이 넘는 기간은 교육적으로 어떤 영향을 끼칠까요?

이 기간 중에 가해학생과 피해학생 및 그 보호자와 학급, 학교공동체를 위한 지원이 필요합니다. 이 기간 중에 가해학생과 피해학생이 무방비로 2차 가해에 노출될 수 있습니다. 관련 학생들에 대한 학습권 보호와 실질적인 도움을 줄 수 있는 안정된 체계가 필요합니다.

질문 82 사법적 해결이 아닌 교육적 해결

학교폭력 사안을 해결하는 과정이 교육적 해결보다는 사법적인 해결로 강화된다는 느낌이 듭니다. 특히 행정심판과 행정소송이 급증하는 것과 변호사들이 사안처리 과정에서 개입하는 것은 어떤 의미가 있을까요?

학교폭력의 사법화는 매우 우려할 만한 경향입니다. 학교에서 일어나는 갈등을 사법이 관여하여 해결과정에 영향을 미치는 것은 바람직하지 않습니다. 일반적으로, 대부분의 사람은 평생 경찰서를 방문하거나 경찰관에게 조사를 받는 경험이 거의 없습니다. 하지만 학교폭력 사안을 처리하는 과정에서 경찰관 출신 등의 '학교폭력 조사관'을 만나는 것은 학생들에게 충격적인 경험이 됩니다. 학교폭력 초기 단계에서 관련 학생들이 작성하는 '확인서'와는 달리 사안조사 양식은 육하원칙에 따른 행정적 양식으로 당사자들에게는 매우 위협적일 수 있습니다.

학교폭력의 관련 학생으로 신고와 조사 과정에 참여할 경우 해당 학생과 보호자는 선택의 기로에 서게 됩니다. 즉, 사안에 대해 학교가 교육적인 해결을 안내할 경우, 자녀로 하여금 교육내용을 살펴보고 스스로 교훈을 얻도록 지켜보고 기다려 줄 수 있습니다. 특히 갈등의 당사자들인 친구들과의 관계를 회복하는 과정에서 조언과 훈육으로 참여할 수 있습니다. 하지만 자녀가 즉시 분리조치가 되어 수업에 참석할 수 없으며 심지어 출석정지를 당하게 된다면 주변의 도움을 받고자 할 수밖에 없습니다. 이 과정에서 유튜브 혹은 다양한 경로로 변호인의 조력(개입)을 선택할 수 있습니다. 문제는 변호인의 조력을 받을 수 있는 것은 부모의 경제력과 사회적 관계 자산이 큰 영향을 끼친다는 점입니다. 가해와 피해 여부와 관련 없이 강력한 변호인의 조력을 배경으로 사안처리 과정에 참여하면 상대방 학생뿐만 아니라 교육 당국도 크게 영향을 받을 수 있습니다.

현행 법률은 학교폭력 가해학생에 대한 엄중 처벌을 통해 경각심을 고취하고 재발을 방지하고자 하는 데 초점이 있습니다. 특히 학교생활기록부 기록을 강화하여 가해자의 입시에도 불리한 영향을 받게 하는 등 실질적인 불이익을 통해 피해자의 억울함을 위로하는 역할을 국가가 대신하고자 합니다. 피해자를 대신하여 국가와 공권력이 더 큰 폭력으로 학교폭력이라는 폭력에 대처하는 것입니다. 이 사법적 처리의 경험은 어린 학생들에게 잘못에 대한 사과와 반성, 관계회복을 위한 용서와 화해보다는 법률에 의지하여 변호인의 조력을 통해 다툼에서 이기는 것이 가치 있는 일로 오해될 수 있습니다. 부모의 경제력과 사회적 관계 자산의 격차가 빚어내는 사법적 문제 해결을 경험한 학생은 가해자의 경우, 잘못을 뉘우치지 않고 앞으로도 같은 방식으로 문제를 해결하고자 하는 유혹을 축적하게 될 우려가 있습니다. 피해자의 경우, 가해자가 잘못에 비해 충분한 벌을 받지 못했다고 생각할 경우, 사법 체계를 포함하여 사회구조에 대한 큰 불신을 경험하게 됩니다.

이 과정에서 가장 큰 문제는 가해자가 큰 경제력과 사회적 자산을 가진 경우입니다. 피해자가 사회적 약자이고 변호인의 조력을 받을 만한 경제적 여력이 없으며 심지어 심의 절차에 참여할 여력조차 없을 경우, 커다란 절망감과 함께 억울함을 가질 수 있습니다. 자신의 고통과 피해에 대해 학교와 교육 당국이 가해자에 대해 적절하게 벌을 주는 것을 확인하지 못한 피해자 측은 교사와 교육에 대해 커다란 불신을 가지게 될 확률이 높습니다. 수업에 참석하는 것과 사회의 공동선을 위해 긍정적으로 기여하는 것 자체에 대해 부정적인 가치관을 가질 수 있습니다. 이때 경험하는 절망감과 원망 혹은 증오는 장차 사회적 갈등의 씨앗이 될 수 있어 매우 우려스럽습니다.

질문 83 공감하는 인간: 호모 엠파티쿠스(Homo Emphaticus)

'학교폭력'의 원인은 근본적으로 우리 사회 자체가 폭력적인 사회여서가 아닌지요? 꼭 학교에서만 폭력이 있는 것처럼 이야기하는 학교폭력이라는 용어 자체가 불편합니다. 학교폭력을 근본적으로 치유하는 방법은 무엇인가요?

'학교폭력' 문제를 해결하는 과정에서 더 큰 폭력, 즉 국가가 대신하여 가해자에게 엄중한 처벌을 하는 것은 해결책이 될 수 없습니다. 마치 깨끗한 물을 공급하기 위해 정수장에 강력한 약품을 들이붓거나 집집마다 정수기를 공급해 주는 것으로 해결하려는 것과 같습니다. 상류를 정화하여 오염의 근본 원인을 제거하는 것이 가장 효율적이고 바람직한 해결 방안입니다.

학교폭력은 예방을 통해 가장 큰 효과를 발휘할 수 있음을 강조하였습니다. 학교폭력의 가장 강력한 예방책은 공감을 확대하는 것입니다. 즉, 학생들의 마음속에 피해자의 고통에 공감하는 마음이 공유되면 가해자에 대해 함께 연대하여 방어자가 되는 선택을 하게 됩니다. 이러한 행동을 할 수 있는 가장 큰 동기는 공감입니다.

요즘은 많은 학생이 감정을 거의 표현하지 않습니다. "지금 네 마음은 어떠니?"라고 물어보면 "모르겠어요!" 혹은 "생각 안 해 봤어요!"라는 대답을 하는 경우가 많습니다. 학생들이 자신의 마음을 알아차리지 못합니다. 마음에 대해 표현하기보다는 마음에 대한 생각을 말합니다. 이것은 감정이 아닙니다. 또한 많은 학생이 이모티콘을 통해 자신의 마음을 전달합니다. 자신의 마음속에서 일어나는 정확한 감정 자체를 알아차리지 못하고 두루뭉술하게 "짜증 나요."라고 말합니다. 정확한 감정의 원인을 진단할 수 없기에 정확한 처치도 할 수 없습니다.

찰스 다윈(Charles Darwin)이 1872년에 인간과 동물의 감정표현에서 말한 것처럼 인간의 기본 감정으로 기쁨, 놀라움, 슬픔, 두려움, 혐오, 분노를 말합니다. 이를 Big Six라고 합니다(2020). 동양적인 접근에서는 『예기(禮記)』 예운편(禮運篇)에 나오는 말입니다. 칠정(七情)은 희로애락애오욕(喜怒哀樂愛惡慾)을 말합니다. 한편, 폴 에크만은 여기에 즐거움, 경멸감, 만족감, 당혹감, 흥분, 죄책감, 자존감, 충만감, 감각적 쾌락, 수치심을 더하여 열여섯 가지의 감정을 제안합니다(Lelord & Andre, 2008, p. 35). 자신과 상대방의 감정에 대해 알아차리는 능력이야말로 인간의 가장 기본적인 바탕이며 근원적 존재감입니다. 이 감정을 제대로 알아차리지 못하면 상대방에게 고통을 주고도 미안하거나 반성하는 마음이 없게 됩니다. 따라서 자신과 타인에게 일어나는 감정을 정확하게 알아차리는 능력이야말로 건강한 삶의 요체가 됩니다.

학교폭력은 '타인의 마음을 공감하지 못하는 상태'가 출발입니다. 심리학자인 사이먼 배런코언(Simon Baron-Cohen)은 "공감 능력의 감퇴가 악행으로 나타나며, 악인은 바로 공감 능력이 낮은 사람이다."라고 규정합니다. 특히 『공감과 도덕 발달』의 저자 마틴 호프만(Martin Hoffman)은 "어린 아이들에게는 공감이 핵심 능력이기 때문에 그들의 도덕적 행동은 전부 공감에서 기인한다."라고 주장합니다(Bloom, 2024에서 재인용).

타인의 아픔에 공감하는 학생은 다른 사람들을 공격하거나 괴롭힐 수 없습니다. 공감이야말로 학생들이 공교육 기관인 학교에서 배워야 할 가장 소중한 가치입니다. 이 공감은 자신의 마음에 대한 공감을 바탕으로 타인의 기쁨과 슬픔, 고통에 대해 공감하는 것입니다. 자신과 타인에 대해 공감하는 사람은 자신을 둘러싸고 있는 가정과 사회에 대해서도 공감할 수 있습니다. 이 공감은 자신의 가정과 사회를 넘어 지구, 곧 생명과 생태계에도 연결됩니다.

질문 84 용서하는 인간: 호모 팔쿠스(Homo Parcous)

학교에서 학생들이 용서를 배워야 한다는 말이 마음에 잘 와닿지 않습니다. 아이들은 잘못을 하기도 하고 사과를 통해 화해도 합니다. 왜 사과가 아니라 용서인가요?

인간은 완벽하지 않습니다. 모든 인간은 하루에도 몇 번씩 실수하고 실패하고 잘못을 저지릅니다. 잘못을 저지르는 자체가 문제가 되지는 않습니다. 문제는 잘못을 바로잡는 과정이 중요합니다. 자신의 잘못된 말 혹은 행동으로 타인에게 피해를 끼쳤다면 솔직하게 인정하고 사과(용서)를 하는 것이 인간관계의 기본입니다.

사람들이 저지르는 잘못은 작은 잘못, 큰 잘못, 심각한 잘못이 있습니다. 약속 시간에 조금 늦거나 지나가다가 어깨가 부딪히는 등 고의가 아닌 잘못은 사과가 필요합니다. 하지만 고의가 아니라 하더라도 상대방에게 상당한 피해와 상처를 끼쳤다면 사과를 넘어서 용서를 구하는 것이 맞습니다. 의도적인 잘못은 사과가 아니라 용서를 구해야 합니다. 특히 나의 잘못으로 인해 상대방 혹은 그 가족이 심각하고 회복이 어려운 상처 또는 피해를 입었다면 사죄를 해야 마땅합니다. 사죄를 할 잘못을 저지르고 사과를 하고 말겠다는 것은 피해자의 입장에서는 수용할 수가 없습니다. 잘못의 크기만큼 책임의 크기도 비례합니다.

학교에서 일어나는 학생들 간의 갈등들은 일반적으로 사과 혹은 용서를 통해 해결될 수 있는 문제들입니다. 사죄를 해야 할 정도의 잘못이라면 「학교폭력예방법」의 차원을 넘어 사법(민·형사)적 대상이 될 것입니다. 따라서 학생들이 학교에서 저지른 잘못들은 사과 혹은 용서를 통해 화해를 하고 관계를 회복하는 것이 교육적인 해결입니다.

아이들이 잘못을 저지르고도 사과 혹은 용서 구하기를 하지 못하는 것은 보고 배운 경험이 없기 때문입니다. 가정에서 작은 잘못을 하였을 때 부모로부터 정확하게 잘못을 인정하고 용서를 받은 경험이 근육처럼 쌓인 학생은 친구들과의 갈등에서도 쉽게 용서를 구하고 용서를 베풀 수 있습니다. 하지만 부모로부터 용서 구하기와 용서 베풀기 경험을 하지 못한 아이들은 당황합니다. 상대방의 사과를 받았을 때 그것을 어떻게 수용해야 할지 당황합니다. 내가 잘못을 했을 경우 사과를 하는 것도 어렵습니다.

인간은 공감하는 존재이면서 동시에 용서하는 존재입니다. 인간이 공감하는 존재라는 것은 많은 저명한 작가가 '공감하는 인간(Homo Empathicus)'을 주장하였습니다. 그러나 용서하는 인간에 대한 경험은 부족합니다. 인간은 용서를 통해 천사처럼 고귀한 인품의 인격자가 될 수도 있고 용서를 구하지도 베풀지도 못하는 동물적 수준에 머무를 수도 있습니다.

하지만 피해자의 입장에서는 가해자가 충분히 반성하지 않았거나 본인 마음의 상처가 충분히 아물지 않았다면 용서를 유보하거나 거절할 수 있습니다. "너만 용서하면 모든 문제가 해결돼."라고 용서를 강요하는 것은 2차 가해이며 용서폭력입니다. 문제는 용서를 하지 않는 마음이 증오하는 마음으로 가득 차게 될 때 가장 먼저, 가장 크게 다치는 것이 자신이라는 사실입니다. 미움과 증오는 상대방보다 자신을 먼저 해칩니다. 무엇보다 세상에서 가장 소중하고 값진 자신의 삶, 즉 시간과 감정을 미워하고 증오하는 마음으로 채우는 끝없는 소모전에 삶을 맡겨야 합니다.

학교는 용서를 배우고 가르치는 안전한 공간이어야 합니다. 학교에서 미성숙한 청소년들이 크고 작은 잘못을 저질렀을 때 사회와 국가 그리고 학교는 이를 바로잡을 수 있는 기회를 제공해야 합니다. 작은 잘못도 신고하고 조사하고 심의하여 벌을 주는 것보다 먼저, 반성하고 사과하고 화해하여 용서를 통해 회복될 수 있도록 안내해야 합니다. 아이들은 학교에서 용서를 배우고 용서를 통해 회복되어야 합니다.

질문 85 회복하는 인간: 호모 레데우스(Homo Redeous)

'회복탄력성'이라는 말을 들은 기억이 납니다. 사람마다 회복탄력성이 다르다고 합니다. 비록 어렵고 힘든 환경 속에서 살아가는 사람도 인생에서 마지막 한 사람, 즉 나를 진정으로 믿어 주고 인정해 주는 사람이 있으면 그 사람은 자신의 삶을 망가뜨리지는 않는다는 것인가요?

운동회에서 달리기를 하다가 넘어진 두 사람도 회복의 속도가 다를 수 있습니다. 회복력이 빠른 사람이 있는가 하면 회복력이 더딘 사람이 있습니다. 상처를 입었을 때도 빨리 회복되는 체질이 있는가 하면 유난히 상처가 오래가는 사람도 있습니다. 육체적 상처의 회복 시간이 다른 것처럼 마음의 상처도 회복되는 시간이 사람에 따라 다릅니다. 특히 같은 경험 속에서 큰 상처를 받는 사람이 있는가 하면 그저 웃고 지나가는 사람도 있습니다.

사람은 근본적으로 실수하고 실패하는 존재입니다. 살면서 한 번도 실패하지 못한 채 성인이 된 사람은 위험합니다. 예로부터 소년등과(少年登科)는 행운이라기보다는 재앙이 될 수 있음을 경계해 왔습니다. 중국 송나라의 학자 정이천은 사람에게 있는 세 가지 불행으로 '젊은 나이에 급제하는 소년등과'를 첫 번째로 꼽았습니다. 그 다음으로 그는 "'부모의 권세에 힘입어 좋은 벼슬을 하는 것'이 두 번째 불행이며 '재능이 뛰어나고 글솜씨가 좋은 것'이 세 번째 불행이다(小學)."라고 말합니다. 실패를 경험하지 못한 사람은 회복도 경험하지 못합니다. 실패를 딛고 일어서는 회복력이야말로 삶에서 가장 중요한 역량의 하나입니다.

실패를 딛고 일어서는 능력, 즉 '회복탄력성(resilence)'을 가진 인간을 '회복하는 인간(Homo Redeous)'이라고 부를 수 있습니다. 학생들은 학교에서 자신이 실수하고 실패하였을 때 회복의 과정을 거쳐 다시 일어설 수 있다는 가능성을 가질 수 있어야 합니다. 한 번의 실수 혹은 실패로 삶에 희망이 없는 상황이 되어서는 안 됩니다. 올바른 회복을 위해서는 무엇이 회복되어야 자신이 회복되었다고 인정할 수 있는가에 대한 '회복목록 만들기'가 가능해야 합니다. '회복목록 만들기' 다음은 '회복을 가로막는 장애물 목록 만들기'도 함께 작성해야 합니다. 특히 자신이 장애물을 극복하고 회복하기 위해 도움을 청할 수 있는 사람의 목록도 함께 만들어야 합니다.

자신이 실패하였을 때 어떤 상황이 변화되어야 회복되었다고 규정할 수 있을지 그 목록을 작성하는 힘이야말로 회복의 구체적 모습이며 실천입니다. 물론 회복을 바라보는 시각이 다를 수 있습니다. 사람마다 이 정도면 회복되었다고 선언할 수 있는 목록의 크기와 넓이, 높이가 다를 수 있습니다. 하지만 눈으로 확인할 수 있는 작은 성공으로부터 회복은 출발하여야 합니다. 회복은 신체적(생리적) 회복을 시작으로 심리적 회복, 사회적 관계의 회복이 병행되어야 합니다(Paul Valent, 2011).

회복의 전제조건은 공감과 용서입니다. 피해를 입은 사람이 회복되기 위해서는 가해자의 진심 어린 반성과 사과 그리고 용서 구하기가 출발입니다. 가해자는 반성도 하지 않고 용서를 구하지도 않았는데, 피해자가 먼저 회복을 선언하는 일은 자기 자신에게 가하는 폭력이 될 수도 있습니다. 그러나 잘못을 인정하거나 사과하지 않는 가해자를 만나는 일도 있을 수 있으므로 가해자의 유독함을 오히려 피해자가 떠안지 않기 위해서는 회복의 적정선을 피해자가 스스로 정하기도 합니다. 사과하지 않는 가해자에게 대처하기는 회복을 준비하는 피해자의 또 다른 역량이 됩니다.

학교에서 일어나는 다양한 갈등은 진심 어린 공감과 용서를 거쳐 회복하는 경험을 선사하여야 합니다. 이것을 우리는 교육이라고 부릅니다. 인간이 회복하는 존재, 즉 '회복하는 인간'임을 선언하는 것은 새로운 위로가 됩니다.

질문 86 성장하는 인간: 호모 베니우스(Homo Venious)

'학교폭력'의 경험이 성장의 기회가 된다는 말은 좀 억지스럽지 않을까요? 학교폭력은 한 번도 경험하지 않는 것이 가장 바람직한 일이 아닌가요? 굳이 학교폭력의 경험을 통해 성장을 하라고 하는 것 자체가 좀 부담스러운 것 같습니다.

"나는 살면서 한 번도 병을 앓아 본 적이 없다. 따라서 병원에 갈 일이 없다. 그래서 나는 의료보험이 필요하지 않다."라고 말하는 사람은 없습니다. 많은 사람이 자동차로 운전할 때 의무적으로 보험에 가입합니다. 내가 아무리 조심하고 안전하게 운전하고자 하여도 갑자기 끼어드는 차량, 중앙선을 넘어오거나 역주행을 하는 차량까지 예상하여 운전할 수는 없기 때문입니다. 세상을 살아가면서 한 번도 갈등을 경험하지 않는 사람은 없습니다. 학교는 갈등을 폭력적인 아닌 방법으로 대처하는 것을 배우는 곳입니다. 학교폭력에 대처하는 방법을 배우는 것은 교육의 본질 중의 하나가 됩니다.

모든 국민, 특히 학업 적령기의 청소년들은 의무적으로 학교에서 교육을 받아야 합니다. 학생들은 좁은 공간에서 다수와 함께 생활하면서 친구들과 갈등을 겪지 않고 생활하는 것은 불가능합니다. 크고 작은 갈등을 날마다 매 순간 다양한 형태로 경험하는 곳이 학교입니다. 이 경험은 상대방에게 피해를 주거나 피해를 받는 방식으로 일어납니다. 같은 경험을 하고도 성장하는 학생이 있는가 하면 그 경험으로 인해 학교를 떠나거나 돌이킬 수 없는 커다란 갈등으로 문제를 확산하는 학생 혹은 보호자도 있습니다.

알프레드 아들러(Alfred Adler)의 말처럼 어떤 경험도 경험 그 자체가 인간을 불행하게 하거나 행복하게 하지는 않습니다. 경험을 어떻게 해석하고 받아들일지 선택하는 것이 중요합니다. 학교폭력의 경험을 성장을 위한 기회로 재해석하고 활용하는 것이 중요합니다. 성장하는 인간(Homo Venious)은 "인간이 본질적으로 학습하는 존재이며 성장을 위한 욕구를 가지고 있다."라는 전제에서 출발합니다. 즉, 자신이 겪은 갈등 경험을 어떻게 해석하고 대처할 것인지에 대해 연습하여 근육으로 만드는 것이 필요합니다.

고통스러운 경험을 마주하여 마음이 부서졌을 때 인간은 두 가지 방식으로 반응합니다. 첫 번째는 마음이 깨어져 흩어지는 것입니다. 고통에 주저앉아 통증을 원망하며 자신과 타인을 해롭게 하는 방식으로 반응하는 것입니다. 두 번째는 고통에 마주하여 마음이 깨치고 열리는 경우입니다. 마음이 깨치고 열리면 고통의 원인과 결과를 통찰하고 그 의미를 되살려 자신에게 주는 교훈을 찾아냅니다. 그 결과, 고통을 겪지 않는 것보다 더 발전하고 성장하는 것을 말합니다(Palmer, 2012). '자신에게 찾아온 고통을 어떻게 해석할 것인가?'가 핵심입니다.

학교는 갈등을 경험하고 갈등에 대처하는 연습을 하는 안전한 공간이어야 합니다. 청소년들은 가정의 울타리를 벗어나 학교라는 공교육 기관에서 단체 생활을 하는 가운데 이른바 공중도덕과 단체 생활의 질서 및 원리에 대해 배웁니다. 청소년들은 미숙한 존재이며 부족하기에 실수하고 실패할 수 있습니다. 이때 자신의 잘못을 정확하게 인식하고 대화를 통해 사과를 할 수 있는 용기를 배워야 합니다. 잘못을 사과하는 사람은 연약하고 비굴한 사람이 아니라 용기 있고 자존감이 높은 사람입니다.

이러한 자존감은 자신과 이웃에 대한 공감의 바탕 위에서 만들어집니다. 공감하는 사람은 용서를 구하거나 베풀 수 있습니다. 공감과 용서를 통해 관계를 회복한 사람은 성장으로 나아갑니다. 자신이 경험한 고통스러운 기억을 성장의 에너지로 전환시켜 가는 사람이 **외상후성장**(post traumatic growth)으로 나아가는 사람입니다. 학교폭력의 경험도 **학교폭력 후 외상후성장**(post traumatic growth in school bullying)의 경험이 될 수 있습니다.

질문 87 한국형 학교폭력 예방 모델

근대식 학교의 발상과 모델이 서구를 통해서 수입되었기에 '학교폭력'에 대한 인식과 대처방식도 외국의 모델이 제안되는 것으로 보입니다. 한국의 학교폭력은 외국의 폭력과 다르지 않나요? 그래서 한국형 학교폭력 예방 모델이 필요하지 않을지요?

오늘날과 같은 근대[1]의 모델은 18세기 이후 근대국가의 발달과 함께 대두된 국민교육의 강화가 그 출발이라고 할 수 있습니다. 우리나라의 근대교육도 구한말에서 해방에 이르기까지 새로운 학문을 통해 민족정신을 키우고 외세의 침략에 대응하는 민족운동의 형태로 이루어졌습니다.

일제강점기의 식민지 교육이 우리 교육의 모델이 될 수 없음은 너무나 분명합니다. 하지만 해방 이후 한국의 근대화 과정에서 일제의 식민지 교육의 틀이 그대로 남아 있어 일제 교육의 잔재가 큰 영향을 끼쳐 왔습니다. 특히 해방 이후 여러 정부는 전인교육을 통해 홍익인간의 이념을 실현한다고 명시하였지만 내용적인 면에서는 반공 전사와 산업역군을 기르거나 인적자원으로서 국가에 기여하는 재원으로만 인식하였을 뿐 학생 자체가 교육의 목적이었던 적이 있었다고 하기는 어렵습니다.

우리는 국가와 민족의 번영을 위한 역사적 사명을 타고 태어나지는 않았습니다. 자신이 선택하지 않은 부모에 의해 선택하지 않은 나라와 장소에서 태어납니다. 인간은 그 자신의 생존과 행복이 목표입니다. 건강하고 재미있게 더불어 행복한 사회를 함께 만들어 가는 것이 공동의 과제입니다. 하지만 우리의 교육제도는 과도한 입시열로 대표되는 사교육의 부담과 대학 서열화 및 사회 양극화 등으로 고통받고 있습니다.

학생들이 학교에 오는 것이 행복하고 배우는 것이 기쁨이 되어야 함에도 불구하고, 오늘날 우리 교실(학교)은 놀이가 사라지고 친구는 경쟁자가 되었습니다. 초등학교부터

---

1) 근대교육은 근대 국가의 성립이나 자본주의 사회의 발생과 더불어 시작된 교육으로 주로 계몽사조를 기초로 나타난 계몽주의 교육을 의미한다. 한국의 경우, 근대교육은 한국의 근대를 어떻게 시기 구분하느냐에 따라 다소 견해 차이가 있을 수 있지만 대체로 본격적인 개항이 이루어지기 시작한 1880년대부터 1945년 해방까지 각종 근대식 학교를 중심으로 이루어진 교육을 의미한다. 근대교육, 디지털고령문화대전(https://goryeong.grandculture.net/goryeong/toc/GC02901276).

의대 교육을 위해 고등학생들이 공부하는 수학 문제를 풀어야 하는 극단적 선행학습에 내몰리고 있습니다. 이로 인해 교실은 경쟁의 닭장이 되고 정글이 되었습니다. 일상 속에서 일어나는 크고 작은 갈등은 모두 신고하고 조사하여 심의를 받는 대상이 되도록 매뉴얼화되었고 기계적이고 사법적인 해결이 주된 접근이 되었습니다.

이를 예방하고 대처하는 방식으로는 노르웨이 단 올베우스(Dan Olweus)의 '학교폭력 멈춰'와 캐나다가 원산지인 '회복적 사법'에 의한 교육적 해결 모델 '회복적 생활교육'이 주목받았습니다. 같은 캐나다 유아들을 대상으로 하던 '공감의 뿌리'도 주목 받습니다. 미국이 원산지인 '비폭력대화'와 '감정코칭'도 관심의 대상이 되었습니다. 교육부가 직접 개발한 '어울림' 프로그램도 학생과 학부모를 대상으로 구체적인 학습안을 제공합니다. 문제는 시스템의 지원 없는 외국의 프로그램들이 한국적 상황에서 적용이 될 것인가 하는 것입니다.

한국의 학교폭력 양상과 형태는 외국의 학교폭력과는 많이 다릅니다. 학교폭력을 인식하고 대처하는 방식도 다릅니다. 교육제도도 다르고 학부모들도 다릅니다. 따라서 외국의 제도가 우리 아이들의 학교폭력을 예방하는 것에는 그 효과성과 효율성이 검증되어야 합니다.

저는 학교폭력은 비폭력이나 회복, 공감 등의 한두 요소에 집중하는 것을 넘어, 나와 상대방에 대한 깊은 공감을 토대로 진심 어린 뉘우침과 사과를 통한 용서가 중요하다고 보았습니다. 용서 구하기와 용서 베풀기를 통해 관계가 회복되면 성장으로 나아갈 수 있습니다. 이것이 한국형 학교폭력 예방 모델인 '공감N성장' 모델입니다.

2. 학교폭력 관련자들의 전문역량 강화방안

질문 88 학교폭력 전문가 양성기관

'학교폭력' 문제를 예방하고 잘 대처하며 근본적으로 해결하기 위해서는 무엇보다 많은 연구와 전문가가 있어야 할 것 같습니다. 하지만 전국 어디에도 학교폭력 예방 전문가를 양성하는 기관이 있다는 말을 들은 적이 없습니다. 어떻게 해야 하는지요?

어떤 영역이든 문제를 제대로 해결하기 위해서는 관련 연구와 전문가가 필요합니다. 문제를 해결하고자 하는 의지가 있다면 예산과 인원을 배치하여야 합니다. 문제 해결을 위한 조직을 구축해야 합니다. 그런 의미에서 2024년 교육부가 직제개편을 통해 '학교폭력대책과'를 신설한 것은 바람직합니다. 교육부 직제에서 '학교폭력'이라는 단어가 들어간 첫 번째 조직개편은 2012년 박근혜 정부에서 이른바 '대구 중학생 사망사건'을 계기로 온 사회가 학교폭력에 주목할 시기에 이루어졌습니다. 그 당시 교육부 장관이 지금의 이주호 장관입니다. 당시 이름은 '학교폭력근절대책과'였습니다(박진하, 2022). 하지만 여전히 교육부는 사안처리에만 집중할 뿐 예방과 연구 및 전문가 양성을 위한 교육은 그들의 관심에서 먼 것처럼 보입니다. 시·도교육청에서도 '학교폭력' 업무를 담당하는 조직은 이른바 학교자치과 혹은 인성교육과 등의 과내에 한 팀으로 운영되는 경우가 대부분입니다.

제대로 된 학교폭력 예방을 위해서는 「학교폭력예방법」 제6조의 2(학교폭력대응 전문교육기관 및 센터의 운영)를 제대로 하여야 합니다. 학교폭력 관련 업무는 크게 예방과 사안처리 및 사후관리(특별교육과 상담 등)로 구성되어 있습니다. 현재 연구 관련 기능은 이화여자대학교 학교폭력 예방연구소에서, 예방 관련(어울림 프로그램 운영 등) 업무는 한국청소년정책연구원에서 수행하고 있습니다. 그러나 교육(연수)을 담당하는 전문교육기관이 없습니다. 이를 까닭으로 시·도교육청마다 업무 담당자의 전문성이 크게 차이가 납니다. 경우에 따라서는 3D 중의 3D 업무로 취급되는 교육청도 있습니다. 전문성이 쌓일 수가 없습니다.

저자는 시교육청에서 학교폭력 관련 업무를 총괄하는 책임자의 경험[2]을 갖고 있습니다. 이곳에 관내에서 가장 경험과 실력이 우수한 전문직과 파견교사 및 행정인력이 배치되어야 합니다. 지금은 모든 교육지원청에서 학교폭력제로센터를 운영하고 있습니다. 당시에 비해 인력이 많이 보강되었고 법률지원이 가능하도록 변호사도 배치되었습니다. 하지만 교육지원청으로 학교폭력조사와 심의업무가 이관됨에 따라 여전히 업무가 과중합니다. 특히 학교폭력 조사관과 학교폭력심의위원회 구성원들의 업무역량 강화와 질적 관리는 매우 중요한 문제입니다.

무엇보다 시·도교육청에서 학교폭력 업무를 담당하는 전문직(장학관, 장학사)의 학교폭력 업무와 연관된 전문성이 중요합니다. 학교폭력 사안처리를 많이 한 경험이 전부가 되어서는 안 됩니다. 예방과 사안처리 및 사후관리(특별교육과 상담) 전반에 걸친 전문성이 필요합니다. 교육지원청에서 실무를 담당하는 학교폭력제로센터의 전문직과 파견교사 및 행정인력에게는 더욱더 학교폭력 업무 전반에 걸친 전문성이 요구됩니다. 이들의 업무 관련 전문성은 무엇으로 검증할 수 있을까요? 적어도 그 업무를 담당하는 인력에 한해서는 6개월 정도 파견을 통해 집중적으로 전문성을 기를 수 있는 연수가 시행되어야 합니다.

많은 교육청에서 전문직 혹은 사무관 입직자들을 위해 6개월 정도의 역량 강화 교육을 실시하고 있습니다. 저는 학교폭력 예방 업무를 담당하는 이들에게는 이 과정이 반드시 필요하다고 주장[3]합니다. 관련 내용은 별첨 3의 내용을 참고하기 바랍니다.

---

2) A교육지원청 학생특수교육지원센터장(2017. 9.~2018. 8.).

3) 이를 위한 연수과정은 [별첨 3] '학교폭력 예방 전문가 양성을 위한 비학위과정 학교폭력 예방 과정 신설(안)'을 참고하여 주기 바란다.

질문 89 학교폭력 예방·지원(제로)센터와 위(Wee)센터

전국의 모든 교육지원청에 '학교폭력 예방 · 지원(제로)센터'가 생겼습니다. 이 센터는 기존의 '위(Wee)센터'와 어떻게 다르며 어떤 역할을 하게 되는지요? '학교폭력 예방 · 지원(제로)센터'가 실질적으로 학교폭력 예방 등의 업무에 도움이 될 수 있을까요?

교육부는 17개 시·도교육(지원)청에 가칭 '학교폭력 예방·지원센터'를 단계적으로 설치하여 사안처리와 피해회복·관계개선 및 법률서비스를 통합지원하고자 합니다. 이를 위해 시범교육청의 운영을 거쳐 2025년에는 전국 모든 교육지원청에 확산할 계획입니다. 이는 매우 바람직한 선택입니다. 센터는 '사안처리 컨설팅 지원단'과 '피해회복·관계개선지원단' 및 '법률서비스지원단'으로 구성됩니다. 다음의 [그림 5-1]과 같습니다. 교육지원청의 '학교폭력제로센터'는 '학교폭력심의위원회'와 '학교폭력 조사관'을 선정하고 관리·운영하는 중요한 조직입니다.

한편, 위(Wee) 프로젝트는 정서불안, 학교폭력, 학교부적응 및 일탈행동 등의 위기학생에 대한 3단계 안전망(safe-net) 구축사업으로 시작되었습니다(최상근 외, 2011). 이는 2008년 대통령 공약 사업으로 선정된 '학교안전관리통합시스템'이 브랜드화된 것입니다(김인규, 2011). 위(Wee) 프로젝트는 출발 단계에서부터 위(Wee) 기관[위(Wee) 클래스-위

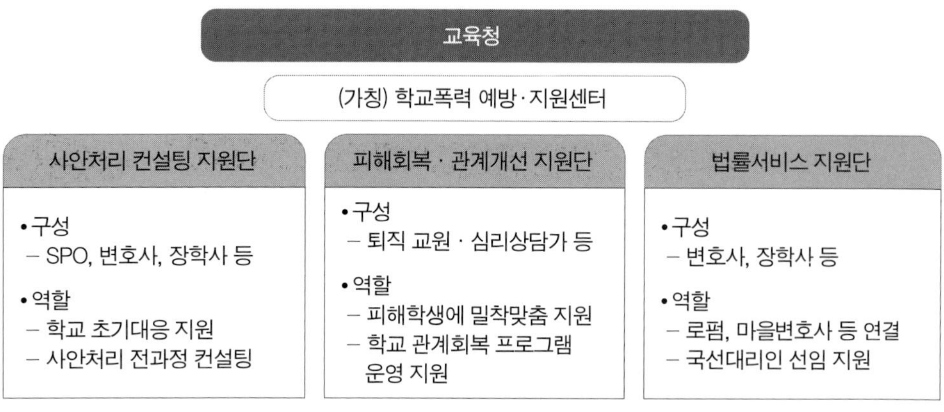

[그림 5-1] 교육(지원)청 통합지원체제 체계도

출처: 관계부처합동(2024), p. 15.

(Wee) 센터-위(Wee) 스쿨의 위계로 설계되었습니다. 하지만 법적 근거가 마련되지 못했으며 비교적 성공적인 정책으로 자리매김하였지만 학교폭력 업무를 특화하여 담당하기에는 부족함이 있었습니다. 이러한 때에 학교폭력 관련 업무를 통합적으로 감당하는 '학교폭력제로센터'는 매우 적절한 정책입니다.

'학교폭력제로센터'와 위(Wee) 프로젝트는 상호보완적인 측면이 강합니다. '학교폭력제로센터'는 위(Wee) 기관들과 연계하여 가해와 피해학생 및 그 보호자들을 대상으로 하는 특별교육을 실시합니다. 특히 사안에 따라서는 '가정형 위(Wee) 센터'에 학생을 위탁하거나 '위(Wee) 스쿨' 진학과 편입학을 권고할 수 있습니다. 이를 위해서는 위(Wee) 기관에 대한 예산 지원과 함께 전문상담인력을 보충하여야 합니다. 최근 정부는 퇴직하는 전문상담사들을 보충하기 위한 전문상담교사 선발 대신 이들의 정년을 65세로 연장하는 편법으로 정원 외 인원으로 관리를 하고 있습니다. 정책의 연속성을 위해서라도 해마다 선발 인원이 예상 가능하여야 합니다. 위(Wee) 프로젝트에 대한 관심과 지원이 '학교폭력제로센터'와 역할분담을 잘해 나갈 때 두 정책 모두 실효를 거둘 수 있습니다.

아울러 이 기관들에 근무하는 구성원들에 대해 서로 근무를 기피하는 3D 환경이 되지 않도록 적절한 인력과 예산을 지원하고 배치해야 합니다. 특히 필요한 연수를 지원하고 전문적 역량을 강화하기 위한 슈퍼비전 등을 주기적으로 받을 수 있도록 지원하여야 합니다. 또한 자체적으로 슈퍼바이저가 성장할 수 있는 구조를 만들어야 합니다. 예를 들면 한국상담학회 등과의 협약을 통해 '위(Wee) 기관 근무자 슈퍼비전 프로젝트 운영 및 슈퍼바이저 양성 계획' 등을 기획하여 실천하면 좋겠습니다.

질문 90 예비 교사를 위한 학교폭력 예방교육

우리 사회에서 교사 집단은 비교적 우수하고 존경을 받는 집단입니다. 이들은 학창시절 모범적인 생활을 한 경우가 대부분입니다. 이들이 학교폭력을 당하거나 가해한 학생들의 심정을 얼마나 알 수 있을지 혹은 양성기관에서는 충분한 교육이 실시되고 있는지요?

솔직한 표현을 드리자면 대부분의 교사는 공부를 못해 본 경험이 거의 없습니다. 따라서 자신의 설명에 이해를 하지 못하는 학생들을 이해하지 못하는 현상이 나타나곤 합니다. 학교폭력 역시 학교폭력의 피해자나 가해자 경험이 없는 교사들이 관련 학생들의 마음을 이해하고 공감하는 것은 쉽지 않습니다. 특히 학교폭력의 가해자 경험을 가진 사람이라면 교사가 되는 것을 금지하는 것이 맞습니다. 그러나 가해자 역시 교육의 대상이라는 점에서 가해자의 마음을 이해하고 공감하려는 접근이 필요합니다.

현재 초등학교 교사가 되기 위해서는 전국의 교육대학이나 한국교원대학교, 이화여자대학교, 제주대학교, 공주대학교의 초등교육학과에 진학해야 합니다. 중등의 경우, 사범대학이나 교직을 이수할 수 있는 학교에서 교사 자격을 취득하여야 합니다. 교직과정을 이수하는 커리큘럼 중 '학교폭력'에 대한 교과목은 법적으로는 최소 2학점 이상이면 가능합니다. 비록 3~4학점을 이수한다고 하여도 실습이 따로 있는 것은 아닙니다. 물론 교생실습 기간 중에 학교폭력과 관련된 학생들을 만나고 상담할 수는 있지만, 공식적인 교육과정은 아닙니다. 임용고사에 학교폭력에 대한 인식과 대처 및 상담방법 등이 집중적으로 강조되지 않는다면 관심의 영역이 아닌 것이 현실입니다. 그럼에도 불구하고 예비 교사들에게 '학교폭력'과 관련된 업무는 공포 그 자체입니다.

신규 혹은 초임교사들의 연수에서 간혹 학부모 소송 대비 보험을 판매하시는 분들을 볼 수 있습니다. 학교폭력 문제를 해결하는 과정에서 예비 교사들이 가장 두려워하는 일은 문제 학부모를 만나 악성 민원에 시달리는 경우입니다. 이때를 대비하여 보험에 가입하는 것입니다. 따라서 문제를 만들지 않는 가장 효과적인 방법으로 신고하는 것을 선택하게 됩니다. 자신이 가르치는 학급에서 학생들이 크고 작은 갈등을 일으킬 때 교사는 화해와 중재를 통해 사과하고 용서하여 관계를 회복하도록 지도하는 것은 위험할 수 있습니다. 왜냐하면 한쪽 편을 드는 것으로 오해받을 수 있기 때문입니다. 일단 학교폭력 담당교사에게 신고를 하고 자신은 빠져야 합니다. 그러면 아무 문제도 생기지 않습니다.

이 경우 학교폭력과 관련된 학생과 학부모들은 그 교사를 어떻게 받아들이게 될까요? 특히 학교폭력은 진공 상태에서 일어나는 것이 아니므로 다양한 배경이 있을 수 있는데 그것을 가장 가까이에 있는 담임(교과)교사가 들어주고 변명할 기회를 주는 대화의 장을 마련해 주지 않는 것은 학생들에게 무엇을 의미하나요?

하지만 현행 법률과 제도(체제) 안에서라면 신규교사들은 당연히 신고라는 선택을 할 수밖에 없습니다. 가해자와 피해자의 말을 듣고 중재를 하기에는 교사 자신이 충분한 기술과 준비가 되어 있지 않는 상태이므로 어설픈 중재자 역할은 오히려 위험할 수 있습니다. 특히 이 과정에서 순순한 마음으로 교육적인 접근을 하다가 일어나는 책임에 대한 면책이 보장되어 있지 않다면, 중재와 화해는 무모한 용기 혹은 오지랖이라고 평가받을 수밖에 없습니다.

따라서 무엇보다 예비 교사들은 학교폭력의 개념과 중재와 화해를 위한 구체적인 기법 및 이론을 충분히 교육받고 실습하여야 합니다. 특히 인턴교사 제도를 통해 충분한 실습을 할 수 있도록 지원해야 할 것입니다.

질문 91 현직 교사를 위한 학교폭력 대처 역량 강화연수

현직 교사에게 '학교폭력 예방교육' 연수는 의무적이지 않나요? 법령에도 매 학기마다 1회 이상 실시하여야 한다고 명시[4]되어 있습니다. 하지만 1회 이상이라는 개념이 너무 막연하여 실제적으로 효과가 있는지 궁금합니다. 현직 교사들에 대한 학교폭력 예방교육의 문제점과 개선방안은 무엇인가요?

현직 교사들에게 '학교폭력' 예방 연수는 의무입니다. 매 학기 1회 이상 이수를 하도록 법에 의해 강제됩니다. 이 교육은 연수 담당자의 관심과 의지에 따라 그 질적 수준이 차이가 많이 날 수 있습니다. 담당자가 학교폭력 예방에 관심이 크고 좋은 강사를 모시고자 하는 의지가 있으면 교육지원청이나 연수원 등에 연락을 하여 우수한 강사를 모시려는 노력을 할 것입니다. 하지만 큰 관심이 없으면 연락하기 쉬운 강사를 모시고 형식적인 연수로 가름합니다.

연수를 진행하는 과정에서 생활(교육)부장이나 학교행정가인 교감, 교장이 "내가 아는

4) 「학교폭력예방법」 제15조(학교폭력 예방교육 등) ① 학교의 장은 학생의 육체적·정신적 보호와 학교폭력의 예방을 위한 학생들에 대한 교육(학교폭력의 개념·실태 및 대처방안 등을 포함하여야 한다)을 학기별로 1회 이상 실시하여야 한다. [개정 2012. 1. 26.]
② 학교의 장은 학교폭력의 예방 및 대책 등을 위한 교직원 및 학부모에 대한 교육을 학기별로 1회 이상 실시하여야 한다. [개정 2012. 3. 21.]

좋은 강사가 있으니 연락을 해 보라."라고 권유할 수 있습니다. 혹은 "강사 섭외는 자신이 할 터이니 나머지 연수 준비를 하라."라고 권유할 수 있습니다. 아무래도 교감, 교장의 눈높이에서 더 넓은 강사 풀을 가지고 있기에 우수한 강사를 초대할 가능성이 커집니다. 하지만 연수 담당자와 생활부장, 교감, 교장까지 모두 학교폭력 연수를 의무적이고 형식적인 연례 행사로 취급하면, 해당 학교 교사들의 학교폭력 예방 역량은 향상될 수가 없을 것입니다.

저자 역시 교육지원청에서 학교폭력 업무를 총괄하고 있을 때 학교를 방문하게 되는 경우가 있었습니다. 교장실에서 근심 가득한 학교폭력 담당교사를 만나면 거의 모든 상황이 파악이 됩니다. 즉, 그 학교에서 가장 경험 있고 상담적 대화 역량을 가진 교사가 학교폭력 업무를 담당하고 있다면 교육지원청에서 방문을 하는 상황까지 이르지 않습니다. 거의 예외 없이 신규 혹은 신규를 갓 벗어난 교사가 학교폭력 업무를 담당하고 있었습니다. 해당 학교의 행정가들에게 "왜 신규 혹은 전입 교사가 학교폭력 업무를 맡고 있느냐?"라고 물어보면 한결같이 "모두가 회피하여 어쩔 수 없이 신규나 전입교사에게 업무를 맡겼다."라고 변명합니다. 학교폭력 업무가 단위학교에서 3D 업무가 되고, 관련 업무를 어쩔 수 없이 떠밀려 맡게 된다면 대처 역량이 우수하기를 바랄 수 없습니다.

교육지원청 역시 그러합니다. 교육지원청의 '학교폭력제로센터' 혹은 학교폭력 업무를 담당하는 전문직(장학관, 장학사)의 전문성에 따라 지역의 학교폭력 대응 역량은 그 넓이와 깊이가 크게 달라지고 제한됩니다. 교육지원청 업무 담당자 자신이 이 업무에서 하루 빨리 벗어나는 것이 목표가 되고 관련 연수가 형식적인 것이 되면 거의 한 학기에 한 번 정도 담당자들을 집단으로 모아 3시간 내외의 전달 교육을 하는 것에 그칩니다.

현직 교사를 위한 연수는 거의 없습니다. 심지어 1급 정교사 자격 연수에서도 학교폭력 과목은 3시간 정도의 특강 형식으로 포함될 뿐입니다. 실습이나 실제적인 역량 강화를 위한 워크숍 등은 시도하지 않습니다. 특히 교육청에서 오는 '학교폭력'이라는 이름이 들어간 연수를 많은 교사들이 피합니다. 그 이유는 연수를 들었다는 이유로 그 업무를 맡게 될까 봐 두려워하는 것입니다. 이러는 사이 학교폭력에 대한 현장의 전문성은 늘 제자리를 맴돌고 학생들의 폭력은 빠른 속도로 커지고 넓어집니다.

학교폭력 예방 업무에 종사하는 것이 재수가 없거나 힘이 없어서 맡는 3D 업무가 아닌 보람과 성장을 가져다줄 수 있도록 구조를 바꾸어야 합니다. 근무환경을 쾌적하게 개선하며 업무를 대폭 줄여 주어야 합니다. 그 시간에 전문역량을 쌓을 수 있도록 연수과 교육을 지원하며, 교육 파견 기회를 늘리고 관련 분야의 전문직으로 진출할 수 있도록 전문 트랙을 만들어야 합니다. 학교폭력 예방 업무에 대한 전문적 대처 역량이 학교행정가가 되기 위한 필수적 역량이 되어야 합니다. 학교폭력 업무를 담당하고 있다는 사실만으로 해당 학교에서 가장 존중받을 수 있고 해당 교육(지원)청에서 가장 유능한 교직원이라는 평판을 받으며 자부심을 가질 수 있게 지원하여야 합니다.

질문 92 학교폭력 예방 전문가 양성의 필요성

'학교폭력' 전문가를 양성해야 한다는 것은 누구라도 알고 있는 이야기입니다. 하지만 구체적인 법적 근거가 부족하거나 의무가 아니기 때문에 연수과정이 만들어지지 못한 것은 아닌지요?

"하고자 하면 방법을 찾고 하고자 하지 않으면 핑계를 찾는다."라는 말이 있습니다. 학교폭력 예방 전문가가 되는 일은 모든 사람이 흔쾌히 맡고 싶어 하는 일은 아닙니다. 업무가 과중한데다 책임이 무겁기 때문입니다. 따라서 적정량의 업무를 부과하고 예산과 인력을 지원하여 근무환경을 개선하는 것이 필요합니다. 무엇보다 이 일이 보람 있는 일이며 전문성을 요하는 일이라는 자부심을 가질 수 있도록 지원해야 합니다. 그 지원 중 가장 핵심적인 지원이 바로 필요한 전문성을 기를 수 있는 연수와 교육의 제공입니다.

저는 별첨에서 학교폭력대학원 대학교를 만들고 석·박사 과정을 만들어야 한다고 주장합니다. 그 이전에 학교폭력 업무 담당자가 가장 기본적으로 준비해야 할 교양과 연수에 대해 공감대를 형성하여야 한다고 봅니다. 학교폭력 업무를 담당한 사람은 최소한 200시간 이상의 관련 연수를 통해 자신이 맡고 있는 업무의 성격과 처리 과정 및 관련 네트워크 등에 대해 충분히 파악하고 있어야 합니다.

문제는 학교폭력 업무를 담당하고 있는 업무 담당자의 전문성과 역량 강화를 위한 교육과 연수에 대한 어떤 조항도 없다는 점입니다. 시·도교육청의 학교폭력 담당 장학관과 장학사 및 업무 담당자들의 전문성에 대해서도 검증이 필요하다는 목소리가 많습니다. 교육지원청의 '학교폭력제로센터'에 근무하는 책임자(장학관 혹은 사무관)와 전문직 및 행정지원인력 역시 학교폭력 전문성과 관련한 어떠한 자격을 확보하였는지 궁금합니다. 아울러 '학교폭력심의위원회' 구성원들은 어떠한 경로로 선발되었는지, 전문성 향상을 위한 연수나 교육을 충분히 받고 있는지 궁금합니다. 2024년 새로 선발된 '학교폭력 조사관'들은 어떠한 전문성을 가지고 있으며 역량 강화를 위해 어떤 연수를 받고 있는지 점검이 필요합니다.

학교폭력 업무 종사자들의 연수를 위한 법적 근거는 2023년 10월 24일 개정된 법률에 포함되었습니다. 즉, 제11조(교육감의 임무) 제10항입니다.

> ⑩ 교육감은 제14조 제3항에 따른 전담기구 구성원의 학교폭력 관련 전문성 향상을 위한 교육 등을 실시할 수 있다.

문제는 "실시하여야 한다."가 아니기에 하지 않는 곳이 더 많다는 것입니다. 실시할 수도 있고 하지 않을 수도 있습니다. 많은 법이 "할 수 있다."라는 표현으로 하지 않을 수 있는 빌미를 제공합니다. 이 결정을 하는 사람은 바로 교육감이며 업무를 담당하는 책임자들입니다. 이들의 관심이 학교폭력 예방에 있지 않기에 '하지 않을 수 있는 것'을 늘 선택합니다.

단위학교의 학교폭력 전담기구 구성원에 대한 연수보다 더 시급하고 심각한 것이 교육지원청에 소속된 '학교폭력심의위원회' 구성원들에 대한 연수를 의무화하는 것입니다. 아울러 새로 선발된 '학교폭력 조사관'들의 연수도 매우 중요합니다. 많은 교육지원청에서 3일 내외의 연수를 실시한 후 현장에서 활동을 하고 있는 실정입니다. 이들에 대한 교육은 한 학기에 몇 시간에 그칠 정도입니다. 학교폭력 초기 단계에서 우리 아이들이 만나는 외부인입니다. 학교폭력 사안을 조사하는 조사관의 활동이 좀 더 교육적이고 상담적이어야 합니다. 수사관처럼 조서 작성을 중심으로 이끌어 갈 때 아이들의 트라우마는 처음으로 겪은 학교폭력보다 더 심각한 상처가 될 수도 있습니다. "무섭고 놀라서 쓰라는 대로 썼어요."라는 시사IN 기사(홍민정, 2024. 8. 11.)는 현재 학교에서 진행되고 있는 학교폭력 조사과정의 한 단면을 보여 주고 있습니다.

학교폭력 업무 담당자를 위한 연수로는 상시 근무를 하면서 6개월간 240시간을 연수하는 비학위과정(안)과 홀수 달은 기본과정, 짝수 달은 심화과정을 각각 75시간씩으로 2달간 150시간을 연수하는 과정안으로 제안하였습니다. 이 연수는 전문기관에 위탁하여 실시할 수 있습니다(별첨 3 참고).

질문 93 학교폭력 예방 대학원 대학교(석·박사 과정)

'학교폭력' 전문가라는 개념이 조금 모호합니다. 교육부는 예외로 하더라도 시·도교육청의 학교폭력 업무 담당 전문직이나 교육지원청의 담당자들은 학교폭력 전반에 걸친 이론적·실천적 배경이 있어야 하지 않을까요?

'학교폭력' 업무는 크게 예방과 사안처리 및 사후조치(특별교육과 상담 등)의 3단계의 과정을 거칩니다. 이 세 단계 중 가장 중요한 단계는 어느 것인가요? 세 단계 모두가 중요합니다. 예방이 잘 되면 사안을 처리할 일이 줄어듭니다. 사후처리 과정에서 관련 학생들이 충분한 교육적 효과를 얻었다면 관계가 회복되고 성장으로 인도될 것입니다. 하지만 많은 경우 학교폭력 발생과 동시에 신고하고 조사하는 사안처리 과정이 학교폭력 업무의 전부라고 여기는 경향이 많습니다. 사후조치과정에서 이른바 학교장 해결제, 즉 관계회복 프로그램을 시행하고자 하여도 담당자들이 충분한 지식과 절차 및 전문가들에 대한 정보가 확보되어 있지 않으면 행정적 조치로 마무리되는 경우가 많습니다.

학교폭력 사안을 인식하고 대처하는 모든 과정에 대한 발달단계의 이해와 철학적, 교육적 관점이 결여되면 가장 손쉬운 행정적·사법적 처리에 의존하게 됩니다. 그러므로 학교폭력 업무를 담당하는 권한과 책임을 가진 당사자들의 전문성이야말로 '학교폭력' 사안을 교육적으로 해결하고 성장의 기회로 전환시킬 수 있는 지렛대의 역할을 하게 될 것입니다.

「학교폭력예방법」 제6조 2[5]에 따르면 "국가는 학생의 치유·회복을 위한 보호시설

5) 「학교폭력예방법」 제6조의 2(학교폭력 대응 전문교육기관 및 센터 운영 등) ① 국가는 학생 치유·회복을 위한 보호시설 운영, 연구 및 교육 등을 수행하는 전문교육기관을 설치·운영할 수 있다. ② 국가는 학교폭력의 효과적인 예방 및 대응을 위한 센터(이하 '학교폭력 예방센터'라 한다)를 지정·운영할 수 있다.

을 운영, 연구 및 교육 등을 수행하는 전문교육기관을 설치·운영할 수 있다."라고 말합니다. 이와 관련하여 저는 학교폭력 담당자의 전문성을 함양하기 위한 특수대학원인 '학교폭력 대학원 대학교' 석·박사 과정을 제안합니다. 이 대학원의 명칭이 학교폭력대학원 대학교일 수도 있습니다. 하지만 중간 단계에서 상담대학원 산하에 '학교폭력 상담' 전공을 설치하여도 좋겠습니다. 석·박사 과정의 자세한 커리큘럼은 이동갑과 유경희(2021)의 『학교폭력을 넘어: 외상후성장으로』(개정판, pp. 120－125)을 참고하시기 바랍니다.

석사 과정의 주요 내용으로 학교폭력의 이론과 실제, 학교폭력의 심리적 이해, 사회적 이해, 정책적 이해, 상담적 이해, 학교폭력 슈퍼비전, 학교폭력 프로그램 이해, 프로그램 개발, 사이버 폭력 이해와 대처, 학교폭력 트라우마, 초등학생의 학교폭력, 중학생, 고등학생의 학교폭력, 특수아의 학교폭력, 학교폭력 피해자와 부모 상담, 가해자와 부모 상담, 학교폭력과 위(Wee) 프로젝트 정책, 다문화 학생과 학교폭력 등이 제안됩니다. 박사과정에는 학교폭력 이론 심화, 가정폭력과 학교폭력, 학교폭력과 폭력사회, 학교폭력 사례 연구, 사례 세미나, 학교폭력 슈퍼비전 2, 학교폭력 프로그램 개발 심화, 학교폭력 질적 연구, 집단 따돌림의 이해와 대처, 여학생의 학교폭력, 남학생의 학교폭력 등이 있을 수 있습니다.

학교폭력 문제를 연구하는 석사와 박사 과정 학생들이 많아지고 현장의 연구가 활발해지기를 기대합니다. 구체적인 실천을 격려하고 관심을 가지는 것이 중요합니다. 우리나라에서 일어나는 학교폭력의 다양한 양상과 문제점, 개선방안에 대해 현장의 목소리를 들려주는 연구가 생산되어야 합니다.

이 '학교폭력 예방 대학원 대학교'에 학교폭력 조사관, 학교폭력심의위원회 위원, 피해회복·관계개선지원단, '학교폭력제로센터'에 근무하는 업무 담당자와 교육(지원)청의 학교폭력 업무 담당자들이 교육 대상이 됩니다. 또한 개인적으로 학교폭력에 관심이 있거나 학교폭력 예방 영역의 전문가가 되고자 하는 학부모 및 교육 종사자 등도 대학원에 진학할 수 있습니다. 더 늦기 전에 '학교폭력 예방 대학원 대학교(약칭: 학예원)'의 개교를 기다립니다.

3. 평화교육이 답이다

질문 94 학교폭력: 평화교육이 답이다

'학교폭력'에 대한 답으로 평화교육을 이야기하는 것은 좀 이해가 안 됩니다. 학교폭력을 할 수 없도록 엄벌하고 교육하는 것이 답이 아니라 비폭력 혹은 평화교육이 학교폭력의 답이 될 수 있는 이유는 무엇인가요?

평화교육이 공교육 안으로 들어오기 시작한 것은 두 차례의 세계대전을 겪으며 핵전쟁의 공포감이 확산되기 시작한 1960~1970년대 무렵입니다. 전쟁과 일상적인 폭력문화, 개인과 사회 수준의 차별과 배타성이 폭력적 분쟁과 깊은 관계가 있다는 점에 공감하였기 때문입니다. 우리나라에서도 1980년대 민주화운동과 90년대 교사운동 등을 거치면서 2000년대에 들어와 전반적인 평화교육의 개념과 실천을 시도하는 단체와 관심이 늘어나고 있습니다. 평화교육의 유형은 크게 갈등해결을 중재하거나, 폭력을 방지하거나, 발전(개발)교육과 지구적 평화교육 및 비폭력 교육과 평화감수성 교육 등이 있습니다(이대훈 외, 2019).

폭력의 반대는 안전인가요? 폭력이 없는 상태일까요? 폭력과 폭력 사이, 잠시 폭력이 멈춘 상태는 비폭력적 상황인가요? 잠정적 평화라고 불러도 될까요? 그것은 소극적인 폭력을 뜻합니다. 눈앞에 나타나는 현상으로서 폭력이 없는 것을 평화로운 시간이라고 부를 수는 없습니다. 폭력의 반대는 비폭력을 넘어 적극적 평화입니다. 폭력을 미워하고 피하고 멀리하는 것, 못 본 척하는 것은 소극적이고 일시적인 방법입니다. 어둠이 짙어지고 밤이 깊어지는 것은 빛으로부터 그만큼 멀어져 있는 것입니다. 빛이 다가오면 어둠은 물러갑니다. 어둠을 벗어나려고 몸부림치는 것보다는 빛을 밝히고 밝은 곳으로 나아가는 것이 필요합니다.

학교는 학생들에게 폭력에 대해 엄격히 금지하면서 이러한 것들은 폭력이니 신고하여야 한다고 가르칩니다. 학생들은 자신의 주변에서 일어나는 크고 작은 불편함과 갈등을 모두 폭력이라는 잣대로 저울로 재어 보고 달아 보고 그 수치를 넘으면 신고합니다.

늘 폭력의 경계선에서 매 순간 폭력과 폭력이 아닌 것 사이를 넘나듭니다. 이러한 노력을 적극적인 평화를 실천하는 것에 사용한다면, 폭력은 자연스럽게 멀어질 수밖에 없습니다. 아니 폭력이 자리 잡고 뿌리내릴 수 없습니다.

법정감염병인 말라리아를 퇴치하기 위해 집집마다 모기약을 공급하고 모기장을 무료로 배부하며 외출 시에는 바르는 모기약을 보급하고자 합니다. 이 모든 것보다 효과적인 방법은 예방주사를 맡는 것이며 그것보다 더 효과적인 것은 모기 유충이 성장할 수 없도록 더러운 웅덩이를 방치하지 않는 것입니다. 그런 점에서 예방이 가장 효과적입니다. 이 예방교육의 방법으로 평화교육을 실시하는 것입니다. '폭력에 대해 다룬다는 것' '폭력에 대처하는 방법을 교육하는 것'이야말로 교육의 본질이기 때문입니다(Dadoun, 2010).

평화는 소극적 평화와 적극적 평화가 있습니다. 소극적 평화란 전쟁 없는 상태 혹은 다툼이 없는 상태를 말하며 이는 잠재적인 폭력의 씨앗 혹은 불씨는 그대로 있는 상황을 의미합니다. 전쟁 발발의 가능성을 줄이고 갈등을 중재하고 조정하며 협상하는 등의 다툼이 없는 상황으로 만드는 것이 목표입니다. '적극적 평화 영역에서 주요한 관심분야는 경제적 궁핍과 개발, 환경과 자연, 보편적 인권과 사회정의'입니다. 이를 위해 국제이해교육과 세계교육이 필요합니다. 적극적 평화는 생명을 존중하고 지구를 보존하며 모든 인간의 존엄성을 지키는 것을 말합니다. 환경교육, 개발교육, 인권교육이 그것입니다(Reardon, 2021).

콜먼 맥카시(McCarthy, 2007)는 『19년간의 평화수업』이라는 책을 통해 5천 명이 넘는 학생들을 대상으로 평화수업을 실시하였습니다. 그는 부유한 지역의 사립학교와 가난한 지역의 공립학교, 빈민 지역의 소외된 흑인학교와 대안학교, 대학의 우등반 학생들과 소년원과 교도소 등 다양한 학교에서 평화를 가르쳤습니다. 그는 평화가 가르칠 수 있고 배울 수 있는 것이라는 것을 증명하였습니다. 우리 교육에서도 적극적으로 평화를 가르쳐야 합니다. 폭력이 다가왔을 때 어떻게 인식하고 대처할 것인가를 넘어 평화를 선제적으로 적극적으로 가르치면 폭력은 자연스럽게 사라질 것입니다. 밝은 곳으로 나아가면 어둠은 자연히 걷히게 될 것입니다.

질문 95 학교는 관계를 배우는 곳이다

학생들에게 학교에 오는 이유를 물어보면 '공부'라는 대답이 많지만, 그에 못지않게 '친구들을 사귀고' '인간관계를 연습하는 곳'으로 학교의 주요한 기능을 말합니다. 학교는 '관계를 배우는 곳'이라는 말의 의미는 무엇인가요?

학생들에게 "너의 삶의 목표가 무엇이냐?"라고 질문하면 많은 경우, '성공하는 것' 혹은 '돈을 많이 버는 것' '부자가 되는 것' '유명해지는 것' 등을 말합니다. 결론은 '행복하게 사는 것'이라고 말합니다. 그렇다면 "행복한 삶을 살기 위해 가장 필요(중요)한 것이 무엇이냐?"라는 질문에는 다양한 대답을 합니다. '돈' '가족' '건강' '성공' '친구' '사랑' 등을 말합니다. 모두 중요한 것이기는 하지만 이 모든 것 중에서 인간의 행복에 가장 큰 영향을 끼치는 것 중 하나는 '인간관계'입니다. 철학자 장 폴 샤르트르(Jean-Paul Sartre)는 "타인은 지옥이다."라는 표현으로 "타인의 평가에 전전긍긍하고 연연하는 자신을 바라보는 마음이야말로 지옥과 같다."라고 고백합니다. 사람들과 좋은 관계, 원만한 관계를 맺고 더불어 함께 살아가는 원리와 기술을 배우는 곳이 학교가 되어야 하는 이유가 그것입니다. 학교는 실수와 실패를 통해 원만하고 성숙한 인간관계를 연습하고 배우는 곳입니다.

하지만 좋은 관계는 나쁜 환경에서는 만들어지기 어렵습니다. 우리 학생들이 학교에서 원만하고 균형 있는 인간관계를 연습하고 배우는 교과목이 있으면 좋겠습니다. 하지만 남아 있던 도덕 과목마저도 모든 교과목 속에서 "평소에 인성교육을 배워야 한다."라고 하면서 이를 없애려고 합니다. 놀이와 신체 활동은 줄어들고 과도한 평가와 경쟁에 노출된 학생들에게 또래 친구들은 협력자와 조력자가 아니라 경쟁자가 됩니다. 특히 상대평가를 통해 학생들을 줄 세우고 결과물을 강조하면 교실은 협력과 협업이 아니라 시험과 경쟁으로 넘쳐 나게 될 것입니다.

청소년들의 뇌는 10대를 거쳐 20대 초반까지 지속적으로 전두엽이 발달하고 성장합니다. 감정이 풍부하고 때로는 격동하며 정서적 갈등과 출렁거림이 심하여 '사춘기를 앓는다'고 표현하기도 합니다. 모든 일을 부정적으로 인식하고 기성세대에 대해 불신하고 예의를 갖추지 않는 행동들이 넘쳐 나는 것도 이 무렵입니다. 친구들 사이에서도 서열

경쟁을 하고 열등감과 우월감이 부딪히며 서로에 대한 물리적·심리적 힘겨루기와 경쟁이 넘쳐납니다.

이 과정에서 갈등을 경험하게 됩니다. 이 갈등을 해결하는 과정을 배우는 곳이 학교입니다. 학교에서 학생들은 갈등을 해결함에 있어 비록 불완전하고 부족하다 하더라도 대화와 화해를 통해 서로의 마음을 공감하고 용서하는 과정을 통해 관계를 회복하여야 합니다. 학교는 갈등을 경험한 당사자들이 안전한 보호망 안에서 대화를 통해 관계를 회복하는 안전한 공간이어야 합니다. "내가 정말 알아야 할 모든 것은 유치원에서 배웠다."라고 고백한 로버트 풀검(Robert Fulghum, 2018)처럼 삶의 지혜를 배우고 경험하는 안전한 공간이 학교이어야 합니다.

인간관계를 배우는 연습과 훈련으로 놀이만큼 도움이 되는 활동이 있을까요? 학생들은 학창시절 학교에서 친구들과 놀이를 통해 규칙을 만들고 대안을 제안하며 해결책을 찾아갑니다. 서로 몸과 몸이 부딪치고 다툼도 일어나지만, 금방 사과하고 화해하는 연습을 통해 관계가 회복되고 성장합니다. 학교는 미성년자인 청소년들이 서로 갈등을 마주하였을 때 대화와 타협을 통한 안전한 방식으로 문제 해결을 연습하는 공간입니다. 학교에서 친구들과의 작은 다툼을 대화를 통해 화해하지 못하고 신고로 결론을 내리는 학생들이 성인이 되면 우리 사회는 고소, 고발이 넘쳐 나는 정글이 될 것입니다. 학교에서 평화롭고 원만한 인간관계의 원리와 기술을 배우지 못하면 어디에서 배울 수 있을까요? 학교폭력 문제를 해결할 때에는 인간에게, 인간의 마음에 초점을 두어야 합니다.

질문 96 피해회복 · 관계개선 전문가

학교폭력근절 종합대책에 따르면 피해학생 전담 지원관 제도를 신설한다고 합니다. 피해회복·관계개선 지원단에서 전담 지원관을 지정하여 피해학생들을 돕는다고 하는데, 어떤 내용인가요?

관계부처가 합동(2023)으로 제안한 '학교폭력근절종합대책'안의 다중 안전망을 통해 피해학생 맞춤 지원 항목에서는 질문과 같이 피해학생을 전담으로 지원할 전담 지원관 제도에 대해 언급하였습니다. 전담 지원관은, 1단계는 단위학교의 학교폭력 책임교사, 2단계는 교육지원청에서 구성한 '피해회복·관계개선 지원단'에서 전담 지원관을 파견한다는 내용입니다.

학교폭력 조사를 위한 전담조사관처럼 피해회복·관계개선 지원단을 선발하겠다는 것인지 궁금합니다. 이들을 전담조사관처럼 퇴직 교원이나 퇴직 경찰 혹은 상담전문가 등으로 구성되어 피해학생을 밀착 지원하도록 합니다. 특히 지원단의 전문성 제고를 위해 주지적인 연수를 지원한다고 합니다. 이를 「학교폭력예방법」 제16조의 3(피해학생 지원 조력인)[6]의 조항을 통해 지원을 받을 수 있음을 규정합니다. 「학교폭력예방법 시행령」 제18조의 2(피해학생 지원 조력인의 지정·운영)[7]에 따르면 "피해학생이 필요로 하는 법률, 상담, 보호 등을 위한 서비스 및 지원기관을 연계하는 조력인(이하 '피해학생 지원 조력인'이라 한다)으로 지정할 수 있다."라고 명시하였습니다.

문제는 이들의 전문성을 어떤 방식으로 검증할 것인가입니다. 이들의 업무 관련 전문성이 현직에 있을 때의 경험으로 적용이 가능할 것인지 질문이 필요합니다. 요즘은 신규교사들의 경우, 수석교사들에게 가장 필요로 하는 도움이 학생들의 생활지도나 학교폭력 사안에 대한 대처 및 악성 민원을 행사하는 부모에 대한 대처방안 등입니다. 퇴직교사나 퇴직 경찰의 과거 경험은 직접적으로 적용할 때 오히려 위험한 요소가 될 수도 있습니다. 상담전문가들은 학교를 잘 모릅니다. 퇴직 경찰관들도 학교를 잘 모르기는

---

6) 「학교폭력예방법」 제16조의 3(피해학생 지원 조력인) ① 교육감 또는 교육장은 피해학생 지원을 위하여 피해학생이 필요로 하는 법률, 상담, 보호 등을 위한 서비스 및 지원기관을 연계하는 조력인(이하 '피해학생 지원 조력인이라 한다)을 지정할 수 있다.

② 교육감 또는 교육장은 피해학생 지원 조력인의 운영을 위한 행정적·재정적 지원을 하여야 한다.

③ 피해학생 지원 조력인의 지정 및 운영에 관한 사항은 대통령령으로 정한다. [본조신설 2023. 10. 24.]

7) 「학교폭력예방법 시행령」 제18조의 2(피해학생 지원 조력인의 지정·운영) ① 교육감 또는 교육장은 법 제16조의 3에 따라 다음 각 호의 요건을 모두 갖춘 사람으로서 청소년 보호 및 정서 지원에 대한 지식과 경험이 풍부한 사람을 피해학생이 필요로 하는 법률, 상담, 보호 등을 위한 서비스 및 지원기관을 연계하는 조력인(이하 '피해학생 지원 조력인'이라 한다)으로 지정할 수 있다.

1. 다음 각 목의 어느 하나에 해당하는 사람일 것

가. 「사회복지사업법」 제11조에 따른 사회복지사

나. 교원으로 재직하고 있거나 재직했던 사람

다. 경찰공무원으로 재직하고 있거나 재직했던 사람

라. 그 밖에 청소년 보호 및 정서 지원 등에 대한 지식과 경험이 풍부하다고 교육감 또는 교육장이 인정하는 사람

[본조신설 2024. 2. 27.]

마찬가지입니다.

최근 스마트폰을 신체의 장기처럼 태어나면서부터 함께 한 이른바 알파 세대 혹은 요즘 아이들은 예전의 아이들과는 많이 다릅니다. 폭력의 양상도 크게 변했습니다. 이들을 지원하고 돕기 위해서는 전문성이 요구되며 이에 따른 필요한 교육과 연수가 요구됩니다. 관계회복 전문가가 되기 위해서는 어떤 교육이 필요할까요? 교사 자격증이 관계회복 전문가 자격과 대체될 수 있을까요?

적어도 청소년들의 발달단계와 심리, 사회적 관계와 학교문화 및 다양한 갈등 양상에 대한 이해가 있어야 합니다. 특히 학교폭력을 신고하고 조사하고 심의하는 행정적·사법적 접근이 아니라 교육적인 접근을 위해서는 적절한 상담적 기법에 대한 연수도 요구됩니다. 교육부가 인정하기 어렵다면, 시·도교육청이 위임받아 관계개선 지원단의 자격기준을 마련해야 합니다. 선발 후 연수과정에 대해서도 체계적인 운영안이 필요합니다.

질문 97 평화교육의 핵심은 무엇인가

학교폭력을 예방하는 가장 확실한 방법이 평화교육이라고 하셨습니다. 그렇다면 평화교육의 핵심, 즉 구체적인 내용과 방법은 무엇인가요? 평화교육이라는 교과목을 신설해야 하나요?

평화교육을 정의하면 '평화교육은 평화에 관한 교육이자 평화를 위한 교육'이라고 할 수 있습니다. 이는 모든 형태의 폭력을 근절하고 평화의 문화를 확립하는 것을 지향하는 학문적 연구 분야이자 교육 및 학습 실천입니다. 평화교육은 진화하는 사회적, 정치적, 생태학적 위기와 폭력과 불의에 대한 우려에 대응하는 데 그 기원을 두고 있습니다(Jenkins, 2019). 평화교육은 모든 형태의 폭력을 근절하고 평화의 문화를 지향하는 것을 말합니다.

평화교육은 평화에 대해 지식적으로 아는 것에서 그치는 것이 아니라 자신의 삶과 환경을 평화롭게 구성하고 평화를 위해 행동하는 것을 목표로 한다는 점에서, 이미 역량 개념을 기반으로 하고 있습니다. 평화교육은 '평화롭게 살고(living peace) 평화를 만들어

가기(building peace) 위한 역량 개발을 돕는 전체적이며 학제적이고 변혁적인 교육 활동'으로, 역량을 중심으로 구성되고 실천되어야 하는 교육이라고 할 수 있습니다. 평화교육은 학교교육 전반에 적용되며 어떤 내용을 어떻게 가르치는 것이라는 정의를 내리는 것보다, 평화를 위해 필요한 역량이 무엇인지 규정하고 이를 교육과정 속 어디에서 어떤 형태로 담아내는 것이 중요하다고 보았습니다(이대훈 외, 2019).

평화 역량의 핵심적인 구성 요소인 평화교육의 내용과 과정은 다양한 형태가 있습니다. 군비 축소를 위한 군축교육, 인권교육과 다문화교육, 국제이해교육과 종교 간 교육, 개발교육과 환경교육 등입니다. 이들은 각각 떨어져 있는 것처럼 보이지만, 직접적 혹은 간접적으로 연결되어 있습니다. 평화를 위한 교육은 평화를 추구하고 분쟁에 비폭력적으로 대응할 수 있는 지식, 기술, 역량을 갖춘 학습자를 준비하고 육성하는 교육을 말합니다. 또한 외부 평화 활동에 필수적인 내면의 도덕적, 윤리적 자원을 육성하는 데에도 관심이 있습니다. 즉, 평화교육은 평화로운 변화를 위한 변혁적 행동에 참여하는 데 필요한 성향과 태도를 키우는 것을 추구합니다. 평화교육은 특히 미래 지향적이며, 학생들이 보다 선호하는 현실을 구상하고 구축할 수 있도록 준비시킵니다(「평화교육이란 무엇인가?」에서 발췌).[8)]

오늘날 우리 교육에서 평화교육이 이루어지기 어려운 이유는 무엇인가요? 아마도 폭력적이고 반인권적인 학교와 사회 환경 속에서 관용과 비폭력이라는 가치와 태도를 형성해야 하는 '역설적 교육 환경'이 가장 큰 원인'일 수 있을 것입니다. 학교평화교육이 잘 이루어지기 위해서는 학교와 학교 환경을 구성하는 사회의 변화가 함께 이루어져야 하기 때문입니다(고병헌, 2021).

최근 우리 교육에서 평화교육은 크게 두 가지 맥락으로 진행되고 있는데, 첫째, 학교폭력 문제에 대한 대안으로 회복적 생활교육적 접근이며, 둘째, 통일교육에 대한 평화교육적 접근입니다. 학교에서는 경기도교육청이 2011년 경기도 평화교육헌장을 발표하고, 2013년 민주시민교육과에 평화교육팀을 만들며 본격화하였습니다. 경기도교육청은 학생들의 생활지도와 학교폭력 문제에 대응하기 위해 경기평화교육을 실천하였습니다. 2014년에는 교육과정과 연계하여 평화교육을 활성화하고, 평화교육 역량을 강화

---

8) GLOBAL CAMPAIN for PEACE EDUCATION. what is peace education?(https://www.peace-ed-campaign.org/ko/what-is-peace-education/).

하며, 평화교육 지원체제를 구축하는 것을 통해 평화로운 학교문화 정착을 만들어 가고자 하였습니다(이대훈 외, 2019). 하지만 교육감이 바뀌고 학생인권조례가 의회에 의해 폐지[9]되었으며 평화교육에 대한 관심 역시 멀어지게 되었습니다.

질문 98 학교폭력의 경험을 성장의 에너지로 전환하기

'학교폭력'의 경험을 성장을 위한 에너지로 전환하여야 한다고 강조하셨습니다. 학교폭력의 피해가 그리 심각하지 않거나 가해자가 진심 어린 사과와 용서 구하기를 하였다면 회복되고 성장할 수도 있겠지만, 모든 경험이 성장의 에너지로 전환될 수는 없는 것이 아닐까요?

사람은 살면서 누구나 크고 작은 위기를 겪게 됩니다. 이러한 위기는 삶에 부정적인 영향을 끼치기도 하지만 오히려 당사자에게 도전이 되고 성장의 동기로 전환되기도 합니다. 이를 외상후성장[10](外傷後成長, Post-Traumatic Growth: PTG)이라고 합니다.

살면서 마주하는 부정적인 체험과 스트레스 상황은 심리적으로 고통을 줄 뿐만 아니라 삶의 전반에 걸쳐 피해를 끼칩니다. 이러한 트라우마 사건에서 개인이 나름대로의 극복 노력을 통해 경험하는 긍정적인 변화가 외상후성장입니다. 외상후성장 경험은 크게 자기 자신에 대해 변화된 느낌, 타인과의 관계에서 변화된 느낌, 인생철학의 변화로 분류할 수 있습니다(Calhoun & Tedeschi, 2015).

학교폭력 사안을 마주하면서 관련 학생들은 더 이상 예전의 자신이 아닌 새로운 자신과 마주하게 됩니다. 학교폭력 관련 학생들은 폭력 상황에서 자신이 얼마나 나약하거나

---

9) 경기도의회 의안정보(https://www.ggc.go.kr/site/agendaif/app/agndsrchList/DetailView/8344).

10) 외상후성장(外傷後成長, Post-Traumatic Growth: PTG 혹은 benefit finding)은 신체적인 손상 또는 생명에 대한 불안 등 정신적 충격을 수반하는 사고를 겪은 후 심적외상을 받은 뒤, 회복력을 통해 이루어지는 회복(recovery) 상태뿐만 아니라 이를 통한 긍정적 변형(transformation)을 가리킨다. 심리적 다차원 영역의 성장 및 성장했다는 주관적 지각의 변화를 말한다. 이 개념을 측정할 수 있도록 타당화된 외상후성장 척도(Post-Traumatic Growth Inventory: PTGI)가 있다. 위키백과, 외상후성장(https://ko.wikipedia.org/wiki/%EC%99%B8%EC%83%81_%ED%9B%84_%EC%84%B1%EC%9E%A5, 2024. 11. 3. 검색).

폭력적이 되는지 스스로 마주 보게 됩니다. 이 과정에서 삶의 위기를 경험하고 주변에서 자신을 진심으로 도울 수 있는 사람들에 대해 인식하고 관계를 재정립하게 됩니다. 이 경험은 자신에게 삶에 대해 새로운 가치관과 철학을 가지게 할 수 있습니다. 이는 트라우마를 경험한 사람이 이전에는 깨닫지 못한 것, 즉 일상의 경험과 타인과의 관계가 중요하며 그것에 더 높은 우선순위를 두어야 함을 깨닫는 것을 포함합니다.

정신과 의사이자 심리학자였던 알프레드 아들러(Alfred Adler)는 "어떠한 경험도 경험 그 자체가 영향을 끼친다기보다는 경험에 대한 해석이 영향을 끼친다."라는 말로 표현하기도 하였습니다. 아들러의 제자들이 말하기를 "어떠한 사람도 나를 불행하게 할 수 없다. 내가 그 불행에 동의하지 않는 한."이라는 표현으로 불행 역시 자신의 선택임을 표현합니다.

학교폭력의 경험은 한 개인에게 커다란 사건이자 삶의 전환점이 될 수도 있는 충격적 경험입니다. 이 경험을 통해 학교공동체의 구성원들은 각자의 방식으로 갈등과 스트레스에 대응합니다. 그 결과, 삶에 부정적인 영향을 끼치기도 하지만 어떤 사람들은 이 경험을 계기로 자신을 새롭게 인식하고 타인과의 관계를 개선하며 삶에 대한 철학을 재정립하는 기회로 대응합니다. 그 결과, 삶의 목적과 의미를 갖게 되었다는 보고를 하였으며 트라우마의 경험을 통해 더 큰 삶의 지혜를 얻었다고 말합니다(Calhoun & Tedeschi, 2015).

학교폭력에 노출된 경험은 청소년들에게 삶에서 겪게 되는 첫 번째 위기일 수도 있으며 성장과정에서 큰 영향을 끼칠 수 있는 사건입니다. 이 사건을 인식하고 대처하며 처리하는 과정이 그의 삶에 커다란 영향을 끼치게 됩니다. 이 과정에서 가장 중요한 것은 당사자 스스로 질문하고 대답을 찾아가는 과정이어야 한다는 점입니다. 대신 공감하고 용서하고 복수하며 회복해 줄 수는 없습니다. 당사자가 스스로 공감하고 용서하고 회복하여야 합니다. 그 결과, 학교폭력 외상후성장(Post-Traumatic Growth in School bullying: PTGS)이 이루어질 것입니다.

질문 99 김구 선생이 꿈꾸던 문화강국으로 가는 길

'학교폭력'과 문화강국이 무슨 상관이 있을까요? 또한 김구 선생은 우리나라가 너무나 어렵고 암울한 상황에서 단순히 자주독립만을 소원한 것이 아니라 문화의 힘을 세계에 펼치는 나라를 원하였습니다. 어떤 의미가 있을까요?

김구 선생은 『백범일지』를 통해 자신의 칠십 평생을 돌아보면서 "나도 일찍이 황해도에서 교육에 종사하였거니와 내가 교육에서 바라던 것은 천하의 교육자와 남녀 학도들이 한번 크게 마음을 고쳐먹기를 빌지 아니할 수 없다."라는 말로 『백범일지』(김구, 2005)를 마무리하였습니다. 특히 김구 선생은 다음과 같은 말을 했습니다.

> 우리가 원하는 민족의 사업은 결코 세계를 무력으로 정복하거나 경제력으로 지배하려는 것이 아니다. 오직 사랑의 문화, 평화의 문화로 우리 스스로 잘 살고 인류 전체가 의좋게 즐겁게 살도록 하는 일을 하자는 것이다.

> 인류가 불행한 근본 이유는 인의(仁義)가 부족하고 자비가 부족하고, 사랑이 부족하기 때문이다. 나는 우리나라가 남의 것을 모방하는 나라가 되지 말고, 이러한 높고 새로운 문화의 근원이 되고, 목표가 되고, 모범이 되기를 원한다. 그래서 진정한 세계의 평화가 우리나라에서, 우리나라로 말미암아서 세계에 실현되기를 원한다.

학교폭력의 상황은 나라마다 문화가 다르고 폭력과 갈등의 양상이 다릅니다. 그러함에도 불구하고 다른 나라의 학교폭력 대처모델을 우리나라에 그대로 들여와서 사용하는 것에는 한계가 있을 수밖에 없습니다. 저는 김구 선생이 이야기한 새로운 문화의 근원은 모방을 넘어서 우리의 모델을 만드는 것이라고 믿습니다. 우리나라가 학교폭력 예방과 대처와 치유에 모범이 되기를 원합니다. 세계의 평화가 우리나라에서 시작하고 우리나라로 말미암아 세계가 평화로워지기를 희망합니다.

최재천 교수는 대한민국이 이제 거의 모든 분야에서 세계 최고의 수준에 다다랐건만 여전히 후진성을 면치 못하는 단 하나의 분야인 정치에서마저 머지않은 장래에 정치가 놀랍도록 발전하여 세계에 새로운 모델이 될 것을 예언합니다(최재천, 2024).

'학교폭력' 사안을 해결하는 과정에서 우리 아이들이 배워야 할 것은 무엇일까요? 배려의 심리학자 노딩스(Noddings, 2019)는 "평화를 단순히 전쟁의 중단으로 정의하여서는 안 된다."라고 말합니다. 평화는 단순히 물리적인 폭력을 해소하고 눈앞에서 치우고 없애는 것이 아닙니다. "진정한 교육은 느낌과 함께 시작하고, 우리가 느끼는 것에 대해 공공연하게 그리고 분명하게 생각할 때 지혜를 향해 나아간다고 말할 수 있다."라고 노딩스는 말합니다. "모든 교육자는 도덕적 인식과 평화에 대한 헌신을 도모해야 할 자신들의 책임을 분명하게 인식해야 한다."라는 목소리를 외면하지 말아야 합니다.

교사와 부모는 단순히 다툼이 없는 상태를 평화라고 불러서는 안 됩니다. 우리 아이들의 마음속 갈등과 미움을 공감을 통해 어루만져 주고 용서를 통해 화해로 이끌어야 할 책임이 있습니다. 아이들이 상처로부터 회복하는 것은 교사에게 본질적인 교육의 핵심이어야 합니다. 갈등과 상처를 딛고 아이들이 한 뼘 한 걸음 성장할 수 있도록 함께 밝은 곳으로 나아가는 안내자이며 동료가 교사라는 자부심을 잊지 말아야 할 것입니다.

질문 100 학교에서 우리는 삶을 배운다

'아이들은 학교에서 무엇을 배우는가'라는 질문은 오래된 이야기입니다. '아이들이 학교에서 무엇을 배워야 하는가'라는 질문의 대척점에 있는 질문이기도 합니다. 학교에서 아이들이 진정으로 배워야 하고 교사가 가르쳐야 하는 것은 무엇인가요?

시인이자 영화감독이었던 유하는 '내가 학교에서 배운 것'이라는 시를 다음과 같이 썼습니다.

내가 학교에서 배운 것

유하

인생의 일 할을
나는 학교에서 배웠지
아마 그랬을 거야
매 맞고 침묵하는 법과
시기와 질투를 키우는 법
그리고 타인과 나를 끊임없이 비교하는 법과
경멸하는 자를
짐짓 존경하는 법
그중에서 내가 살아가는 데
가장 도움을 준 것은
그런 많은 법들 앞에 내 상상력을
최대한 굴복시키는 법

많은 기성세대는 이 시의 내용을 몸과 마음으로 공감합니다. 등교 시간에 늦으면 교문 앞에서부터 시작하는 선도부의 따끔한 가르침과 학생주임의 몽둥이가 학교의 시작이었습니다. 수업 중 체벌은 수시로 이루어지고 동료 학생들은 잊을 만하면 욕설과 폭력으로 엉켰습니다. 오직 경쟁교육 속에서 가장 가까운 친구를 경쟁 상대로 여기며 명문대학과 입시만을 강조하던 학교에서 우리는 무엇을 배웠나를 생각합니다. 아니 지금도 교육이 학교가 '승자의 오만과 미성숙함, 패자의 열등감과 모멸감이 체화되는 공간'이 되는 것에 깊이 절망합니다.

학교를 '사활을 건 전쟁터'라고 인식하는 대학생이 80%가 넘는 곳이 우리나라입니다. 미국과 중국은 약 40%, 일본은 14%가 대답하였다고 합니다. 일본 학생들은 학교를 '함께 하는 광장'이라고 대답한 비율이 76%였습니다. 일본 제국주의가 심어 놓은 경쟁교육의 잔재를 벗어나지 못하는 우리 한국의 학교문화가 안타깝습니다. 학교가 독일 청소년처럼 '인생에서 가장 행복한 시기, 인생의 황금기'는 아니어도 지옥이 되어서는 안 될 것

입니다(임효준, 2024. 4. 6.).[11]

"교육은 인생을 위한 준비가 아닌 인생 그 자체이다."라는 존 듀이(John Dewey)의 말에 주목해야 합니다. 그는 교육에서 가장 중요한 것이 학생의 경험이라고 말합니다. 학교폭력 사안을 마주하였을 때 우리 교육은 아이들에게 어떠한 경험을 제공해 주어야 합니까? 갈등을 평화롭게 해결하는 문제 해결의 경험을 제공해야 합니다. 친구들 사이의 갈등을 신고와 조사가 아닌 대화와 화해를 통해 관계를 회복하는 경험을 하는 공간이 학교이어야 합니다.

아이들이 학교에서 안전해야 하는 것은 헌법적 권리입니다. 우리 아이들이 학교에서 폭력으로 인해 행복하지 못하다면 「헌법」 제10조[12] 행복을 추구할 권리를 침해받는 것입니다. 가장 기본적인 인권을 학교에서 보장받지 못하는 것입니다. 국가가 의무를 소홀히 하는 것입니다. 특히 타인에 의해 신체를 제한당하고 폭력적인 행위에 노출되는 것은 「헌법」 제12조[13] 신체의 자유를 침해당하는 것입니다. 아울러 「헌법」 제34조[14] 인간다운 생활을 할 권리를 침해당하는 것입니다. 제4항의 청소년의 복지 향상을 위한 정책을 실천하지 않는 것입니다. 제6항의 재해를 예방하여야 할 의무를 유기하는 것입니다. 학생들에게 폭력은 재해입니다. 전염병입니다. 비상상황입니다. 국가가 학생들을 학교폭력으로부터 안전하게 보호하고 지켜 주는 것은 의무이며 학생들에게는 헌법적 권리입니다. 더 이상 우리 학생들이 학교에 가는 것을 두려워하고 고통스러워하지 않도록 학교를 아이들에게 돌려주어야 합니다.

---

11) 임효준(2024. 4. 6.). 오마이뉴스(https://www.ohmynews.com/NWS_Web/View/at_pg.aspx?CNTN_CD=A0003018394).

12) 「헌법」 제10조 모든 국민은 인간으로서의 존엄과 가치를 가지며, 행복을 추구할 권리를 가진다. 국가는 개인이 가지는 불가침의 기본적 인권을 확인하고 이를 보장할 의무를 진다.

13) 「헌법」 제12조 ① 모든 국민은 신체의 자유를 가진다. 누구든지 법률에 의하지 아니하고는 체포·구속·압수·수색 또는 심문을 받지 아니하며, 법률과 적법한 절차에 의하지 아니하고는 처벌·보안처분 또는 강제노역을 받지 아니한다.
② 모든 국민은 고문을 받지 아니하며, 형사상 자기에게 불리한 진술을 강요당하지 아니한다.
(이하 생략)

14) 「헌법」 제34조 ① 모든 국민은 인간다운 생활을 할 권리를 가진다.
④ 국가는 노인과 청소년의 복지향상을 위한 정책을 실시할 의무를 진다.
⑥ 국가는 재해를 예방하고 그 위험으로부터 국민을 보호하기 위하여 노력하여야 한다.

후기

초고를 쓰고 악몽을 꾸었다. 밤새도록 죽고 죽이고 죽임당하는 사람들 가운데에서 나도 한 사람이 되어 있었다. 인간은 어쩌면 이토록 폭력의 제로백[1]에 이르기 쉬운가? 유튜브의 바다(손바닥 위)에서 허우적거리며 국뽕 격투기(일본 선수를 이기는 한국 선수)와 액션 장면들을 보면서 오늘도 나는 마치 폭력의 바다 한가운데에 표류하는 돛단배가 되었구나.

원고를 교정하는 사이 비상계엄이 반포되고 해제되었다. 대통령이 탄핵되었다. 군인들이 총을 들고 국회로 난입하였고 광화문은 다시 촛불이 아닌 응원봉을 든 시민들로 가득 찼다. 그 가운데 희망은 민주적인 시위의 모습과 성숙한 한국 국민의 대응이었다. 폭력에 폭력으로 맞서지 않는 저 엄중한 평화의 물결을 폭력은 결코 이길 수 없다. 젊은 세대와 과거에 비상계엄을 겪은 우리 세대 그리고 세계가 하나가 되어 폭력에 저항하는 평화의 연대를 세계가 지켜보고 있다.

오래전, 프리모 레비(Primo Levi, 1958)의 『이것이 인간인가?』를 읽었을 때 며칠을 물먹은 솜처럼 무기력 속에서 지냈다. 이 책을 쓰는 동안 한강의 『소년이 온다』를 읽으며 한 문장 문장마다 주저앉았다. "왜 어떤 계엄군은 그토록 잔인하였으며 또 다른 계엄군은 총구를 하늘로 향하게 하고 다친 시민을 병원에 데려다주었는지?" 우리는 묻는다. "같은 진압훈련이라는 교육을 받고서 사람들이 이토록 달라지는 것은 무엇 때문이었을까?"라고 질문한다. 『서부전선 이상 없다』의 저자 에리히 마리아 레마르크(Erich Maria Remarque)는 "제1차 세계대전은 독일의 잘못된 교육의 결과이다."라고 주장하였다.

1) 자동차의 가속 능력을 말함. 정지 상태에서 시속 100km까지 걸리는 시간으로 영단어 제로(Zero)와 숫자 100의 합성어이다.

오늘 우리 학교에서 일어나는 학교폭력에 대한 '신고'와 '조사' 그리고 '심의'를 본다. '행정심판'과 '행정소송'으로 이어지는 끔찍한 비교육과 야만을 본다. 우리 아이들을 초등학교 저학년부터 폭력에 대해 대화와 용서, 화해와 회복이 아니라 신고와 분노, 미움과 증오를 어른들이 가르치는 것은 아닌지? '엄벌도 교육'이라고 주장하는 정책당국자의 말은 교육자의 말이라고 차마 믿을 수 없다. 퇴직 경찰관 등이 학교에 찾아와서 학교폭력을 조사하고 현직 경찰관인 SPO(School Police Office)가 학교폭력심의위원회에서 심의에 중심에 서게 하는 것이 과연 교육적인가? 학교가 변호사들의 블루오션이 되는 것은 사회적 약자들에게 또 다른 절망과 모멸감을 주는 것은 아닌지 깊이 우려한다.

학교는 교육기관이다. 학교에서 아이들은 행복하여야 한다. 행복은 저축할 수도 가불할 수도 없는 현재의 것이다. '행복한 아이가 자라 행복한 시민이 된다.' 학교에서 아이들이 폭력을 당하지 않을 권리, 행복할 권리, 자신의 의사에 반하여 타인의 폭력에 무방비로 노출되지 않을 권리가 있다. 이는 헌법적 권리이며 국가의 의무이다. 이 책임을 왜 학생 개인에게 전가하는가? 왜 교사 개인에게 떠넘기는가? 폭력은 전염병이다. 폭력은 공중보건의 문제이다. 가장 좋은 폭력 대책은 예방이고 공감이다. 서로 공감하는 상대방에게 폭력을 행사할 수는 없다. 공감을 가르치면 폭력은 자랄 수 없다. 공감하고 용서하고 회복하고 다시 성장하도록 우리 아이들과 함께 가자. 인간은 어쩌면 작은 폭력 앞에서도 이토록 무력한가? 그러나 큰 폭력 앞에서 어쩌면 이토록 의연한가?

벚꽃에 대한 예의

이동갑

벚꽃이 저렇듯 손짓하며 흩날리는데
책상에 코를 박고 앉아 있으면
벚꽃에 대한 예의가 아니지!

이 바람, 저 비를 어쩌나……
벚꽃 다 떨어지겠네!
벚꽃 아래 가족사진 한 장 없이 가신 내 부모님!
갑자기 그리워지네……

문득, 나를 보니
벚꽃 아래,
가족사진 한 장 없기는
마찬가지

벚꽃이 흩날리며 떨어지는 것이,
춤을 추자는 손짓인 줄 알았는데
돌아가신 내 아버지 편지였네!
내 어머니 '연분홍 치마' 노래였네!

이럴 줄 알았더라면
부모님 살아생전에
벚꽃 아래에서
사진 한 장 찍어 둘 것을

2013. 4.
벚꽃 지는 오후 봄비를 맞으며

별첨

별첨 1

학교폭력 업무 담당자 전문성 실태 점검 및 역량 강화 방안 자료 요구[1)]

Ⅰ 관련 법적 근거

1. 『학교폭력예방 및 대책에 관한 법률』[2)] 제11조(교육감의 임무) ⑩ 교육감은 제14조 제3항에 따른 전담기구 구성원의 학교폭력 관련 전문성 향상을 위한 교육 등을 실시할 수 있다. [신설 2023. 10. 24.](전담 기구[3)]는 단위 학교의 학교폭력 전담 기구를 말함)

2. 『학교폭력예방 및 대책에 관한 법률 시행령』 개정안[4)]에 따르면 학교폭력 사안처리 절차의 공정성을 강화하기 위해 '학교폭력 전담조사관'을 임명함.[5)] 이들의 전문적 역량을 강화하기 위한 교육(연수)이 필요하다.

3. '학교폭력 근절 종합대책(안)'[6)]에 따르면 피해학생을 맞춤 지원하기 위한 교육청의 관계개선지원단에서 전담지원관을 지정함. 이때 피해 회복·관계개선 지원단의 전문성 제고를 위한 주기적 연수 지원이 명시된다.

---

1) 전국의 모든 교육지원청을 대상으로 학교폭력 업무 담당자의 전문성 실태를 점검하여 담당자의 역량 강화를 위한 자료로 활용하고자 함. 국회 혹은 지방의회 단위에서 교육행정청의 학교 폭력 업무 담당자 전문성 실태를 파악하고 역량 강화 방안을 마련하는 것이 필요함. 서울특별시교육청을 예시로 제시한 것임. 각 교육(지원)청에 실정에 따라 활용함

2) [시행 2025. 11. 11.] [법률 제21082호, 2025. 11. 11., 일부개정]

3) 「학교폭력예방법 시행령」 제16조(전담기구 운영 등)

4) [시행 2025. 10. 1.] [대통령령 제35802호, 2025. 10. 1., 타법개정]

5) 「학교폭력예방법 시행령」 제8조(전담부서의 구성 등) ② 교육감은 법 제11조의 2에 따른 학교폭력 조사·상담 업무의 효율적인 수행을 위하여 필요한 경우에는 제1항에 따른 전담부서에서 학교폭력 조사·상담 관련 전문가를 활용하도록 할 수 있다. [신설 2024. 2. 27.]

6) 관계부처합동(2023).

Ⅱ 필요성

1. 앞의 법적 근거에 의해 각 시·도교육청 산하 교육지원청 학교폭력 업무 담당자의 전문성 실태를 점검하고자 한다. 관련 법은 "단위 학교의 학교폭력 전담기구 구성원에 대한 연수를 할 수 있다."라고 언급하고 있다.

2. 학교폭력 업무는 교육지원청을 중심으로 담당하고 있어 교육지원청 소속 '학교폭력예방센터 구성원', 즉 학교폭력 담당 전문직과 파견교사 및 일반행정직, 변호사 및 '학교폭력심의위원회 구성원' '학교폭력 전담조사관'에 대한 연수가 필요하다.

3. 시·도교육감의 관심과 정책역량에 따라 학교폭력 업무 담당자의 업무량 및 역량의 차이가 심하다. 학교폭력 업무 담당자의 소진을 예방하고 학교폭력 관련 업무가 3D 업무가 되지 않도록 근무환경을 개선하고 담당자들의 역량 강화를 위한 연수를 적극 지원하여야 한다.

4. 현재 학교 사안처리 과정에서 교육적 조정과 해결보다는 행정적·사법적 접근이 우선시 되고 있어 현장의 갈등과 과잉 사법화에 따른 사회적 부작용이 크다. 특히 '학교폭력심의위원회' 개최에 따른 수당 지급과 '학교폭력조사관' 조사수당 등이 교육(지원)청 예산에 큰 부담이 되고 있는 실정이다. 근본적인 해결을 위해서는 예방교육 강화를 통해 학교폭력이 발생하지 않도록 교육적으로 해결하는 것이 바람직하다.

Ⅲ 추진방법

1. 교육지원청 소속 학교폭력 업무 담당자의 연수 실적을 파악한다(2024년에 한함).
   1) 학교폭력예방(제로)센터 구성원의 학교폭력 관련 연수 이수 내용(첨부 1)
   2) 학교폭력심의위원회 구성원의 학교폭력 관련 연수 이수 내용(첨부 2)
   3) 학교폭력 전담조사관의 학교폭력 관련 연수 이수 내용(첨부 3)
      : 학교폭력 전담조사관의 경우 임용 과정의 연수와 임용 이후 연수 합계
2. 교육지원청 소속 학교폭력 업무 담당자 연수 이수 계획 파악한다(2025년에 한함).

3. 시·도교육청의 학교폭력 업무 담당자는 [첨부 1−2, 2−2, 3−2]를 교육지원청으로부터 제출받아 이를 합계하여 [첨부 1−1, 2−1, 3−1]을 제출한다.
   [첨부 1−2, 2−2, 3−2]은 각 시·도교육청에서 활용한다(제출 않음).
4. 연수 실적은 전체 인원에 대비한 1인당 평균 이수 시간을 말한다. 즉, 전체 이수 시간/전체 인원 = 1인당 이수 시간이다.

Ⅳ 기대효과

1. 학교폭력 업무 담당자 전문성 현황 파악과 정책자료 수집
2. 학교폭력 업무 담당자들의 근무 환경 개선 및 지원과 연수 계획 수립 자료 확보
3. 학교폭력 업무 관련자들의 전문성 강화를 통해 교육적 신뢰 회복
4. 학교폭력 업무가 사안처리 중심에서 예방과 교육적 조정 기능 강화
5. 학교폭력 업무 담당자의 자질 향상과 전문성 축적 및 민원 감소

Ⅴ 기타

1. 보고는 첨부된 양식을 해당 교육(지원)청의 실정에 맞게 조절하여 사용한다.
2. 통계 처리를 위해 엑셀 형식으로 보고한다.
3. 의견란에는 관련 정책 수행에 따른 문제점과 개선점 등을 제안한다(아래 실례).
   1) 학교장의 긴급 분리 조치가 3일에서 7일로 늘어남에 따라 분리된 학생을 지도할 교육 프로그램과 전문인력 및 예산 문제
   2) 학교장 해결제 실행에 필요한 프로그램과 전문가 및 예산 문제
   3) 각종 연수 진행에 따른 예산 문제
   4) 학교폭력 업무 담당자와 전문상담(교)사 및 위(Wee) 프로젝트와의 연계
   5) 「학교폭력예방법」 제6조의 2(학교폭력 대응 전문교육기관 및 센터운영) 관련 전문교육기관의 운영 필요성과 실천 방안 등

★**[첨부 1-1]** 학교폭력 업무 담당자: 학교폭력예방(제로)센터 합계표

순	구분	업무종사기간(개월): 전체 구성원 평균	연수실적(시간) 1인당 평균	연수계획(시간) 1인당 평균	비고
			2024. 1.~2024. 12.	2025.	
1	동부				
2	서부				
3	남부				
4	북부				
5	중부				
6	강동송파				
7	강서양천				
8	강남서초				
9	동작관악				
10	성동광진				
11	성북강북				
	소계				
	평균				

※ 교육청 규모에 따라 지원청 수와 인원 구성의 차이가 있을 수 있음. 수정하여 사용. 서울교육청 기준임.

※ 의견	

※ 교육지원청 실정에 맞게 칸을 조정할 수 있습니다.

※ [첨부 1-1]은 시·도교육청에서 업무 담당자가 [첨부 1-2] 학교폭력 업무 담당자: 교육지원청 학교폭력예방(제로)센터 합계표를 합산하여 제출합니다.

[첨부 1-2] 학교폭력 업무 담당자 : 교육지원청 학교폭력예방(제로)센터 합계표

( )교육지원청					
순	구분	업무종사기간 (개월)	연수 실적(시간) 1인당 평균	연수 계획(시간) 1인당 평균	비고
			2024. 1.~2024. 12.	2025.	
1	센터장				
2	장학사 1				
3	장학사 2				
4	장학사 3				
5	장학사 4				
6	파견교사 1				
7	파견교사 2				
8	행정인력 1				
9	행정인력 2				
10	변호사				
	소계				
	평균				

※ 교육지원청 규모에 따라 기관의 규모와 인원 구성의 차이가 있을 수 있음. 교육지원청 실정에 맞게 칸을 조정할 수 있음.

※ 의견	

※ [첨부 1-2]는 교육지원청 소속 학교폭력예방(제로)센터에서 근무하는 학교폭력 담당인력에 대한 연수 실적과 계획입니다. 각 지원청에서 취합한 자료를 시·도교육청 학교폭력업무 담당자가 취합하여 제출합니다. 이때 [첨부 1-1]과 [첨부 1-2]를 함께 제출합니다.

[첨부 2-1] 학교폭력심의위원회 구성원 연수 현황(시·도교육청 합계표)

순	구분	인원(명)	연수 실적(시간)	연수 계획(시간)	비고 (전체 시간)
			2024. 1.~2024. 12.	2025.	
1	동부				
2	서부				
3	남부				
4	북부				
5	중부				
6	강동송파				
7	강서양천				
8	강남서초				
9	동작관악				
10	성동광진				
11	성북강북				
	소계				
	평균				

※ 교육청 규모에 따라 지원청 수와 인원 구성의 차이가 있을 수 있음. 수정하여 사용. 서울교육청 기준임.

※ 의견	

※ 교육청 실정에 맞게 칸을 조정할 수 있습니다.

※ [첨부 2-1] 학교폭력심의위원회 구성원 연수 현황 합계를 제출합니다. 각 교육지원청별 전체 인원과 2024년 이수실적 및 2025년 이수 계획을 시간으로 기록합니다.

[첨부 2-2] 학교폭력심의위원회 구성원 연수 현황(교육지원청 합계표)

<table>
<tr><th colspan="8">( )교육지원청</th></tr>
<tr><th rowspan="3">순</th><th colspan="2">인원(명)</th><th colspan="2">연수 실적(시간)</th><th colspan="2">연수 계획(시간)</th><th rowspan="3">비고(시간)
(전체 평균)</th></tr>
<tr><th rowspan="2">내부(명)</th><th rowspan="2">외부(명)</th><th colspan="2">2024. 1.~2024. 12.</th><th colspan="2">2025.</th></tr>
<tr><th>내부
인력</th><th>외부
전문가</th><th>내부</th><th>외부</th></tr>
<tr><td>1위원
회
(초등)</td><td></td><td></td><td></td><td></td><td></td><td></td><td></td></tr>
<tr><td>2위원
회
(중등)</td><td></td><td></td><td></td><td></td><td></td><td></td><td></td></tr>
<tr><td>3위원
회
(특수)</td><td></td><td></td><td></td><td></td><td></td><td></td><td></td></tr>
<tr><td>기타</td><td></td><td></td><td></td><td></td><td></td><td></td><td></td></tr>
<tr><td rowspan="2">소계</td><td>소계</td><td></td><td colspan="2"></td><td colspan="2"></td><td></td></tr>
<tr><td>평균</td><td></td><td colspan="2"></td><td colspan="2"></td><td></td></tr>
</table>

※ 교육지원청의 규모와 상황에 따라 소위원회의 숫자가 다를 수 있음. 내부 인력(전문직, 일반직, 변호사, 파견교사 등)과 외부전문가(의사, SPO, 학부모위원, 상담자 등)를 구분하여 기록함.

※ 의견	

※ [첨부 2-1] 학교폭력심의위원회 구성원 연수 현황 합계를 제출합니다. 각 교육지원청은 [첨부 2-2]의 지원청별 소위원회별 구성원의 연수를 교육청 내부 인력과 외부전문가(학부모 위원, 전문가로 구분하여 각 구성원별 전체인원과 2024년 이수실적 및 2025년 이수계획을 시간으로 기록합니다. 비고에서 전체 평균을 기록합니다. 시·도교육청은 이 기록을 [첨부 2-1]의 합계표에 기록하여 제출합니다.

★[첨부 3-1] 학교폭력 전담조사관: 시·도교육청 집계표

순	구분	전직(前職): (평균시간)				연수 실적: (평균시간)	연수 계획: (평균시간)	비고
		경찰관 (명)	교사 (명)	청소년 전문가 (명)	소계 (명)	2024년	2025년	
1	동부							
2	서부							
3	남부							
4	북부							
5	중부							
6	강동송파							
7	강서양천							
8	강남서초							
9	동작관악							
10	성동광진							
11	성북강북							
12								
13								
14								
15								
16								
17								
소계								
평균								

※ 학교폭력 전담조사관은 전직(前職)에는 인원수를 기록함. 2024년 연수실적에서는 개인별 연수 평균 이수 시간을 기록함. 2025년 이수계획은 개인별 평균 이수 시간 계획을 기록함.

※ 의견	

※ 교육청 실정에 맞게 칸을 조정할 수 있습니다.

※ [첨부 3-2] 학교폭력 전담조사관의 교육(지원)청별 합계를 제출합니다.

[첨부 3-2] 학교폭력 전담조사관: 교육(지원)청 집계표(2)- 교육지원청용

(　　)교육지원청							
순	전직(前職): 인원(명)				연수 실적: (평균시간)	이수 계획: (평균시간)	비고
	경찰관	교사	청소년 전문가	소계	2024년	2025년	
1							
2							
3							
4							
5							
6							
7							
8							
9							
10							
11							
12							
13							
14							
15							
16							
17							
소계							
평균							

※ 학교폭력 전담조사관의 2024년부터 활동을 시작함. 2024년 임용 전 연수와 임용 후 연수로 구분함. 교육지원청은 각 전담조사관의 전직(前職)은 인원수만 기록함. 임용된 후는 전직과 관련이 없음. 연수 이수 합계를 2024년 1인당 평균 이수 시간으로 기록함. 2025년 계획은 전체적인 이수 계획 시간을 1인당 평균 이수 시간으로 제출함.

※ 의견	

※ 교육지원청 실정에 맞게 칸을 조정할 수 있습니다.

※ [첨부 3-2]는 교육지원청에서 양식을 수정하여 사용할 수 있습니다.

별첨 2

2025년 학교폭력 예방과 지원을 위한 학교폭력 예방 전문가 양성 과정 제안[7)]

Ⅰ 법적 근거

1. 「학교폭력예방 및 대책에 관한 법률」[8)] 법률 제6조의 2(학교폭력 대응 전문교육기관 및 센터 운영 등) ① 국가는 학생 치유·회복을 위한 보호시설 운영, 연구 및 교육 등을 수행하는 전문교육기관을 설치·운영할 수 있다.

2. 동법 시행령[9)] 제2조의 2(학교폭력 대응 전문교육기관 설치·운영 등) ① 교육부 장관은 법 제6조의 2 제1항에 따라 다음 각 호의 업무를 수행하는 전문교육기관을 설치·운영할 수 있다. ② 제1항에 따른 전문교육기관의 운영에 필요한 세부사항은 교육부 장관이 정한다. [본조신설 2023. 10. 24.]

3. 「학교폭력예방 및 대책에 관한 법률」[10)] 제11조(교육감의 임무) ⑩ 교육감은 제14조 제3항에 따른 전담기구 구성원의 학교폭력 관련 전문성 향상을 위한 교육 등을 실시할 수 있다. [신설 2023. 10. 24.] (전담기구[11)]는 단위학교의 학교폭력 전담기구를 말함)

---

7) 학교폭력 업무 담당자의 전문성 향상을 위한 2달간의 연수로 기본+심화 과정으로 이루어졌으며 근무 중 연수가 가능한 하이브리드형 연수임. 시·도교육청에 제안하는 연수

8) [시행 2024. 3. 1.] [법률 제19942호, 2024. 1. 9., 일부개정]

9) [시행 2024. 3. 1.] [대통령령 제34233호, 2024. 2. 27., 일부개정]

10) [시행 2024. 3. 1.] [법률 제19942호, 2024. 1. 9., 일부개정]

11) 「학교폭력예방법 시행령」 제16조(전담기구 운영 등)

Ⅱ 필요성

1. 학교폭력 근절 종합대책(2023. 4. 12.)과 관련, 시·도교육청에 '학교폭력 예방·지원(학교폭력제로)센터'를 설치하게 됨에 따라 이곳에 근무하게 될 전문가를 양성이 필요하다.

2. 학교폭력 근절 종합대책(안)[12]에 따르면 피해학생을 맞춤 지원하기 위한 교육청의 관계개선 지원단에서 전담 지원관을 지정함. 이때 피해 회복·관계개선 지원단의 전문성 제고를 위한 주기적 연수 지원이 명시된다.

3. 교육지원청으로 이관된 구성원들의 학교폭력 심의 역량을 강화한다.

4. 교육지원청에 소속된 학교폭력 전담조사관 제도 운영에 따른 전담조사관의 역량 강화를 위한 연수를 실시한다(교육부, 학교폭력 사안처리 제도 개선 및 학교전담경찰관 역할강화방안 참조).

Ⅲ 운영방안

1. 학교폭력 업무 담당자의 전문성을 향상하기 위해 기본과정과 심화과정 각각 75시간씩의 총 150시간의 하이브리드 융합연수과정을 실시함. 평일 일과 중 4시간을 줌으로 연수하고 마지막 1박 2일 합숙 연수 실시로 근무 중 연수가 가능하다.

2. 학교폭력의 원인과 대처, 사후처리에 대한 근본적인 이론과 다양한 실습을 통해 학교폭력의 예방의 모든 과정을 이해하고 대처하는 전문가를 양성한다.

3. 하이브리드 융합형 연수는 이론 수업과 실습을 병행하여 실시하고 권역별 네트워크 구성을 통해 정보를 공유하고 공동대처 역량을 향상한다.

4. 전국 규모 연수로 타 지역에서도 연수 참여가 가능하다.

12) 관계부처합동(2023).

5. ㈜교육디자인연구소를 연수기관으로 지정하여 강사 섭외 및 모든 과정 운영하도록 위탁한다(합숙 과정 포함).

Ⅳ 추진방법

1. 연수 대상 및 인원
   1) 학교폭력 담당 전문 인력(장학사, 장학관) – 시·도교육청
   2) 학교폭력제로센터 업무 담당자 – 교육지원청
   3) '학교폭력대책심의위원회'위원 – 교육지원청
   4) '학교폭력 전담조사관' – 교육지원청
   5) '학교폭력 전담기구' 구성원 – 교감, 전문상담교사, 보건교사 및 책임교사, 학부모(1/3 이상) :「학교폭력예방법」 제11조(교육감의 임무) 제10항
   6) 매 기수별 30명 내외가 바람직함(필요에 따라 인원 조정 가능, 최대 50명)

2. 연수과정 및 시수: 기본과정 + 심화과정 150시간
   1) 기본과정(홀수 달) 75시간: 하이브리드 연수 (줌 기반+출석+원격연수)
      (1) 이론: 1주(20시간): 줌 수업(월~금요일 각 4시간씩)
      (2) 실습: 1주(16시간): 줌 수업(월~목요일 각 4시간씩)
      (3) 워크숍: 출석연수, 1박 2일(9시간): 3주차 금~토요일
      (4) 원격연수: 학교폭력 '공감N성장', 유니텔 원격연수원, 30시간, 2학점 URL: https://www.teacher.co.kr/index.do/apply/view_course/AB2021188A075803
   2) 심화과정(짝수 달) 75시간: 하이브리드 연수(줌 기반+출석+원격연수)
      (1) 이론: 1주(20시간): 줌 수업(월~금요일 각 4시간씩)
      (2) 실습: 1주(16시간): 줌 수업(월~목요일 각 4시간씩)
      (3) 워크숍: 출석연수, 1박 2일(9시간): 3주차 금~토요일
      (4) 원격연수: 욕구코칭, 아이스크림 원격연수원, 30시간, 2학점 URL: https://teacher.i-scream.co.kr/course/crs/creditView.do?crsCode=0929&s-

so=ok&fbclid=IwY2xjawFHSfFleHRuA2FlbQIxMAABHWMV0F4bT9_9JAG-4zlLnrLwRQAMif_8lHl1IHP–utUJq2be–iqXbkzRx0Q_aem_s1lIiU_qh8eRU-A5Fw2zUig

Ⓥ 연수 프로그램 구성 및 운영 계획(안)

1. 연수과정 운영(안) – 매월 일정과 프로그램은 조정 가능함[13)]

※ 원격연수는 사전 권장

구 분	이론과정(20시간)	실습과정(16시간)	특별프로그램과정(9시간)
기본과정	3.10.(월)~3.14.(금)	3.17.(월)~3. 20.(목)	3.21.(금)~3. 22.(토)
주제	학교폭력 예방의 철학과 이론적 기초	학교폭력 예방 및 대처 및 프로그램의 실제	학교폭력 예방 및 대처 역량 강화 워크숍
핵심 과목	1. 오리엔테이션, 특강 2. 학교폭력의 예방과 학교장 해결제 3. 학교폭력 사안처리 과정과 관련 법안 이해 4. 학교폭력 조치-피·가해 학생과 학부모, 급별(초·중·고) 대처 방안 5. 학교폭력 사안의 바람직한 해결 방안 6. 사이버 폭력과 집단 따돌림, 특수아 폭력 예방 및 악성 민원 초기 대처 등	1. 한국형 학교폭력 예방 모델: '공감N성장' 실습 2. 학교장 해결제 프로그램 운영의 실제 3. 성격유형과 학교폭력 4. 공감온도(척도)계 및 공감N성장 관계개선카드 활용 5. 학교폭력 체험자와의 사례 간담회(코칭) 등	1. 1박 2일 워크숍 실시 2. 2주차 오후 권역별 모임(3H) 3. 학교폭력 예방 모델 관련 정보 공유와 자료집 제작 협의
주교재	이동갑(2025), 『학교폭력의 모든 것: 100문 100답』.	이동갑 외(2022), 『학교폭력의 새로운 패러다임』, 『학교폭력을 넘어: 외상후성장으로』 등	
심화과정	1주: 4. 7.(월)~4. 11.(금)	2주: 4.14.(월)~4.17.(목)	2주: 4.18.(금)~4.19.(토)
주제	청소년의 뇌발달과 성격유형에 따른 학교폭력 예방	학교폭력과 욕구코칭	학교폭력 예방 및 대처 역량 강화 워크숍

13) 2025년 기준

핵심 과목	1. 청소년의 뇌발달 이해 2. 청소년의 뇌와 학교폭력의 상관관계 3. 청소년의 뇌와 학교폭력 예방프로그램 4. 청소년의 뇌와 학교폭력 예방 수업모형 5. 청소년의 성격유형 이해 6. 성격유형별 학교폭력 예방 및 상담	1. 인간의 기본 욕구 이해 2. 성장과정과 욕구충족 3. 자신의 욕구 알아보기 4. 욕구를 다루는 방법 5. 갈등을 욕구 코칭으로 풀기 6. 욕구카드 활용	1. 1박 2일 워크숍 실시 2. 2주차 오후 권역별 모임(3H) 3. 학교폭력 예방모델 토론과 자료 공유 및 자료집 발표
주교재	유경희(근간), 『청소년의 뇌와 성격유형별 학교폭력 예방』	김현섭, 김성경(2018), 『욕구코칭』	
연수유형	줌 기반 학습	줌 기반 학습	장소 별도 선정

2. 연수 시수 운영 기준표

1) 이론과정(1주차)

구분 \ 요일(시간)	월	화	수	목	금	계(20H)
오전(09:00~12:00)						20H
오후(14:00~18:00)	4	4	4	4	4	
기본구성	강의	토론과 실습				

2) 실습과정(2주차)

구분 \ 요일	월	화	수	목	금	토	계(25H)
오전(09:00~12:00)					2	3	25H
오후(14:00~18:00)	4	4	4	4	2 2		
기본구성	토론과 실습				대면합숙(9H)		

3. 연수 운영 특색

1) 기본과정 및 심화과정 이론

(1) 기본과정: 학교폭력 예방의 철학과 이론적 기초 다지기 및 악성민원 대처와 사안처리 과정 이해와 실습

(2) 심화과정: 청소년의 뇌와 학교폭력과의 상관관계를 탐구하고 성격유형에 따른 학교폭력 예방을 위한 구체적 기법을 익힌다. 인간의 욕구와 갈등을 욕구코칭 이론에 근거하여 해결한다.

(3) 모든 수업은 거꾸로 수업을 원칙으로 이론 위주의 수업을 지양하고 토론과 실습을 50% 이상 확보하여 실무역량 향상에 도움이 될 수 있도록 한다.

2) 기본과정 및 심화과정 실습

(1) 기본과정: 한국형 학교폭력 예방 프로그램인 '공감N성장' 모델을 직접 경험하고 이를 '학교장 해결제' 프로그램으로 운영하기 위한 이론과 실제를 다룬다.

(2) 심화과정: 성격유형별 학교폭력 인식과 대처 과정을 이해하고 사례별 대처 방안을 실습하며, 욕구코칭 이론과 실습을 통해 실제적 기법을 적용하는 역량을 향상한다.

3) 권역별 모임 및 워크숍 운영

(1) 기본과정: 권역별 모임을 통해 정보를 교환하고 공유함. 권역별 모임은 초·중등학교의 급별 모임 혹은 인근 학교 연합 모임 등으로 정보를 공유하고 학습할 수 있는 공동 모임을 말한다. 3주 금요일 오후 3시간

(2) 심화과정: 기본과정에서 학습한 권역별 모임을 바탕으로 실제 적용 가능한 매뉴얼을 만들어 자료집으로 공유한다. 3주 금요일 오후 3시간

(3) 워크숍: 대면 워크숍을 통해 자료공유와 네트워크 형성

Ⅵ 연수 프로그램 구성 및 운영 계획(안)

1. 세부 프로그램 운영 계획(안) (2025년 3월을 기준으로 작성, 변경될 수 있음)

구분	과정	기간	시간(H)	핵 심 내 용
기본 과정	이론	3.10.(월) ~ 3.14.(금)	20	1. 오리엔테이션, 특강(유경험자 강의) 2. 학교폭력의 원인과 급별(초·중·고) 대처 방안 3. 학교폭력 당사자 가해자/피해자/방관자/방어자 이해와 교육 방안 4. 사이버 폭력과 집단 따돌림, 특수아 폭력 예방 및 악성민원 초기 대처 방안 5. 학교폭력 관련 사안처리, 심의위원회 운영 및 행정과정 이해 등
	실습	3.17.(월) ~ 3.20.(목)	16	☞ 한국형 학교폭력 예방 모델: '공감N성장' 실습 - 학교장 해결제 프로그램 운영의 실제 1. 공감 수준의 학교폭력 이해와 실습 2. 용서 수준의 학교폭력 이해와 실습 3. 회복 수준의 학교폭력 이해와 실습 4. 성장 수준의 학교폭력 이해와 실습
	원격	3. 4.~3. 7. 3. 24.~3. 28.	30	학교폭력 '공감N성장' , 유니텔 원격연수원, 30시간, 2학점
심화 과정	이론	4. 7.(월) ~ 4. 11.(금)	20	1. 청소년의 뇌발달 이해 2. 청소년의 뇌와 학교폭력의 상관관계 3. 청소년의 뇌와 학교폭력 예방 프로그램 4. 청소년의 뇌와 학교폭력 예방 수업모형 5. 청소년의 성격유형 이해 6. 성격유형별 학교폭력 예방 및 상담
	실습	4.14.(월) ~ 4. 18.(목)	16	1. 인간의 기본 욕구 이해 2. 성장과정과 욕구 충족 3. 자신의 욕구 알아보기 4. 욕구를 다루는 방법 5. 갈등을 욕구코칭으로 풀기 6. 욕구카드 활용
	원격	4. 1.~ 4. 21.~25.	30	욕구코칭, 아이스크림 원격연수원, 30시간, 2학점
특별 프로 그램	특별프로그램 (출석 연수)	3. 21.(금) ~3. 22.(토)	9	대면 기반의 출석 연수(1박 2일) - 권역별 학교폭력 정보 공유와 매뉴얼 만들기 및 발표 - 수료식
		4. 18.(금) ~4. 19.(토)	9	
Total			150시간	

2. 세부 프로그램 주제

1) 기본과정 (1주차: 주제와 강사는 교육청과 협의 가능)

구분			모듈	주제	세부내용	비고
기본과정	월	1	마음 열기	개회식(1)	개회 행사, 오리엔테이션, 수강생 소개, 나눔의 시간	
		2		학교폭력이란 무엇인가?	학교폭력의 생태계	
		3			학교폭력은 유령이다	
		4			학교폭력은 공중보건의 문제이다	
					갈등의 교육적 지도와 생활교육이란?	
	화	1	학교폭력 예방	학교폭력 예방의 중요성과 프로그램들	학교폭력 예방의 중요성	
		2			학교폭력 예방 프로그램들	
		3			학교장 해결제란 무엇인가?	
		4			다양한 학교폭력 예방 프로그램 이해	
	수	1	학교폭력 대처	학교폭력 발생과 사안조사 및 관례체제	학교폭력의 발생과 신고 및 사안조사	
		2			학교폭력 관련 체계(system) 이해	
		3			학교폭력 전담기구의 의사설정 과정	
		4			학교폭력 심의위원회와 행정심판 및 행정소송 등 이해	
	목	1	학교폭력 조치	학교폭력 조치들	학교폭력 가해학생 관련 조치들	
		2			학교폭력 피해학생 관련 조치들	
		3			학교폭력 생활기록부 기록과 한계	
		4			특별교육 이수와 관련한 문제점들	
	금	1	학교폭력 해결 방안	학교폭력 해결 방안	한국형 학교폭력 예방 프로그램: 공감N성장	
		2			학교폭력 전문가 양성 방안	
		3			학교폭력 전문가 양성 커리큐럼	
		4			평화교육이 답이다	
심화과정	월	1	청소년의 뇌 발달 이해	청소년의 뇌발달	청소년기 발달	
		2			아동·청소년시기의 불안	
		3			청소년의 주의 집중과 자기조절 장애	
		4			아동·청소년의 우울·원인	
	화	1	청소년의 뇌와 학교폭력	청소년의 뇌와 학교폭력	뇌속으로의 여행	
		2			뇌 구성요소	
		3			신경가소성	
		4			손바닥 안의 뇌	
	수	1	청소년의 뇌와 학교폭력 예방 수업 모델	청소년의 뇌와 학교폭력 수업	청소년의 뇌와 학교폭력	
		2			대인관계조율과 자기조절	
		3			좌·우뇌 활용과 학습	
		4			청소년의 학습과 수업 제안	
	목	1	청소년의 성격 유형과 학교폭력	청소년의 성격유형과 학교폭력	청소년의 성격유형 이해	
		2			청소년의 성격유형별 학교폭력 인식과 대처	
		3			학부모의 성격유형별 학교폭력 인식과 대처	
		4			교사의 성격유형별 학교폭력 인식과 대처	

2) 실습 강좌 – (주제와 강사는 바뀔 수 있음: 교육지원청과 협의)

구분			모듈	주제	세부요목	비고
기본과정	월	1	공감 수준 이해하기	‘공감N성장’ 모델 이해	『공감N성장』 모델 이해	
		2			공감 이해와 실습하기 (워크북)	
		3			공감 심화 감정 다루기 (1)	
		4			공감 심화 감정 다루기 (2)	
	화	1	용서 수준 이해하기	용서란 무엇이며 어떻게 용서할 것인가?	용서란 무엇인가?	
		2			용서 실습하기 (워크북)	
		3			용서 심화 감정 다루기 (1)	
		4			용서 심화 감정 다루기 (2)	
	수	1	회복 수준 이해하기	회복이란 무엇이며 어떻게 회복하는가?	회복이란 무엇인가?	
		2			회복 실습하기 (워크북)	
		3			회복 심화 감정 다루기 (1)	
		4			회복 심화 감정 다루기 (2)	
	목	1	성장 수준 이해하기	성장으로 나아간다는 것의 의미와 방법	성장이란 무엇인가?	
		2			성장 실습하기 (워크북)	
		3			성장 심화 감정 다루기 (1)	
		4			성장 심화 감정 다루기 (2)	
워크숍	금~토	1	에니어그램과 학교폭력	유경희	에니어그램 검사와 해석	워크숍
		2			에니어그램 유형별 학교폭력	
		3			학교폭력 과정에서 성격유형 이해	
		4	권역별 모임	자체 진행	교육지원청 담당자 혹은 연수 담당자	연수원 안내
		5				
		6				
		7	학교폭력 정보 공유와 나눔 및 수료식	자체 진행	권역별 학교폭력 정보 나눔 발표 (2H) 사례 공유와 코칭	연수원
		8				
		9			수료식, 나눔의 시간(1H)	
원격연수		1 ~ 30	이동갑 외	30시간	학교폭력 ‘공감N성장’, 30시간, 2학점 https://www.teacher.co.kr/index.do/apply/view_course/AB2021188A075803	유니텔 원격 연수원
심화과정	월	1	추후 논의	추후 논의		
		2				
		3				
		4				
	화	1				
		2				
		3				
		4				
	수	1	추후 논의	추후 논의		
		2				
		3				
		4				
	목	1				
		2				
		3				
		4				

워크숍	금~토	1	학교폭력과 성격유형	학교폭력과 성격유형 이해 심화	에니어그램 하위유형 검사	워크숍
		2			에니어그램 유형별 학교폭력	
		3			학교폭력 과정에서 성격유형 이해	
		4	권역별 모임	자체 진행	교육지원청 담당자 혹은 연수담당자	연수원
		5				
		6				
		7	학교폭력 대처 매뉴얼 발표 및 수료식	연수원	학교폭력 대처 모델 발표(2H)	급별 혹은 영역별
		8				
		9			수료식, 나눔의 시간(1H)	교육 지원청
원격 연수		1 ~ 30	-	30시간	욕구코칭, 30시간, 2학점, https://teacher.i-scream.co.kr/course/crs/creditView.do?crsCode=0929&sso=ok&fbclid=I-wY2xjawFHSfFIeHRuA2FIbQIx-MAABHWMV0F4bT9_9JAG4zILnrL-wRQAMif_8IHI1IHP-utUJq2be-iqXbkz-Rx0Q_aem_s1IliU_qh8eRUA5Fw2zUig	아이스크림 원격 연수원,

Ⅶ 교재 안내

1. 참고 자료

이동갑(2025). 학교폭력의 모든 것: 100문 100답. 학지사,

유경희(근간). 청소년의 뇌발달과 학교폭력예방. 사람향기.

https://contents.kyobobook.co.kr/sih/fit-in/458x0/pdt/9788947286107.jpg

https://contents.kyobobook.co.kr/sih/fit-in/458x0/pdt/9788947284158.jpg

https://contents.kyobobook.co.kr/sih/fit-in/458x0/pdt/9788947285698.jpg

관계개선카드: https://www.wisebox.kr/goods/goods_view.php?goodsNo=1000000277

활용방법 유튜브 동영상 URL: https://youtu.be/LKcNS0a2ayc

별첨 3

2025년 학교폭력 예방 전문가 양성을 위한 비학위과정

학교폭력 예방 전공[14] 과정 신설(안)[15]

Ⅰ 관련 법적 근거

1. 「학교폭력예방 및 대책에 관한 법률」[16] 법률 제6조의 2(학교폭력 대응 전문교육기관 및 센터 운영 등) ① 국가는 학생 치유·회복을 위한 보호시설 운영, 연구 및 교육 등을 수행하는 전문교육기관을 설치·운영할 수 있다.

2. 「학교폭력예방 및 대책에 관한 법률 시행령」[17] 제2조의 2(학교폭력 대응 전문교육기관 설치·운영 등) ① 교육부 장관은 법 제6조의 2 제1항에 따라 다음 각 호의 업무를 수행하는 전문교육기관을 설치·운영할 수 있다. ② 제1항에 따른 전문교육기관의 운영에 필요한 세부사항은 교육부 장관이 정한다. [본조신설 2023. 10. 24.]

3. 「학교폭력예방 및 대책에 관한 법률」[18] 제11조(교육감의 임무) ⑩ 교육감은 제14조 제3항에 따른 전담기구 구성원의 학교폭력 관련 전문성 향상을 위한 교육 등을 실시할 수 있다. [신설 2023. 10. 24.] (전담기구[19]는 단위학교의 학교폭력 전담기구를 말함)

---

14) 전공명칭에 대한 논의 필요(예: 평화교육전공 등).

15) 학교폭력 예방 전문가 양성을 위한 비학위 과정(6개월) 샘플. 전국의 교·사대 대학원 혹은 교육연수원에서 개설할 수 있음.

16) [시행 2024. 3. 1.] [법률 제19942호, 2024. 1. 9., 일부개정]

17) [시행 2024. 3. 1.] [대통령령 제34233호, 2024. 2. 27., 일부개정]

18) [시행 2024. 3. 1.] [법률 제19942호, 2024. 1. 9., 일부개정]

19) 「학교폭력예방법 시행령」 제16조(전담기구 운영 등)

4. '학교폭력 근절 종합대책(안)'[20]에 따르면 피해학생을 맞춤 지원하기 위한 교육청의 관계개선 지원단에서 전담 지원관을 지정함. 이때 피해 회복·관계개선 지원단의 전문성 제고를 위한 주기적 연수 지원이 명시됨

Ⅱ 필요성

1. 학교폭력 관련 업무는 크게 예방과 사안처리 및 사후관리(상담 등)로 구성되어 있다. 현재 학교폭력 관련, 연구 기능은 이화여자대학교 학교폭력예방연구소[21]에서, 예방 관련(어울림 프로그램 운영 등) 업무는 한국청소년정책연구원[22]에서 수행하고 있다. 그러나 교육(연수) 기능을 담당하는 전문교육기관이 부재하여 각 시·도교육청에 따라 담당자의 소진(burn out)과 함께 업무역량의 차이가 크다.

2. 학교폭력근절 종합대책(2023. 4. 12.)과 관련 시·도교육청은 모든 교육지원청에 '학교폭력제로센터'를 설치·운영하고 있으나 이곳에 근무하고 있는 업무 담당자의 전문역량 강화를 위한 교육연수 기관이 필요하다.

3. 교육지원청으로 이관된 '학교폭력대책심의위원회' 구성원들의 학교폭력 심의 역량 강화를 위한 연수가 필요하다.

4. 교육지원청에 소속된 '학교폭력 전담조사관 제도' 운영에 따른 전담조사관의 역량강화를 위한 연수가 필요하다(교육부, 학교폭력 사안처리 제도 개선 및 학교전담경찰관 역할강화방안 참조).

5. 단위학교의 '학교폭력 전담기구' 구성원의 역량 강화를 위한 연수가 필요하다.

---

20) 관계부처합동(2023).

21) https://my.ewha.ac.kr/ewhaisvp/

22) https://www.nypi.re.kr/contents/mainpage.do;jsessionid=28460C6B728C3CFB519F0301C80BC807

Ⅲ 운영방침

1. (   )를(을) 제6조의 2(학교폭력 대응 전문교육기관 및 센터 운영 등)에 따른 전문교육기관으로 지정하여 학교폭력 예방 전문가를 양성할 수 있는 교육·연수를 실시한다.

2. 학교폭력 예방 전공은 6개월 비학위과정으로 운영한다. 비학위과정에서 이수한 학점은 추후 대학원 관련 과목으로 9학점까지 인정받을 수 있다.

3. 학교폭력 업무 담당자의 전문성을 향상하기 위해 학기 중에는 이론 중심의 과목을 3학점(45시간) 2과목 이수하고, 방학 중 기간을 활용하여 실습 위주의 2과목을 이수한다. 소계 240시간 하이브리드형 연수과정을 실시한다. 실습과정은 밀도 높은 실습을 위해 8명 내외의 분반으로 4과목 중 택2를 할 수 있다.

4. 학교폭력의 원인과 대처 및 상담을 위한 기본 이론과 다양한 실습 연수를 통해 학교폭력의 예방과 사안처리 및 상담 3단계 전반에 걸친 이해와 실무역량을 갖춘 전문가를 양성한다.

Ⅳ 추진방법

1. 연수대상 및 인원
   1) 시·도교육청 학교폭력 담당 전문 인력(장학사, 장학관)
   2) 교육(지원)청 학교폭력제로센터에 근무하는 학교폭력 담당 전문 인력(장학사, 파견교사, 행정지원인력 등) 등 학교폭력 업무 담당자 우선
   3) 시·도교육청별 2명 선발: 기수별 34명(2025년 1~2기 과정, 연 인원 68명)

2. 연수기간 및 형태
   1) 연수기간 및 시간: 6개월, 240시간
   2) 연수형태: 하이브리드형
      (1) 원격연수 이수: 60시간(각 2학점씩, 4학점)

(2) 학교폭력 '공감N성장', 유니텔 원격연수원, 30시간, 2학점 https://www.teacher.co.kr/index.do/apply/view_course/AB2021188A075803

(3) 욕구코칭, 아이스크림 원격연수원, 30시간, 2학점 https://teacher.i-scream.co.kr/course/crs/creditView.do?crsCode=0929&sso=ok&fbclid=IwY2xjaw-FHSfFleHRuA2FlbQIxMAABHWMV0F4bT9_9JAG4zlLnrLwRQAMif_8lHl1I-HP-utUJq2be-iqXbkzRx0Q_aem_s1lIiU_qh8eRUA5Fw2zUig

3) 학기 중 2과목 각각 45시간씩, 3학점, 줌 수업(예시)

· 학교폭력 정책 이해

· 청소년의 뇌발달과 성격유형에 따른 학교폭력 예방

4) 방학 중 4과목 중 선택 2과목, 각각 45시간씩: 출석수업(2개반으로 분반, 최소 7명 최대 10명) (예시)

· 회복적 생활교육

· 학교폭력 예방 프로그램

· 학교폭력 사례 세미나

· 한국형 학교폭력 예방 모델 '공감N성장'

Ⓥ 연수 프로그램 구성 및 운영 계획(안)-2025년 1기 기준

1. 연수과정 운영(안)

※ 강의 주제와 강사는 변경될 수 있음

과정		기간		시간	핵심 내용
줌 수업	원격	재택	학기 중	30H	학교폭력 '공감N성장': 유니텔 원격연수원 https://www.teacher.co.kr/index.do/apply/view_course/AB2021188A075803
			학기 중	30H	욕구코칭: 아이스크림 원격연수원 https://teacher.i-scream.co.kr/course/crs/creditView.do?crsCode=0929&sso=ok&fbclid=IwY2xjawFHSfFleH-RuA2FlbQIxMAABHWMV0F4bT9_9JAG4zlLnrLwRQA-Mif_8lHl1IHP-utUJq2be-iqXbkzRx0Q_aem_s1lIiU_qh8eRUA5Fw2zUig

<table>
<tr><td rowspan="2">줌 수업</td><td rowspan="2">줌 수업</td><td>학교폭력 정책이해</td><td>학기 중</td><td>45H</td><td>1. 학교폭력의 원인과 해결과정 이해
2. 학교폭력 관련 법 체계 이해
3. 학교폭력 예방과 관계회복 프로그램 이해
4. 초·중등 학교폭력과 다양한 학교폭력 이해
5. 외국의 학교폭력 대응 정책
6. 학교폭력 피해자와 그 부모 이해
7. 학교폭력 가해자와 그 부모 및 방관자 이해
8. 학교폭력과 담임, 교감, 교장 및 학교의 역할 등</td></tr>
<tr><td>청소년의 뇌발달과 성격유형에 따른 학교폭력 예방</td><td>학기 중</td><td>45H</td><td>1. 청소년의 뇌발달 이해
2. 청소년의 뇌와 학교폭력의 상관관계
3. 청소년의 뇌와 학교폭력 예방 프로그램의 원리
4. 청소년의 뇌와 학교폭력 예방 프로그램
5. 청소년의 뇌와 학교폭력 예방 수업모형
6. 청소년의 성격유형 이해
7. 성격유형별 학교폭력 예방 및 상담</td></tr>
<tr><td></td><td>소계</td><td></td><td></td><td>150H</td><td></td></tr>
<tr><td rowspan="6">출석 수업</td><td rowspan="4">줌 연수</td><td>회복적 생활교육</td><td rowspan="4">2025. 7. 28. ~ 8. 8. (10일간)</td><td>45H</td><td>1. 회복적 정의와 회복적 생활교육
2. 회복적 학급 운영
3. 공동체 회복을 위한 신뢰서클
4. 회복적 대화모임(회복적 조정)
5. 회복적 학교를 위한 배움 서클</td></tr>
<tr><td>욕구코칭</td><td>45H</td><td>1. 인간의 기본 욕구 이해
2. 성장과정과 욕구충족
3. 자신의 욕구 알아보기
4. 욕구를 다루는 방법
5. 갈등을 욕구코칭으로 풀기</td></tr>
<tr><td>학교폭력 사례 세미나</td><td>45H</td><td>1. 학교폭력 이론과 체제
2. 학교폭력과 융합교육 이해
3. 학교폭력 정책 평가
4. 학교폭력 사례와 코칭
5. 학교폭력 담당자의 스트레스 관리</td></tr>
<tr><td>한국형 학교폭력 예방 '공감N성장' 모델</td><td>45H</td><td>1. 학교폭력 '공감N성장' 모델 이해
2. 공감 수준의 학교폭력 이해
3. 용서 수준의 학교폭력 이해
4. 회복 수준의 학교폭력 이해
5. 성장 수준의 학교폭력 이해
6. '공감N성장' 모델 상담사례 나눔</td></tr>
<tr><td>소계</td><td></td><td>2과목 선택</td><td>90H</td><td></td></tr>
<tr><td>총계</td><td></td><td>16학점</td><td>240H</td><td></td></tr>
</table>

2. 연수 운영 특색

1) 학교폭력 예방의 철학과 이론 다지기

(1) 학교폭력의 동기와 인식, 대처 과정이 다양하다. 가해자와 피해자, 방관자와 방어자, 협력자의 원인과 행태를 분석하고 대처한다.

(2) 학교폭력의 급별(초·중·고등학교), 남·녀 성별 차별성과 특수교육대상자 및 다문화 학생 등에 대한 폭력이 다름을 이해하고 대처한다.

(3) 학교폭력 상황에서 피해자의 회복과 보호자 교육, 연수 및 지원에 대한 구체적 이론과 해결 방안을 모색한다.

(4) 개정된 「학교폭력예방법」과 관계부처합동 학교폭력 종합대처방안(2023)의 취지를 반영한다.

2) 학교폭력 예방 프로그램의 실제 체험하기

(1) 학교폭력의 교육적 해결을 위한 학교장 해결제 프로그램의 이론과 실제를 다룬다.

(2) 연수과정 운영 중 담임제 운영으로 연수의 질적 완성도를 높이고 전문성을 강화하며 학교폭력 예방 네트워크를 구축한다.

(3) 권역별 네트워크 형성과 정보 공유 및 우수 사례 소개와 기관 방문 등 수업 중 분반 활동을 통해 교육적, 회복적 학교폭력 사안 해결에 대한 역량을 쌓는다.

3. 행정 지원과 준비: 생략

별첨 4

2025년 학교폭력 예방과 지원을 위한 학교폭력 예방 전문강사[23] 양성 과정(안)

Ⅰ 관련 법적 근거

1. 「학교폭력 예방 및 대책에 관한 법률」[24] 제11조(교육감의 임무) ⑩ 교육감은 제14조 제3항에 따른 전담기구 구성원의 학교폭력 관련 전문성 향상을 위한 교육 등을 실시할 수 있다. [신설 2023. 10. 24.] (전담기구[25]는 단위 학교의 학교폭력 전담기구를 말함)

2. '학교폭력 근절 종합대책(안)'[26]에 따르면 피해학생을 맞춤 지원하기 위한 교육청의 관계개선 지원단에서 전담 지원관을 지정한다. 이때 피해 회복·관계개선 지원단의 전문성 제고를 위한 주기적 연수 지원이 명시된다.

Ⅱ 운영방침

1. 학교폭력 예방 모델인 '공감N성장' 프로그램은 초·중등학교 학생 및 학부모에 대한 맞춤식 지도와 함께 실습 위주의 프로그램 진행으로 학생과 학부모의 만족도가 매우 높다.

23) 직능원 민간저격등록번호 2020-000125
24) [시행 2024. 3. 1.] [법률 제19942호, 2024. 1. 9., 일부개정]
25) 「학교폭력예방법 시행령」 제16조(전담기구 운영 등)
26) 관계부처합동(2023).

2. 학교폭력 관련 업무 종사자들을 위한 연수 프로그램으로 전문역량 강화가 필요하다.

3. 본 연수는 한국직능원의 민간자격 등록번호 2020-005125로 등록된 연수이다. 자격 취득을 희망하는 사람은 과제 통과 후 자격증을 수여한다.

4. 학교폭력 예방전문강사 과정: 2급, 1급

5. 학교폭력 예방 전문성 향상을 위한 에니어그램 강사 자격과정[27]: 2급, 1급(연수시간표 별첨)

Ⅲ 추진방법

1. 연수대상, 연수 장소 및 인원

1) 연수대상

(1) 학교폭력제로센터 - 학교폭력 업무 담당자

(2) 위(Wee) 센터 학교폭력 업무 담당자 및 전문상담인력

(3) 학교폭력 전담조사관 – 교육지원청

(4) '학교폭력대책심의위원회' 위원 – 교육지원청

(5) '학교폭력 전담기구' 구성원 – 교감, 전문상담교사, 보건교사 및 책임교사, 학부모(1/3 이상)

(6) 전문상담(교)사

(7) 관계개선 · 회복전문가 – 교육지원청

(8) 청소년 상담 전문가(상담기관 운영자)

2) 연수 장소 및 인원

(1) 장소: 추후

27) 직능원 민간자격등록번호 2023-000310

(2) 인원: 30명 내외

2. 연수기간 및 형태 (근무 중 연수 가능)

1) 연수기간: 연중

2) 연수 형태

(1) 전문강사 과정

· 사전 원격연수 30시간 + 출석연수 15시간: 소계 45시간 전문가 과정

· (사전) ☞ 학교폭력 '공감N성장', 유니텔 원격연수원, 30시간, 2학점 https://www.teacher.co.kr/index.do/apply/view_course/AB2021188A075803

(2) 1급 전문가 과정 원격 45시간 + 출석 15시간: 소계 60시간(사전) 연수: 티처빌 https://www.teacherville.co.kr/trainapply/courseDetail.edu?division=T&courseSeq=O1003177&searchSeq=9665145&searchDetailDivisionCode=S01&rbst=%EC%9D%B4%EB%8F%99%EA%B0%91

(3) 출석연수(공통): 매월 ( )주 금요일~토요일 15시간 1학점

Ⅳ 출석연수 세부 시간표

1. 2급 전문강사 출석연수(세부 운영안)

※ 강사와 세부 프로그램은 일정이 조정될 수 있음

구분		시간	강사	강의 주제	비고
2급 전문 강사 과정	1일	등록	이동갑	등록	에니어그램 검사 실시
		1차시		오리엔테이션 및 과정소개	
		2차시	유경희	에니어그램 검사 및 집단 워크숍	
		3차시			
		4차시			
		5차시	이동갑	공감척도(온도)계 및 공감카드 활용법	공감척도계 공감카드
		6차시		공감 수준 학교폭력 이해와 실습	
		7차시			
	2일	1차시	유경희	용서 수준 학교폭력 이해와 실습	
		2차시			
		3차시	이동갑	회복 수준 학교폭력 이해와 실습	
		4차시			
		5차시	유경희	성장 수준 학교폭력 이해와 실습	
		6차시			
		7차시	이동갑	실습과 발표	
		8차시			

2. 1급 전문강사 출석연수(세부 운영안)

※ 강사와 세부 프로그램은 일정이 조정될 수 있음

구분		시간	강사	강의 주제	비고
1급 전문 강사 과정	1일	등록	이동갑	등록	
		1차시		오리엔테이션 및 과정소개	
		2차시	유경희	공감심화 카드 실습	공감척도계 관계개선카드
		3차시			
		4차시			
		5차시	이동갑	용서 심화 카드 실습	
		6차시			
		7차시			
	2일	1차시	유경희	회복 심화 카드 실습	
		2차시			
		3차시	이동갑		
		4차시			
		5차시	유경희	성장 심화 카드 실습	
		6차시			
		7차시	이동갑	실습과 발표	
		8차시			

Ⓥ 교재 안내

※ 붙임자료

1. 참고 자료

이동갑(2025). 학교폭력의 모든 것: 100문 100답. 학지사

https://contents.kyobobook.co.kr/sih/fit-in/458x0/pdt/9788947286107.jpg

https://contents.kyobobook.co.kr/sih/fit-in/458x0/pdt/9788947284158.jpg

https://contents.kyobobook.co.kr/sih/fit-in/458x0/pdt/9788947285698.jpg

관계개선카드. https://www.wisebox.kr/goods/goods_view.php?goodsNo=1000000277

활용방법 유튜브 동영상 URL https://youtu.be/LKcNS0a2ayc

2. 학교폭력 예방전문가 사전연수 URL과 QR 코드

2급 과정: 학교폭력『공감N성장』- 유니텔 https://www.teacher.co.kr/index.do/apply/view_course/AB2021188A075803 (30시간)	
1급 과정『공감과 회복을 위한 사계절 상담기법』 - 티처빌 https://www.teacherville.co.kr/trainapply/courseDetail.edu?division=T&courseSeq=O1003177&searchSeq=9665145&searchDetailDivisionCode=S01&rbst=%EC%9D%B4%EB%8F%99%EA%B0%91 (45시간)	

별첨 5

2025년 자기변화와 성장을 위한 에니어그램 전문가 양성 과정(안)

I 필요성

1. 인류 최고의 지혜와 현대의 심리학이 통합된 에니어그램은 우주와 인간 이해의 개념적 틀이며 도구이고 철학이며, 인간의 의식 수준을 높여 사회 발전 및 문명의 발달을 지향하는 진리 추구 체계이다.

2. 에니어그램은 인간의 자기 인식과 성장을 도모하여 보다 성숙하고 행복한 삶을 안내하는 도구이다. 에니어그램은 인류의 당면 문제를 해결하고 미래의 가능성을 제시하고 사회적 수준과 개인적 수준에서의 성장과 발달을 이끌 수 있는 탁월한 도구임을 믿는다.

3. 에니어그램은 수많은 에니어그램 스승과 탁월한 연구자들의 헌신에 연결되어 있다. 이들의 노력과 장점을 바탕으로 살펴 우리 실정에 맞는 효율적이고 강력한 검사도구(이동갑, 유경희, 2025)를 개발하고 이를 보급하기 위한 지도자를 양성한다.

4. 에니어그램을 통해 자기이해와 타인수용 및 바람직한 변화를 열망하는 지도자를 육성하기 위한 과정(2급, 1급, 슈퍼바이저)은 엄격하고 체계적으로 관리되어야 한다.

5. 에니어그램 전문가 양성과정의 구체적 프로그램은 별첨과 같다.

6. 본 연구원의 에니어그램 전문가 양성 과정은 '더공감상담센터'의 학교폭력예방 지도

자 과정인 '공감N성장' 모델 운영을 위한 전문가 과정과 연계되어 있다.

Ⅱ 운영방침

1. 에니어그램 전문가 양성과정 2급과 1급 지도자 과정은 On Line(줌)과 대면 연수 및 하이브리드(On Line(줌) + 대면 연수) 과정으로 개설된다.

2. 에니어그램 전문가 양성과정은 한국형 학교폭력예방 프로그램인 '공감N성장' 모델 지도자의 전문성 향상을 위한 프로그램으로 연계될 수도 있고 별도의 자기 성장 과정으로 운영될 수도 있다.

Ⅲ 추진방법

1. 연수대상 및 인원
   1) 학교폭력예방 전문가 '공감N성장' 모델 이수자
   2) 교사, 전문상담자, 전문상담(교)사, 청소년 상담 전문가
   3) 상담기관 종사자(운영자 포함)
   4) 자기 성장을 추구하는 일반인

2. 연수형태 및 시수

1) 에니어그램 전문가: 2급– EPI(일반 에니어그램 검사), EPIA(청소년 에니어그램 검사), EPSI(27 하위유형 에니어그램 검사) 구입 자격 부여

<table>
<tr><th>일정</th><th>주요 내용</th><th>교재</th><th>비고</th></tr>
<tr><td>1일차
(8H)</td><td>• 에니어그램 개요
- 에니어그램이란?
- 에니어그램의 역사
- 에니어그램 검사와 적용
- 성격 진단(EPI)
- 힘의 중심/날개와 화살
- 분열과 통합/발달단계
- 격정
- 9유형의 특징 이해</td><td rowspan="3">• 에니어그램의 지혜
(돈 리차드 리소, 러스 허드슨)</td><td>- EPI 검사지</td></tr>
<tr><td rowspan="2">2일차
(8H)</td><td>• 에니어그램의 3요소
- 힘의 중심
- 허니비언 그룹
- 하모닉 그룹
- 유형별 날개
- 유형별 화살
- 유형별 변형과 개발 포인트 이해</td><td rowspan="2">- EPIA 검사지</td></tr>
<tr><td>• EPI, EPIA 검사 도구 다루기
- 청소년 에니어그램 검사 이해
- 성인용 에니어그램 검사 이해
- 일반 청소년 에니어그램 프로파일 활용
- 일반 청소년 에니어그램 프로파일 활용</td></tr>
<tr><td>3일차
(8H)</td><td>• 하위 유형 이해하기
- 하위유형이란 무엇인가?
- 하위유형의 정의
- 하위유형의 중요성
- 하위유형별 역유형
- 27 하위유형의 이해
- 27 하위유형의 변형
• 27 하위유형 검사 이해와 활용</td><td>• 27 하위유형
(Dr. Beatrice)</td><td>- 27 하위유형 검사지</td></tr>
</table>

4일차 (8H)	• 에니어그램 유형별 인터뷰 - 에니어그램 프로파일 해석하기 - 에니어그램 유형의 비슷한 유형 구별하기 - 에니어그램 유형 찾기 인터뷰 • 에니어그램과 나의 자서전 - 가슴형 2, 3, 4 유형 - 주장형 3, 7, 8 유형 - 의무형 1, 2, 6 유형 - 유형별 코칭 실습 - 현존 기반의 코칭	• 에니어그램 코칭(Howe-Murphy, Roxanne)	
5~6일차 (16H)	• 2급 강사 인증 과정 - 성격의 구조 설명 - 하위유형 심화 강의 - 에니어그램 코칭 시연 - 에니어그램 슈퍼비전	• 강사용 - 매뉴얼 별도구입	희망자는 자격증 신청

※ 2일차 검사도구 다루기 과정을 이수 후 각각의 검사를 두 명의 내담자에게 실시함.

2) 에니어그램 전문가: 1급

일정	주 요 내 용	교 재	비 고
1일차 (8H)	• 에니어그램 2급 과정 리뷰 - 나의 성격 유형 설명하기 - 힘의 중심/날개와 화살/하위유형 - 분열과 통합/발달단계 • 알아차리기 - 어린 시절(상실한) 메시지 - 기본적인 두려움/욕망과 욕망의 왜곡 - 영적으로 도약하기 위해 해야 할 과제 - 동일시 패턴/미덕과 비전 - 일깨우는 신호/위험신호 - 다른 사람을 조작하는 방법, 납의 원칙 - 비통합 방향, 통합방향	• 에니어그램의 지혜/ 에니어그램의 이해 (돈 리차드 리소, 러스 허드슨)	

2일차 (8H)	• 성격유형과 빙산모델 9가지 성격의 구조 - 삶의 주제/재능과 최상의 상태 - 평균 상태/정체성의 삼각형 - 주의 초점과 동기요인/핵심대처 전략 - 내면 비평가 메시지/자아개념과 격정 - 핵심신념과 사고 습관	• 딥 리빙 에니어그램 (Howe-Murphy, Roxanne)	
3일차 (8H)	• 긍정에니어그램 - 유형, 하위유형, 원형 - 연결 포인트 - 하위유형의 영역 - 하위유형별 특성 - 변형 프로세스의 9포인트 - 생명 시스템으로서의 에니어그램	• 긍정 에니어그램 (수잔 로즈)	
4일차 (8H)	• 에니어그램 코칭 - 코칭과 상담/치료 - 에니어그램 코칭이란? • 유형별 코칭 - 위축형 9, 4, 5 유형 - 주장형 3, 7, 8 유형 - 의무형 1, 2, 6 유형 - 유형별 코칭 실습 - 현존 기반의 코칭	• 에니어그램 코칭 (Howe-Murphy, Roxanne)	
5~6일차 (16H)	• 1급 강사 인증과정 - 성격의 구조 설명 - 하위유형 심화 강의 - 에니어그램 코칭 시연 - 에니어그램 슈퍼비전	• 강사용 - 매뉴얼 별도구입	희망자는 자격증 신청

※ 연락처: 한국에니어그램상담연구원 홈페이지: http//KLECC.kr

※ 이메일: keci2025@naver.com

※ 주소: 충청북도 청주시 서원구 구룡산길 370-1번지 자성빌딩 501호

에니어그램상담연구원(KECI) 응용과정 체계(슈퍼바이저: 48H)

일정	주요 내용	교재	비고
어린이 에니어그램 (8H)	• 에니어그램과 어린이 - 어린이 에니어그램 검사 도구/ 해석 - 생일 케이크를 찾아라 - 어린이 에니어그램 유형 지도 방법 - 박을 타는 흥부네 아이들	• 에니어그램 어린이지도 워크북	
에니어그램과 진로·적성 (8H)	• 에니어그램과 진로·적성지도 - 성격유형과 진로 이해하기 - 성격유형별 직업 찾기 - 직장 안에서의 성격유형 활용하기 - 성격유형과 직장에서의 스트레스 극복	• 에니어그램 진로 • 적성 워크북	
에니어그램과 자기주도학습 적성 (8H)	• 에니어그램과 자기주도학습 - 성격유형과 학습방법(learning style) - 성격유형별 교수방법(teaching style) - 성격유형별 자기주도학습 계획표 만들기 - 성격유형별 학습 강점/약점 이해하기	• 에니어그램 자기주도학습 워크북	
에니어그램과청소년리더십 (8H)	• 에니어그램과 청소년 리더십 - 청소년 에니어그램과 검사 도구/해석 - 성격유형별 리더십 스타일 - 성격유형별 유엔 회의 - 성격유형별 약점 극복하기	• 에니어그램 청소년 리더십 워크북	
에니어그램과 영화 (8H)	• 에니어그램과 영화(사전 감상 필수) - 주인공의 성격유형 이해하기 - 등장인물의 성격유형과 사건 이해하기 - 성격유형 이해를 통한 영화 속편(sequel) 만들기 - 성격유형을 이해를 통한 영화 prequel(이전 이야기) 만들기	• 에니어그램과 영화 워크북	
에니어그램과 코칭 (8H)	• 에니어그램과 코칭 - 에니어그램과 코칭의 개념 이해 - 코칭 실습 - 성격유형별 코칭의 이해 - 성격유형별 코칭 실습	• 에니어그램과 코칭 워크북	

별첨 6

2026년 학교폭력 예방과 사회정서 지원을 위한 사회정서 관계회복 지도자 양성 과정(안)

Ⅰ 필요성

2000년 이후 세계적인 추세와 국내외의 요구에 따라 학생들의 마음건강과 사회정서 교육의 필요성이 크게 대두되었음. 2024년 교육부 주요 정책 추진계획과 관련하여 교육부는 직제개편으로 '사회정서 성장지원과'가 신설되었으며 2025년 사회정서교육(보편적 마음건강교육)이 전면 도입됨. 이에 학생들의 마음건강 증진과 사회정서교육을 위한 한국형사회정서교육 프로그램이 개발 보급되고 있음(교육부, 한국교육환경보호원). 본 과정은 이동갑과 유경희(2025)의 '관계중심상담이론'에 근거한 '사회정서 관계회복 지도자'를 양성하기 위한 과정임.

Ⅱ 운영방침

1. 한국형 사회정서 교육의 네 가지 영역 및 핵심역량과 관계중심상담이론의 핵심영역 및 관계개선방법이 유사하다.

한국형사회정서교육		관계중심상담이론			
영역	핵심역량	인생 과제(주로 머무는 곳)	핵심 영역	핵심 덕목	관계 개선방법
자기	자기인식, 자기관리	자기 정체성 찾기(가정)	나	연민 (惻隱之心)	공감

한국형사회정서교육		관계중심상담이론			
관계	관계인식, 관계관리	공동체 속에서 상대방 이해하기(가정, 직장)	상대방	친절(辭讓之心)	용서
공동체	공동체 가치의 인식 및 관리	사회적 존재로서 공익을 이해하기(직장, 사회)	사회	부끄러움(羞惡之心)	회복
마음건강	정신건강 인식 및 관리	자연과 일치하며 성숙한 삶의 마무리(가정, 자연)	자연	분별심(是非之心)	성장

2. 『한국형 사회정서 교육 프로그램 지도자』를 양성하기 위한 이론적 배경 및 다양한 실습 훈련을 경험할 수 있는 하이브리드 융합 연수과정으로 운영하고자 함.
3. 지도자 양성 과정은 2급 지도자, 1급 지도자 및 슈퍼바이저 과정으로 나누어짐.

Ⅲ 추진방법

1. 연수대상 및 인원

1) 사회정서 교육 프로그램 담당자 : 시·도교육청 및 교육지원청
2) '학교폭력대책심의위원회'위원, 학교폭력전담조사관, 학교폭력예방센터와 위(Wee)센터 학교폭력업무담당자 - 교육지원청
3) 지도자 과정을 희망하지 않을 경우, 기본과정(15H) + 심화과정(12H) 이수
4) 각 과정 30명 내외

2. 연수형태 및 시수 - 2026년 1학기 기준

1) 기본과정: 하이브리드 연수(Zoom + 출석연수) : 15H

(1) 기본과정

시간	줌 연수	출석연수	비 고
1차시	관계중심상담이론 이해	에니어그램 워크숍(3H)	
2차시	1. 관계의 종류		
3차시	2. 관계의 역동		
	점 심 시 간		

시간	줌 연수	출석연수	비 고
4차시	공감척도(온도)계/ 관계개선카드 활용	4-1. 관계개선 기법 실습 - 공감	
5차시	3. 관계개선 방법 가. 공감	4-2. 관계개선 기법 실습 - 용서	
6차시	나. 용서	4-3. 관계개선 기법 실습 - 회복	
7차시	다. 회복	4-4. 관계개선 기법 실습 - 성장	
8차시	라. 성장		

(2) 자격과정: 기본과정+원격연수(45시간) 계 60시간 – 희망자

이동갑, 유경희(2022) 「공감과 회복을 위한 4계절 상담기법」 티처빌

https://www.teacherville.co.kr/trainapply/courseDetail.edu?courseSeq=O1002608&division=D (15시간)

https://www.teacherville.co.kr/repository_data/operationCoursePromotion/2022/10/17/50297b6a-388b-41f8-a3b0-dd32c6afa23b.png (30시간)

2) 심화과정:

(1) 1박2일 워크숍 – 12H

시간	1일차	2일차	비 고
1~2차시	1. 관계중심상담이론 심화(90분)	에니어그램 워크숍(3H) 27 하위유형	
3~4차시	2. 관계의 종류 이해 심화(90분)		
	점 심 시 간		
5~6차시	3. 관계개선 방법 심화(90분)		
7~8차시	4. 관계개선 기법 심화(90분)		
9차시	질의 응답		

(2) 자격과정 : 에니어그램 지도자 연수 – 48시간 희망자

– 연수 프로그램 :【별첨5】에니어그램전문가 2급 과정 참고

참고문헌

1. 법, 시행령, 보도자료 등

관계부처합동(2023). 학교폭력근절종합대책.

「교육기본법」[시행 2024. 8. 14.] [법률 제20251호, 2024. 2. 13., 일부개정].

교육부 보도자료(2024. 2. 19).

교육부, 이화여자대학교(2024). 학교폭력 사안처리 가이드북. 학교폭력 예방 매뉴얼.

「남녀고용평등과 일·가정 양립 지원에 관한 법률」. [시행 2024. 10. 22.] [법률 제20521호, 2024. 10. 22., 일부개정].

「대한민국 헌법」. [시행 1988. 2. 25.] [헌법 제10호, 1987. 10. 29., 전부개정].

「민법」. [시행 2024. 5. 17.] [법률 제19409호, 2023. 5. 16., 타법개정].

「어린이 헌장」. https://ko.wikipedia.org/wiki/%EC%96%B4%EB%A6%B0%EC%9D%B4_%ED%97%8C%EC%9E%A5.

「초·중등교육법」 및 「초·중등교육법 시행령」. [시행 2024. 10. 8.] [대통령령 제34929호, 2024. 10. 8., 일부개정].

「학교폭력 예방 및 대책에 관한 법률」 및 「학교폭력 예방 및 대책에 관한 법률 시행령」. [시행 2025. 11. 11.] [법률 제21082호, 2025. 11. 11., 일부개정; 대통령령 제35802호, 2025. 10. 1., 타법개정].

2. 도서류

김구(2005). 백범일지. 돌베개.

김민자, 이순영, 정선영(2019). 학교를 살리는 회복적 생활교육. 살림터.

김인규(2011). 한국의 학교상담체제. 교육과학사.

박숙영(2014). 공동체가 새로워지는 회복적 생활교육을 만나다. 좋은교사(잡지).

산만언니(2021). 저는 삼풍 생존자입니다. 푸른 숲.

이동갑(2017). 학교에 사람이 있어요. 애니클래스.

이동갑, 유경희(2021). 학교폭력을 넘어: 외상후성장으로 (개정판). 형설출판사.

이동갑, 유경희, 이동준, 이필건(2024). 학교폭력의 새로운 패러다임: 공감·용서·회복·성장 워크북 (개정판). 형설출판사.

이동갑, 유형근, 유경희, 백성혜, 이재용, 김길후(2022). 학교폭력의 새로운 패러다임: 공감·용서·회복 · 성장 (개정판). 형설출판사.

최성애, 조벽(2006). 청소년 감정코칭. 해냄.

최재천(2024). 숙론. 김영사.

충청북도교육청(2024). 학교폭력 사안처리 세부설명 A to Z.

한강(2014). 소년이 온다. 창비.

Biss, E. (2016). 면역에 관하여. 김명남 역. 열린책들.

Bloom, P. (2024). 선악의 기원. 최재천, 김수진 역. 21세기북스.

Calhoun, L. G., & Tedeschi, R. G. (2015). 외상후성장. 강영신, 임정란, 장안나, 노안영 공역. 학지사.

Dadoun, R. (2006). 폭력, 폭력적 인간에 대하여. 최윤주 역. 동문선.

Darwin, C. R. (2020). 인간과 동물의 감정표현. 김성한 역. 사이언스북스.

Fraser, J. (2023). 괴롭힘은 어떻게 뇌를 망가뜨리는가? 정지효 역. 심심.

Fulghum, R. (2018). 내가 정말 알아야 할 모든 것은 유치원에서 배웠다. 최정인 역. 알에이치코리아(RHK).

Gilligan, J. (2023). 왜 어떤 정치인은 다른 정치인보다 위험한가. 이희재 역. 교양인.

Haidt, J. (2024). 불안세대. 웅진지식하우스.

Jenkins, T. (2019). 종합적인 평화교육. In M. Peters (Ed.), 교사 교육 백과 사전. New York, NY: Springer.

Lelord, F., & Andre, C. (2008). 내 감정 사용법. 배영란 역. 위즈덤하우스.

Levi, P. M. (2007). 이것이 인간인가?, 이현경 역. 돌베게.

Macarthy, C. (2007). 19년간의 평화수업. 이철우 역. 책으로여는세상.

Noddings, N. (2019). 평화교육. 추병완, 김국현, 박보람, 문경호, 김하연 역. 하우.

Palmer, P. J. (2012). 비통한 자들을 위한 정치학. 김찬호 역. 글항아리.

Reardon, B. (2021). 포괄적 평화교육. 강순원 역. 살림터.

Rosenberg, M. B. (2023). 비폭력대화. 김은양, 이화자 역. 북스타.

Rosenberg, M. B. (2024). 비폭력대화. 캐서린 한 역. 한국NVC센터.

Valent, P. (2011). 누구나 10초 안에 살인자가 될 수 있다. 허수연 역. 생각연구소

3. 논문, 학술지, 보고서

고병헌(2021). 평생학습-삶을 위한 또 다른 기회인가, 교육불평등의 확대인가. 평생교육학연구, 9(1), 211-239.

김미영(2010). 조손(祖孫) 관계의 전통과 격대(隔代) 교육. 실천민속학연구, 16, 55-84. 한국국학진흥원.

김철(2022). 교육문화연구. 교육문화연구, 28(2), 243-284.

나옥희(2017). 비폭력대화와 감정코칭을 통합한 청소년 정서조절프로그램 개발 및 효과. 목포대학교 박사학위 논문.

박상완(2019). 학교행정가 전문성의 개념과 개발방안. 한국교육행정학회, 37(6), 61-87.

박진하(2002). 교육부 조직개편과 교육정책과의 연계성 분석 연구, 박사학위논문, 한국교원대학교

손수진(2022). 비폭력대화 척도 개발 및 타당화. 삼육대학교 박사학위 논문.

이노홍(2015). 홍익법학, 16(1), 123-157.

이대훈, 김병연, 이슬기, 최하늬(2019). 학교현장 적용을 위한 평화교육정책연구. 서교연 2019-25. 위탁연구보고서.

이채원(2013). 학교폭력 예방을 위한 어울림프로그램이 청소년의 자아존중감, 학급응집력 및 학교폭력태도에 미치는 효과. 창원대학교 박사학위 논문.

이형순(2023). 초등학교 교과융합 기반 학교폭력 예방 프로그램 효과성 분석. 가천대학교 박사학위 논문.

최상근, 김동민, 오인수, 신을진, 김인규, 이일화, ... & 최보미(2011). Wee 프로젝트 운영 성과분석 및 발전계획 수립 연구. 서울: 한국교육개발원.

4. 방송, 언론 기사, 홈페이지, 검색 등

http://www.edupress.kr/news/articleView.html?idxno=11288

https://blog.naver.com/sik8722/221023739228

https://ko.wikipedia.org/wiki/%EB%8B%A8_%EC%98%AC%EB%B2%A0%EC%9A%B0%EC%

8A%A4

https://ko.wikipedia.org/wiki/%EC%86%8C%EB%8F%84_(%ED%95%9C%EA%B5%AD%EC%82%AC)

https://ko.wikipedia.org/wiki/%EC%97%90%EC%9D%B4%EB%B8%8C%EB%9F%AC%ED%96%84_%EB%A7%A4%EC%8A%AC%EB%A1%9C

https://ko.wikipedia.org/wiki/%EC%A0%84%ED%88%AC%EC%A4%80%EB%B9%84%ED%83%9C%EC%84%B8

https://ko.wikipedia.org/wiki/%ED%98%B8%EB%AA%A8_%EB%A3%A8%EB%8D%B4%EC%8A%A4

https://ko.wikipedia.org/wiki/%ED%9A%8C%EB%B3%B5_%ED%83%84%EB%A0%A5%EC%84%B1

https://m.cafe.daum.net/prowelfare/FBZ5/1936?svc=cafeapi

https://my.ewha.ac.kr/ewhaisvp/

https://namu.wiki/w/%EA%B5%90%EC%9C%A1%EC%B2%AD

https://namu.wiki/w/%EC%84%9C%EC%9A%B8%EC%84%9C%EC%9D%B4%EC%B4%88%EB%93%B1%ED%95%99%EA%B5%90%20%EA%B5%90%EC%82%AC%20%EC%82%AC%EB%A7%9D%20%EC%82%AC%EA%B1%B4

https://namu.wiki/w/%EC%84%9C%EC%9A%B8%EC%84%9C%EC%9D%B4%EC%B4%88%EB%93%B1%ED%95%99%EA%B5%90%20%EA%B5%90%EC%82%AC%20%EC%82%AC%EB%A7%9D%20%EC%82%AC%EA%B1%B4/%EC%A0%84%EA%B0%9C

https://namu.wiki/w/%EC%96%91%EC%95%84%EB%A1%9D

https://news.eduhope.net/26283

https://news.nate.com/view/20240910n01111

https://stdict.korean.go.kr/search/searchResult.do

https://www.dbpia.co.kr/journal/articleDetail?nodeId=NODE01538207

https://www.donga.com/news/Society/article/all/20240124/123200953/1

https://www.donga.com/news/Society/article/all/20240829/126736310/2

https://www.dongponews.net/news/articleView.html?idxno=35367

https://www.edpl.co.kr/news/articleView.html?idxno=10026

https://www.ggc.go.kr/site/agendaif/app/agndsrchList/DetailView/8344

https://www.goodmorningcc.com,

https://www.goodmorningcc.com/news/articleView.html?idxno=269491

https://www.google.com/search?q=%ED%95%99%EA%B5%90%ED%8F%AD%EB%A0%A5+%EC%9D%B4%ED%95%B4%EC%9E%90+%EC%A7%80%EC%9B%90+%EA%B8%B0%EA%B4%80+%EC%88%98&oq=%ED%95%99%EA%B5%90%ED%8F%AD%EB%A0%A5+%EC%9D%B4%ED%95%B4%EC%9E%90+%EC%A7%80%EC%9B%90+%EA%B8%B0%EA%B4%80+%EC%88%98&gs_lcrp=EgZjaHJvbWUyBggAEEUYOTIJCAEQIRgKGKABMggIAhAhGAoYFdIBCTEyMTYyajBqOagCALACAQ&sourceid=chrome&ie=UTF-8282

https://www.hani.co.kr/arti/society/society_general/1119433.html

https://www.hani.co.kr/arti/society/society_general/1119433.html

https://www.kedi.re.kr/khome/main/announce/selectNoticeAnnounceForm.do?article_sq_no=33156&board_sq_no=3&currentPage=1&selectTp=0

https://www.lawtimes.co.kr/news/196785 , https://www.lawwave.kr/feel/278

https://www.mindlenews.com/news/articleView.html?idxno=2670

https://www.mindlenews.com/news/articleView.html?idxno=2670

https://www.newstof.com/news/articleView.html?idxno=10143

https://www.peace-ed-campaign.org/ko/what-is-peace-education/

https://www.rapportian.com/news/articleView.html?idxno=158726

EBS 뉴스(2024. 2. 19.)

KBS 뉴스(2023. 11. 14.). https://news.kbs.co.kr/news/pc/view/view.do?ncd=7817282

경인일보(2024. 5. 2.). http://m.kyeongin.com/view.php?key=20240503010000265

김상기(2023. 3. 17.). 라포르시안. https://www.sisaon.co.kr/news/articleView.html?idxno=164393

김종배의 시선집중, 2023년 4월 13일, MBC 라디오.

나무위키. 북유럽. https://namu.wiki/w/%EB%B6%81%EC%9C%A0%EB%9F%BD

뉴스라이더(2023. 5. 15.) YTN. https://www.ytn.co.kr/_ln/0103_202305150859111734

보도자료, 좋은교사운동, 2014. 6. 27. https://goodpolicy.tistory.com/entry/%EB%B3%B4%EB%8F%84%EC%9E%90%EB%A3%8C-%EC%96%B4%EC%9A%B8%EB%A6%BC-%ED%94%84%EB%A1%9C%EA%B7%B8%EB%9E%A8%EC%97%90-%EB%8C%80%ED%95%9C-

%EC%B2%A0%EC%A0%80%ED%95%9C-%EA%B2%80%EC%A6%9D%EC%9D%B4-%ED%95%84%EC%9A%94%ED%95%98%EB%8B%A4

손수경(2019. 10. 2.). 메디칼 투데이. https://mdtoday.co.kr/news/view/179570216061351

아시아경제(2024. 5. 24.). https://www.asiae.co.kr/article/2024052308341072754

유 퀴즈 온 더 블럭 148화, 아버지의 이름으로 학교폭력과 싸운 27년, https://youtu.be/Drxftf46vNA

임효준(2024. 4. 6.). 오마이뉴스. 김누리 교수 "전교 1등이 망치는 대한민국", https://www.ohmynews.com/NWS_Web/View/at_pg.aspx?CNTN_CD=A0003018394

한국교육신문, 2023. 10. 24. https://www.hangyo.com/news/article.html?no=100190

한국학중앙연구원 - 토문화전자대전 https://goryeong.grandculture.net/goryeong/toc/GC02901276

홈페이지 한국NVC센터, https://www.krnvc.org/page/sub2_1

홈페이지 한국청소년정책연구원 학교폭력 예방교육지원센터 https://www.stopbullying.re.kr/board?menuId=MENU00345&siteId=SITE00002,

저자 소개

이동갑(Lee, Donggab)

한국교원대학교 교육정책전문대학원 교육학박사(Ph. D)

전) 마음건강증진센터장(충청북도교육청)
학생특수교육지원센터장(청주교육지원청)
한국상담학회 상담정책위원장 · 윤리위원 · 기획위원
한국상담학회 학교상담학회 초등상담위원장
한국상담학회 초월영성상담학회 총무이사 등

현) 한국교원대학교 교육정책전문대학원 겸임교수
더공감상담센터 대표
평화교육디자인연구소 소장
한국에니어그램상담연구원 대표
한국상담학회 초월영성상담학회 정책위원장

〈주요 저서〉

자녀와 쿨하게 소통하기(공저, 학지사, 2014)
학교에 사람이 있어요(애니클래스, 2017)
학교의 마음(형설출판사, 2021)
학교 폭력을 넘어: 외상 후 성장으로(개정판, 공저, 형설출판사, 2021)
학교 폭력의 새로운 패러다임: 공감 · 용서 · 회복 · 성장(개정판, 공저, 형설출판사, 2021)
학교 폭력의 새로운 패러다임: 공감 · 용서 · 회복 · 성장 워크북(개정판, 공저, 형설출판사, 2022)
외 다수

2025년 11월 시행 법률에 따른

학교폭력의 모든 것: 100문 100답

All about school violence: Q & A 100

2025년 5월 30일 1판 1쇄 발행
2025년 12월 15일 1판 2쇄 발행

지은이 • 이동갑
펴낸이 • 김진환
펴낸곳 • (주) 학지사

04031 서울특별시 마포구 양화로 15길 20 마인드월드빌딩
대표전화 • 02)330-5114   팩스 • 02)324-2345
등록번호 • 제313-2006-000265호

홈페이지 • http://www.hakjisa.co.kr
인스타그램 • https://www.instagram.com/hakjisabook/

ISBN 978-89-997-3416-8 93370

정가 20,000원

저자와의 협약으로 인지는 생략합니다.
파본은 구입처에서 교환해 드립니다.

이 책을 무단으로 전재하거나 복제할 경우 저작권법에 따라 처벌을 받게 됩니다.

출판미디어기업 학지사

간호보건의학출판 **학지사메디컬** www.hakjisamd.co.kr
심리검사연구소 **인싸이트** www.inpsyt.co.kr
학술논문서비스 **뉴논문** www.newnonmun.com
교육연수원 **카운피아** www.counpia.com
대학교재전자책플랫폼 **캠퍼스북** www.campusbook.co.kr